サピエンティア

経済数学

入谷 純 / 加茂知幸

東洋経済新報社

はじめに

　経済学に数学が必要だということを聞いて，「数学が得意でないから文系の経済学部に来たのに，どうして？」と感じている方もいるだろう．
　経済学が数学的な表現を必要としているのには十分な理由がある．経済学は国民所得や投資そして消費，あるいは，各家計の購入量や企業の販売量そして各財の価格，といった"様々な数値"を扱う．そのため，経済学はその数値の間の関係を研究することになる．そのための，便利な道具が数学だというわけである．特に，経済学が19世紀末にいわゆる「限界革命」を経験して以来，微分法が経済学の主な分析手法となっている．そのため，共通教育や専門教育においても経済学の数学的な表現が必須となっている．
　本書は，「サピエンティア」と銘打つ経済学の各分野を網羅するシリーズの数学的な部分を解説する役割を負っている．本書を執筆するに当たって，高等学校の数学との接続を重視し，なめらかに経済学に必要な数学的用具に慣れることができるように工夫をした．第1章は高等学校の数学との接続部分である．それでも，読者には一筋縄でいかない部分があるかもしれない．そのために，注意事項をあげておく．読んでいてわからなくなった，あるいは雲をつかむような気持ちになったときには，次の三箇条の秘訣

1. 数式が出てきたら，文章を読むときの数倍の時間をかけて内容を考える．
2. 定義を「そういうことか!!」と感じるまで考え，わからなくなったら定義に戻る．
3. 定理や得られたものが「意味しているもの」，それらの「どこが楽しいのか」を十分考える．

を思い起こして欲しい．著者たちの経験からすれば，数学への苦手意識は，これらの秘訣を避けているために生まれていることが多い．これらは決して数学的能力の問題ではなく，ほとんど注意力の問題である．ほんの少し上記の秘訣を心がけることで，数学は使いこなすことができるようになると確信している．

経済分析において，経済主体の行動を表すものとして最もよく用いられるものは「最大化問題」である．最大化問題によって，経済学の主要部分が表現される．最大化問題には，微分に代表される解析学の知識が必須である．したがって，解析学を重点的に学ぶことが経済学への近道である．

　これを受けて，本書では，解析学にかかわる内容に，第2章，第4章，第8章，第9章の4つの章をあて，そして，第3章では1変数の，第10章では多変数の最大化問題を解説する．

　また，最大化問題を通じて需要関数や供給関数が得られ，経済の均衡が需要と供給の一致という「方程式」によって表される．したがって，方程式を解く作業が経済学で頻繁になされる．線形の方程式は最も扱いやすく，したがって，経済学でもよく用いられる．これらを扱う手段は，行列や行列式などの線形代数の用具である．さらに，解析学は行列と行列式の知識を用いるということもある．本書では，行列と行列式にかかわるものに第5章と第7章をあてている．

　経済学には，リスクを取り扱うために，また，統計的処理を必要とするために，積分や確率論を必要とする分野もある．そのため，これらの最低限の知識を第4章，第6章，そして第11章において提供する．

　さらに，本書は「初級の内容」と「中級の内容」に分かれている．本書を教科書として利用する場合，あるいは，独習書として利用する場合に，目的に応じて読み進めることができるように構成した．各章は，右の図のように配置されている．読み進めるための順序を矢印で示しているので，参考にされたい．初等的な内容は，高等学校の数学との接続を考慮して，高校の数学の延長上で理解可能な内容をまとめている．中級の内容では，大学の専門課程の水準を意識して，経済学の専門科目に必要な数学的な材料が紹介されている．

　なお，各章にいくつかのコラムを準備した．そのコラムに近いところで用いられる論理的な内容や興味深い事実を紹介するものである．また，多くの例と，数学の内容の経済学への応用を紹介している．なお，文中行末に"□"の記号が入っているのは，説明の区切り，あるいは終了のマークである．

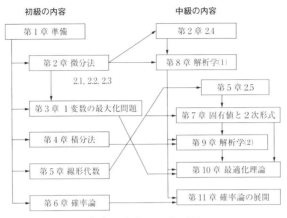

本書の内容のつながり

　本書の執筆に当たって，シリーズの編集委員には各巻の連携を意識して，「経済数学」が取り扱うテーマを検討していただいた．本書が現在のかたちを取ったのは，編集委員会の指示によるところが大きい．また，東洋経済新報社出版局の皆さまには，本シリーズの企画・発案から編集，刊行に至るまで，様々ご尽力をいただいた．編集委員の諸先生や同社出版局の担当者の方々のご努力がなければ，本書は現在のようにはならなかったであろう．記してお礼申し上げたい．最後に，本書が読者の経済学研究に資するとすれば，それは，著者の喜びとするところである．

2016年3月

入谷　純・加茂知幸

[サピエンティア]

目次

経済数学

はじめに

第1章 準備　　1
1.1 図形と方程式………2
1.2 いろいろな関数………7
1.3 多変数関数………17
　練習問題………22

第2章 微分法　　25
2.1 微分とは………26
2.2 微分の6公式………30
2.3 具体的な関数の微分………34
2.4 少し上級の議論………44
　練習問題………51

第3章 1変数の最大化問題　　53
3.1 最大化の条件………54
3.2 凹関数と凸関数………60
3.3 経済学と最大化………65
　練習問題………70

第4章 積分法　　71
4.1 不定積分………72
4.2 定積分………74
4.3 経済学と積分………82
　練習問題………85

付表（原始関数）………87

第5章 線形代数　89

- 5.1 ベクトル………90
- 5.2 行列………94
- 5.3 行列式………98
- 5.4 クラメールの公式………104
- 5.5 1次独立と1次従属………107
- 練習問題………113

第6章 確率論　117

- 6.1 確率………118
- 6.2 確率変数と確率分布………124
- 6.3 期待効用………127
- 練習問題………133

第7章 固有値と2次形式　135

- 7.1 1次変換と行列………136
- 7.2 固有値………138
- 7.3 2次形式………144
- 7.4 差分方程式………148
- 練習問題………156

第8章 解析学（1）　159

- 8.1 数列の収束と極限………160
- 8.2 テイラーの定理………167
- 8.3 微分法の応用………171
- 練習問題………181

第9章 解析学（2）　183

- 9.1 2変数関数の微分………184
- 9.2 陰関数定理………195
- 9.3 微分方程式………198
- 練習問題………204

第10章 最適化理論　207

- 10.1 最適化問題とは……208
- 10.2 制約のない最適化……209
- 10.3 等式制約つき最適化……218
  - 練習問題……231

第11章 確率論の展開　233

- 11.1 期待値と分散……234
- 11.2 多変量の確率変数……235
- 11.3 大数の法則……241
- 11.4 応用……244
  - 練習問題……247

文献案内……249

索引……251

練習問題の解答は，下記アドレスにて公開．
　http://store.toyokeizai.net/books/9784492314715

コラム目次

- 2-1 ALLの否定は部分否定……31
- 2-2 もし…ならば…，必要条件と十分条件……48
- 3-1 逆と対偶……57
- 5-1 慣れておきたい集合　パート1──記号法……112
- 6-1 慣れておきたい集合　パート2──集合演算……120
- 6-2 モンティ・ホール問題……123
- 6-3 アレのパラドックス……130
- 8-1 なくならないどら焼き……176
- 8-2 級数の演算順序の変更は「ビミョー？」……179
- 11-1 確率変数の和……242

ギリシャ文字一覧

大文字	小文字	読み方	大文字	小文字	読み方
A	α	アルファ	N	ν	ニュー
B	β	ベータ	Ξ	ξ	クシー　グザイ
Γ	γ	ガンマ	O	o	オミクロン
Δ	δ	デルタ	Π	π, ϖ	（ピー）　パイ
E	ε, ϵ	エプシロン（イプシロン）	P	ρ, ϱ	ロー
Z	ζ	ゼータ　ジータ	Σ	σ, ς	シグマ
H	η	エータ　イータ	T	τ	タウ　（トー）
Θ	θ, ϑ	テータ　シータ	Y	υ	ユプシロン
I	ι	イオタ	Φ	ϕ, φ	（フィー）　ファイ
K	κ	カッパ	X	χ	（キー）　カイ
Λ	λ	ラムダ	Ψ	ψ	プシー　プサイ
M	μ	ミュー	Ω	ω	オメガ

第1章

準備

　経済学の大きな目的に，価格，需要量，供給量，国内総生産，利子率，失業率，物価上昇率，…といった数多くの経済変数間の関係を明らかにし，それらがどのように決定されるかを知ることがある．経済学においては，それらを方程式により表現する．

　さて，平面上の点は，平面に座標軸を与えることによって，2つの実数の組で表現できる．さらに，平面上の曲線や図形はその座標によって，2つの数の関係，つまり，「方程式」として把握できる．逆に，2変数の方程式の解は座標平面上に何らかの図形を描くだろう．そして，図形を描けば，方程式の解があるかどうかの判定が容易になることが多い．

　本章では，方程式を表現するための「関数」とそれを図形で表現するための基礎を学ぶ．

1.1 図形と方程式

関数 2つの変数 x, y について,x の値を定めると,それに対応して y の値がただ1つ定まるとき,y は x と関数関係にあるといい,x から y を決定するルールを**関数**(function)という.x から y を決める関数を f と表すとき,$y=f(x)$ のように表記する.このとき,x を**独立変数**,y を**従属変数**という.分野によっては x を**説明変数**,y を**被説明変数**ということもある.$f(x)$ は x の式として具体的に書ける場合もあるが,言葉によって定義されるようなものもある.例えば,ある生産者の生産物の供給関数は,価格が x であるときに,利潤を最大にする生産量 y との関係として定義される.

定義域・値域 等式 $y=f(x)$ において,独立変数 x の取りうる値の範囲を,関数 $f(x)$ の**定義域**(domain)という.関数 f とは,定義域から1つのメンバー(要素)x を取り出したときに,それを値域のメンバー y に対応させるルールである.x の値が定義域全体を動くとき,対応する y が含まれる領域を,この関数の**値域**(range)という.x, y を変数とよぶのは,それぞれが定義域や値域の中の様々な値を取るからである.

経済学では,変数の多くは正あるいは非負の値をとるので,関数の定義域および値域も正あるいは非負の実数全体とすることが多い.実数全体の集合を記号 $\mathbb{R}$ によって表す.値域が $\mathbb{R}$ に含まれる関数を,**実数値関数**(real valued function)とよぶ.

経済学で利用される関数のほとんどは実数値関数であり,本書でも特に断らないかぎり,実数値関数を取り扱う.

図1.1では,関数の例として,

$\quad$ 関数 f は定義域 $\mathbb{R}$ の x を値域 $\mathbb{R}$ の x^2 に対応させる $\hfill (1-1)$

が図示されている.$(1-1)$ 式を $f(x)=x^2$ と表現する.

関数のグラフ さて,図1.1を違ったかたちで描いてみよう.定義域や値域と想定されている実数の集合 $\mathbb{R}$ を直交する2本の数直線で表現した2次元の平

図1.1　関数

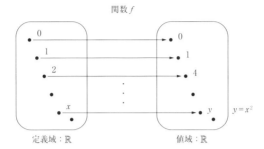

面 $\mathbb{R}^2$ の中に作図してみよう．$\mathbb{R}^2$ は $\mathbb{R} \times \mathbb{R}$ とも書き，実数の組 (x, y) からなる集合である．これはデカルト積（カルテシアン・プロダクト，Cartesian product）とよばれる．このようなアイデアは17世紀の数学者デカルト（René Descartes, 1596-1650）によるものである．図1.2に $\mathbb{R}^2$ が描かれている．横軸と縦軸がそれぞれ定義域と値域を表している．横軸と縦軸は2本の数直線であり，それぞれのゼロの点で直角に交わっている．その点を原点 O といい，実数のゼロの組 $(0,0)$ を表している．

2次元平面 $\mathbb{R}^2$ の中に，(1-1) 式で表される関数が図1.2の曲線として描かれている．これにより関数の視覚的把握ができ，第2章で紹介する微分作業にも絶大な力を発揮する．これ以外の関数についても，$\mathbb{R}^2$ 内に曲線として描け

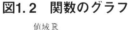

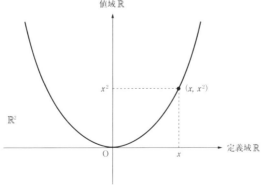

ることはいうまでもない．方程式 $y=f(x)$ を満たす $\mathbb{R}^2$ の点 (x,y) の集合のことを，関数 $f(x)$ の**グラフ**という．

さて，これまで，定義域として実数全体，あるいは非負の実数全体を想定してきたが，より小さな領域を関数の定義域とする場合もある．例えば，区間がそれである．実数 $a,b\,(a<b)$，があるとき，**区間** (interval) は次のように定義される．

> $[a,b]$ を**閉区間**とよび，$a \leqq x \leqq b$ を満たす実数 x の集合を表す．
>
> $]a,b]$，$[a,b[$ を**半開区間**とよび，前者は $a<x\leqq b$ を満たす実数 x の集合を，後者は $a \leqq x<b$ を満たす実数 x の集合を表す．
>
> $]a,b[$ を**開区間**とよび，$a<x<b$ をみたす実数 x の集合を表す．

実数全体 $\mathbb{R}$ は開区間であると同時に閉区間であると約束する．教科書によっては，開区間を (a,b)，半開区間を $(a,b]$，$[a,b)$ と書く場合もあるが，座標と混同しやすいので，本書では上の記号法を用いる．また，$]-\infty,a[$，$]a,\infty[$ も開区間と見なす．記号 ∞ は正の無限大を，$-\infty$ は負の無限大を表す記号である．

方程式 これまで，「方程式」(equation) という用語を既知のものとして用いてきた．ここで，何を方程式とよぶかを約束しておこう．等式には 3 種類のものがある．つまり，

> **恒等式**の例：$x=x$．
>
> **方程式**の例：$x=0$．
>
> **定義式**の例：$f(x)=x^2$ とする．

である．恒等式は x の任意の値について等号が成立し，方程式はある特定の値（つまり，解）で等号が成立するという特徴がある．定義式は等号の左のものが右のものによって定義されていることを意味している．

上では，変数は x の 1 つだけであったが，多変数の恒等式や方程式もある．例えば，

$$(x+y)^2 = x^2+2xy+y^2, \quad y=x^2$$

を取り上げる．最初の式は 2 変数の恒等式である．第 2 の $y=x^2$ はどのような x,y についても成立するわけではなく，複数ではあるが，特定の x,y に

図1.3 グラフの移動

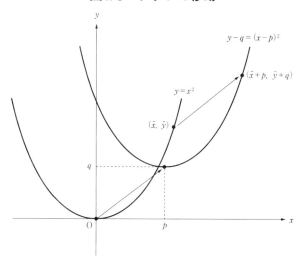

ついて等号が成立するので，方程式である．したがって，関数を $f(x)=x^2$ と定義したとき，$y=f(x)$ は，やはり，方程式である．したがって，図1.2に描かれた関数のグラフは

　　　　方程式 $y=f(x)$ の解の集まり

を表現している．方程式の解とグラフとを同一視できることがわかる．

グラフの移動　次に，図1.2に描かれたグラフを右方向に（x 軸方向に）p，上方向に（y 軸方向に）q だけ平行移動させるとどうなるかを考えてみよう．図1.3にあるように，$y=x^2$ のグラフの頂点は原点 O$(0,0)$ であり，これは点 (p,q) に移動する．移動後のグラフは点 (p,q) を頂点にしているので，そのグラフの方程式は

　　　　$y=(x-p)^2+q$ または $y-q=(x-p)^2$

となる．

　$y=x^2$ のグラフ上の1点 $(\hat{x}, \hat{y})$ を取り上げてみよう（$\hat{x}$ は「エックス・ハット」と読む．$\hat{x}$ はある特定の値であること表現するための記号法である）．グラフの移動によって，$(\hat{x}, \hat{y})$ は $(\hat{x}+p, \hat{y}+q)$ に移動する．移動前には，

$\tilde{y} = \tilde{x}^2$ を満たしていたので,$\tilde{y} + q - q = (\tilde{x} + p - p)^2$ を満たす.ここで,移動後の点を $(X, Y) = (\tilde{x} + p, \tilde{y} + q)$ と表現してみれば,
$$Y - q = (X - p)^2$$
を満たすことになる.この作業は $y = x^2$ 上の特定の点だけでなく,他のどの点に対しても行うことができる.したがって,移動後の点は方程式
$$y - q = (x - p)^2$$
を満たすことになる.逆に,(X, Y) が $y - q = (x - p)^2$ のグラフ上にあれば,$(X - p, Y - q)$ は方程式 $y = x^2$ の解である.

一般の方程式 $y = f(x)$ を想定する.ただし,関数 f の定義域も値域も,ともに $\mathbb{R}$ とする.f のグラフを $\mathbb{R}^2$ 上に描き,それを右方向に p,上方向に q だけ平行移動してみよう.もとのグラフの1点 $(\tilde{x}, \tilde{y})$ は $\tilde{y} = f(\tilde{x})$ を満たすので,移動後の点 $(X, Y) = (\tilde{x} + p, \tilde{y} + q)$ は $Y - q = f(X - p)$ を満たすことになる.このようにして,次の定理を得る.

定理1.1 定義域と値域がともに実数の集合 $\mathbb{R}$ である関数 $f(x)$ を取り上げる.方程式 $y = f(x)$ のグラフを,右(x 軸方向)に p だけ,上(y 軸方向)に q だけ平行移動したグラフの方程式は,
$$y - q = f(x - p)$$
である.

定理1.1では,グラフを表現する方程式として1変数の関数 $y = f(x)$ を用いた.一方,$\mathbb{R}^2$ を定義域とする実数値関数 $f(x, y)$ を用いてグラフを表す方が容易となる場合もある.それにも定理1.1と同様の推論が適用できる.結果だけを述べれば,次のようになる.

系 $\mathbb{R}^2$ を定義域とする実数値関数を $f(x, y)$ とする.方程式 $f(x, y) = 0$ で表されるグラフを右(x 軸方向)に p,上(y 軸方向)に q だけ移動したグラフの方程式は,$f(x - p, y - q) = 0$ である.

1.2 いろいろな関数

この節ではいろいろな関数を見ていくが，特に断らないかぎり，定義域を $\mathbb{R}$ とする実数値関数を取り上げる．

1次関数 $y=2x+1$ のように，y が x の1次式で表されるとき，y は x の1次関数であるという．一般に，1次関数は x の1次式
$$f(x)=ax+b \quad (ただし \ a\neq 0)$$
で表される．1次関数 $y=ax+b$ のグラフは傾きが a で，切片が b の直線である．この関数のグラフが図1.4に描かれている．図1.4は，x がゼロから $\hat{x}$ にまで変化したときに，y が $a\hat{x}$ だけ増加して，$\hat{y}=b+a\hat{x}$ になることを示している．したがって，a の値が大きければ大きいほど，直線の傾斜が急になることがわかる．したがって a を「傾き」とよぶ．

直線の方程式は1次関数によって表すよりも，次の定義による方が便利な場合が多い．

定義1.1 座標平面上の直線の方程式は
$$ax+by+c=0 \qquad (1-2)$$
である．ここで，$a\neq 0$ または $b\neq 0$ である．

定義1.1から次の内容も自然と発想される．2変数の関数 f を $f(x,y)=ax+by+c$ と定義する．方程式 $f(x,y)=0$ が表す図形は座標平面上の直線となる．

a,b を定数とし，変数 x,y をもつ方程式，$ax+by+c=0$ で表現される直線を右方向（x 軸方向）に p，上方向（y 軸方向に）q だけ移動することを考察してみよう．ただし，a,b は同時にはゼロにならないとする．前節の**グラフの移動**で考察した議論を繰り返すと，移動後の直線の方程式は，
$$a(x-p)+b(y-q)+c=0 \qquad (1-3)$$
となる．すなわち，もとの方程式における x を $x-p$ に，y を $y-q$ に置き換

図1.4 1次関数のグラフ

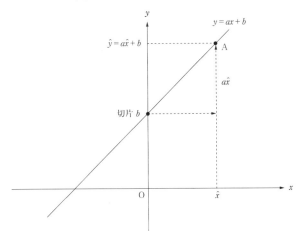

えることにより得られる．

1次関数や（1-2）式で表される方程式は，グラフを描くと直線として表される．このような関数や方程式を**線形**（linear）であるという．

例1.1 第1財と第2財からなる経済を想定し，第1財と第2財の価格をそれぞれ p_1, p_2 とする．これらを正値であるとする．ある消費者の所得を m とし，彼の各財の購入量を x_1, x_2 とすれば，予算制約，つまり，彼が購入できる範囲（領域）は

$$p_1 x_1 + p_2 x_2 \leq m, \quad x_1 \geq 0, x_2 \geq 0$$

である（予算集合）．予算制約の境界部分で特に，$p_1 x_1 + p_2 x_2 = m$ が表す直線を**予算線**（budget line）いう．

予算線 $p_1 x_1 + p_2 x_2 = m$（p_1, p_2 は財1, 財2の価格，x_1, x_2 は財1, 財2の購入可能量，m は所得）において，m が $m+y$ に変化したときに予算線は平行移動する． □

例1.2 政府・海外部門のないマクロ経済モデルを考える．Y を国内総所得，C を民間消費，I を民間投資とする．消費関数は $C = C_0 + cY$ である．ここで

C_0 は独立消費・基礎的消費であり，c が限界消費性向である（ただし $0<c<1$）．r を利子率として，投資関数が $I=I_0-ar$ であるとする（I_0, a は正の定数）．

財需要は消費需要 C と投資需要 I からなる．一方，財の供給は Y であるから，財市場の需給均衡条件は，すなわち
$$Y=(C_0+cY)+(I_0-ar)$$
である．これは次のように書き換えることができる．
$$r=-\frac{1-c}{a}Y+\frac{C_0+I_0}{a}$$
この方程式の解 (Y,r) の集合は座標平面上の直線である．これを **IS 曲線**という．

一方，貨幣需要を L，貨幣供給を M とする．貨幣需要関数を $L=L_0+Y-br$（L_0, b は正の定数）とし，貨幣供給量が M_0（定数）のとき，貨幣市場均衡は次の方程式で表される．
$$L=M_0$$
すなわち
$$L_0+Y-br=M_0$$
である．これを書き換えると
$$r=\frac{1}{b}Y+\frac{L_0-M_0}{b}$$
を得る．この方程式の解 (Y,r) の集合は座標平面上の直線である．これを **LM 曲線**という．　□

非線形の関数　この節でこれまでに学んだ関数は線形であった．以下，線形でない関数や方程式を紹介する．

いま，実数を定義域とする関数 $f(x)$ において，どのような x, x' についても

$x<x'$ のとき $f(x)<f(x')$ であれば関数 f は**単調増加**である

$x<x'$ のとき $f(x)>f(x')$ であれば関数 f は**単調減少**である

という．さらに，f が単調増加あるいは単調減少である場合には，単に**単調**で

あるという．また，どのような x, x' についても

$x < x'$ のとき $f(x) \leq f(x')$ であれば関数 f は**単調非減少**である

$x < x'$ のとき $f(x) \geq f(x')$ であれば関数 f は**単調非増加**である

という．

x の2次式で表される関数を **2次関数** という．2次関数とは，
$$f(x) = ax^2 + bx + c \quad (\text{ただし } a \neq 0)$$
のかたちの関数である．最も簡単な2次関数による方程式 $y = ax^2$ のグラフは原点を頂点とする放物線となる．特に，$a > 0$ のときは下に凸，$a < 0$ のときは上に凸のグラフとなる．ここで，2次関数は，
$$f(x) = ax^2 + bx + c = a\left(x + \frac{b}{2a}\right)^2 - \frac{b^2 - 4ac}{4a}$$
と変形できる．定理1.1より，$y = f(x)$ のグラフは，$y = ax^2$ のグラフを x 軸方向に $-b/2a$，y 軸方向に $-(b^2 - 4ac)/4a$ だけ平行移動したものである．

x の3次式で表される関数を3次関数という．例えば，
$$f(x) = ax^3 + bx^2 + cx + d \quad (\text{ただし } a \neq 0)$$
である．4次以上の関数，一般に，n 次多項式で定義される関数
$$f(x) = a_0 x^n + a_1 x^{n-1} + \cdots + a_{n-1} x + a_n \quad (\text{ただし } a_0 \neq 0)$$
を n **次多項式関数**（polynomial of degree n）という．

$f(x) = 1/x$ や $f(x) = (2x+3)/(x^2+1)$ のように，2つの多項式の商のかたちで表される関数を**分数関数**（fractional function）という．分数関数では，分母がゼロとなるような x の値については定義されないことに注意しよう．例えば，$f(x) = 1/x$ の定義域は，ゼロを除いた実数全体（$x \neq 0$）である．

$f(x) = \sqrt{x}$ のように，根号を含む式で表される関数を**無理関数**（irrational function）という．無理関数は根号の中が0以上となる x に対してだけ定義される．例えば，$f(x) = \sqrt{-2x+4}$ の定義域は2以下の実数全体（$x \leq 2$）である．

三角関数 次に三角関数を取り上げよう．**三角関数**（trigonometric function）ははるかな古代から三角形を考察するときに用いられてきた．三角形を離れて，少し現代的に紹介しよう．まず，半径1の円を図1.5のように描く．その円周

図1.5 三角関数

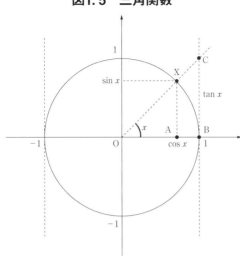

上に任意に点 X を取る．原点 O と X を結ぶ線分が横軸となす角度を x とすれば，$\cos x$ は点 X の横軸の座標，$\sin x$ を縦軸の座標によって約束する．次に，座標 $(-1,0)$，$(1,0)$ を通り縦軸に平行な補助線を 2 本引く．その後，原点 O から X に向かって直線を描き，補助線と交わる点を C とする．図1.5の点 C の縦軸の座標によって，$\tan x$ を定義する．円の半径は 1 であるから，$\sin^2 x + \cos^2 x = 1$，は恒等式である．

角度 x に対して，円周上の X の位置が決まり，そのつど，$\sin x, \cos x$, $\tan x$ の値が決まるので，これら三角関数は x の関数である．

図1.5上の点 X では $0° < x < 90°$ であるので，

　　　$\cos x$ は，OA の長さ

　　　$\sin x$ は，XA の長さ

　　　$\tan x$ は，BC の長さ

に対応している．X が他の領域にあるときは，値は正値とは限らない．また，$\tan x$ は x が 90° あるいは 270° の場合には定義されていないことに注意が必要である．

通常，角度は 45° とか 180° であるとかの特定の測り方をする．これでは三角関数は実数値で定義されないことになる．角度を実数で表現できた方が便利であ

る．そこで，図1.5における半径1の円周上の2点B, Xと原点のなす角度 ∠XOBについて，

　　∠XOBは円弧XBの長さによって決まる

ことに着目する．これより，円弧XBの長さが角度∠XOBを決めるとみなす．こうすれば，実数によって角度を表現できる．つまり，図1.5の角度xを円弧XBの長さだと考えるのである（弧度法）．　　　　□

指数関数と対数関数　元本1万円を年利5％で預金したとき，1年後に受け取る利子は0.05万円であるから，元利合計は1.05万円である．2年後，3年後，……の元利合計は

　　1.05^2万円，1.05^3万円，……

である．n年後の預金残高は1.05^n万円となり，nの関数となる．このように，指数が変数となるような関数を**指数関数**（exponential function）という．一般には，指数関数はaを正の定数として，

　　$f(x) = a^x$，ただし，$a \neq 1$

で表される．$f(x)$は，$a > 1$であれば，単調増加であり，$0 < a < 1$のときは単調減少となる．

　正の数$a > 0$，$a \neq 1$を選んでおく．$y = a^x$は単調な関数なので，どのような正の値Mに対しても$M = a^m$となるようなmの値をただ1つ定めることができる．このmの値をaを底とするMの**対数**といい，$\log_a M$と表す．

例1.3　(1)　$2^3 = 8$より，$\log_2 8 = 3$である．
　　　(2)　$3^{-1} = 1/3$より，$\log_3 \dfrac{1}{3} = -1$である．　　　　□

指数法則より，対数について次の性質が成り立つ．

定理1.2（対数法則）　$a > 0$，$a \neq 1$，$M, N > 0$かつpを実数とすると，次の等式が成り立つ．

(1)　$\log_a 1 = 0$
(2)　$\log_a a = 1$

(3) $\log_a MN = \log_a M + \log_a N$
(4) $\log_a \dfrac{M}{N} = \log_a M - \log_a N$
(5) $\log_a M^p = p \log_a M$

上の内容は，それぞれ，$a^0=1, a^1=a, a^m a^n = a^{m+n}, a^m/a^n = a^{m-n}, (a^m)^p = a^{mp}$ に対応している．

a を 1 とは異なる正の数として，$f(x) = \log_a x$ は x の関数である．これを a を底とする**対数関数** (logarithmic function) という．対数関数の定義域は正の実数全体である．

円の方程式 円とは，中心からの距離が一定の点の集合のことであった．座標平面上での円を考えて，円の方程式を導こう．点 (a,b) を中心とする半径 r の円を考える．この円上の点 (x,y) と (a,b) との距離は r である．これを式で表すと
$$\sqrt{(x-a)^2 + (y-b)^2} = r$$
である．また，この式を満たす点 (x,y) は必ず円上にある．この式の両辺を 2 乗すると円の方程式が得られる．

定義1.2 点 (a,b) を中心とする半径 r の円の方程式は
$$(x-a)^2 + (y-b)^2 = r^2 \tag{1-4}$$
である．

(1-4) 式で与えられた方程式を $y = f(x)$ という 1 変数関数のかたちで与えるのは困難である．なぜなら，y を求めると $y = b \pm \sqrt{r^2 - (x-a)^2}$ となって，y の値が通常 2 個存在する．このため「関数」で表現することができない．むしろ 2 変数関数を $f(x,y) = (x-a)^2 + (y-b)^2 - r^2$ と定義して，方程式 $f(x,y) = 0$ によって円を表現する方が容易である．また，定理1.1の系を考慮すると，(1-4) 式は $x^2 + y^2 = r^2$ で表されるグラフを右に a，上に b だけ平行移動したグラフの方程式になっている．

次に，円への接線の方程式を導出してみよう．図1.6にあるように，原点 O を中心とする円 $x^2 + y^2 = r^2$ と円周上の点 P(p,q) をとる．点 P における円の

図1.6 円と接線

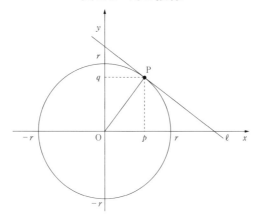

接線を ℓ とする．ユークリッド幾何では，図1.6の $\overrightarrow{\mathrm{OP}}=(p,q)$ は接線 ℓ と直交することが知られている．したがって，$q\neq 0$ とすれば，接線の傾きは，$-p/q$ であり，接線は $y-q=-(p/q)(x-p)$ である．また，$q=0$ であれば，接線は $x-p=0$ である．したがって，接線 ℓ の方程式は

$$q(y-q)+p(x-p)=0$$

すなわち

$$px+qy=r^2 \tag{1-5}$$

である．

例1.4 原点 O を中心とする半径 2 の円の点 $(\sqrt{3},1)$ における接線の方程式は

$$\sqrt{3}(x-\sqrt{3})+(y-1)=0$$

すなわち

$$y=-\sqrt{3}x+4$$

である． □

例1.5 (1) ある消費者の効用関数を $u=\sqrt{x_1 x_2}$ とする．消費計画 $(x_1,x_2)=(1,1)$ の効用は，$\sqrt{1\times 1}=1$ である．$(1,1)$ と同じ効用をもたらす消費計画は，方程式 $\sqrt{x_1 x_2}=1$ の解である．解の集合は点 $(1,1)$ を通る直角双曲線

$x_2 = 1/x_1$, $x_1 > 0$ である．この曲線のことを**無差別曲線** (indifference curve) という．

(2) 生産関数が $y = \sqrt{z_1} + \sqrt{z_2}$ のとき，生産量がちょうど10となるような要素投入量の組 (z_1, z_2) は，方程式 $\sqrt{z_1} + \sqrt{z_2} = 10$ の解である．この方程式が表す曲線を**等量曲線** (isoquant curve) という． □

逆関数と合成関数 実数 $\mathbb{R}$ を定義域とする実数値関数 $y = f(x)$ において，y の値を1つ定めたとき，$y = f(x)$ を満たす x がただ1つ定まるとき，その関係を $x = g(y)$ とする．x と y とを入れ替えて $y = g(x)$ としたものを，もとの関数 $f(x)$ の**逆関数** (inverse function) といい，$f^{-1}(x)$ と表記する．関数 f と f^{-1} を図示すれば，原点を通る45°線に関して，線対称となる．

逆関数を考察するときに，とくに注意をする必要があるのは，逆関数の定義域である．なぜなら，

関数 f^{-1} には，定義域の任意の点 x についての値 $f^{-1}(x)$ がなければならない

からである．そこで，

D を関数 f の定義域の x に対する $f(x)$ のすべてからなる集合

と定義する．D は実数全体 $\mathbb{R}$ とは必ずしもならない．もし x が D になければ，$f^{-1}(x)$ は定義されず，D の中にあれば定義される．つまり，f^{-1} の定義域は D となっている．

例1.6 (1) $f(x) = x/2 + 3$ の逆関数は $f^{-1}(x) = 2x - 6$ であり，定義域は $\mathbb{R}$ である．
(2) $a > 0, a \neq 1$ とするとき，指数関数 $f(x) = a^x$ の逆関数は $f^{-1}(x) = \log_a x$ であり，定義域は実数の正の領域である．
(3) 無理関数 $f(x) = \sqrt{x}$ $(x \geq 0)$ の逆関数は $f^{-1}(x) = x^2$ であり，定義域は実数の非負の領域である． □

逆関数は常に存在するとは限らない．例えば，$f(x) = x^2$ の逆関数は存在しない．なぜなら，任意の正の数 y に対して，$y = x^2$ を満たす x の値は $\pm\sqrt{y}$ と

図1.7 合成関数

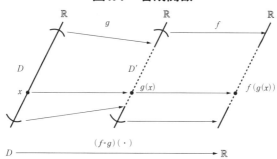

なり，ただ1つには定まらないからである．

一般に，関数 $f(x)$ が単調な関数であれば，その逆関数 $f^{-1}(x)$ が存在する．ただし，$f^{-1}(x)$ の定義域には注意を要するのである．

例1.7（逆需要関数） ある財の需要関数を $x=f(p)$ とする（x：需要量，p：価格）．f が単調減少（需要の法則）であるとき，逆関数 $f^{-1}(x)$ が存在する．需要関数の逆関数を**逆需要関数**（inverse demand function）という．例えば，需要関数が $x=-2p+10$ のとき，逆需要関数は $p=(-1/2)x+5$ である． □

$\mathbb{R}$ を定義域とする2つの実数値関数 $f(x), g(x)$ があり，$z=f(y)$，$y=g(x)$ とおいて，$f(y)$ に $y=g(x)$ を代入すると，新しい関数 $z=f(g(x))$ が得られる．この関数を f と g の**合成関数**（composite function）といい，

$$(f \circ g)(x)$$

と表す．ここで，f の定義域が実数全域である必要はなく，g がとる値がすべて f の定義域に入るような2関数であればよいことに注意せよ．

合成関数の直観的な姿は，図1.7に描かれている．関数 g の定義域 D は図の左端の右上がりに描かれた数直線上の（ ）の記号で区切られた区間である．D 上の一点 x を取って，それを関数 g によって点 $g(x)$ に送る．$g(x)$ は f の定義域 D' に入るので，それを再び f によって，$f(g(x))$ に送る．結果として，x に対して $f(g(x))$ を対応させる関数 $f \circ g$ が得られる．

例1.8 (1) $f(x)=x^2-1$, $g(x)=2x+1$ のとき,
$$(g \circ f)(x)=2x^2-1, \quad (f \circ g)(x)=4x^2+4x$$
である．一般には，$(g \circ f)(x) \neq (f \circ g)(x)$ であることに注意しておこう．

(2) 効用は財の消費量の関数である（効用関数）．消費量は財価格と所得の関数である（需要関数）．したがって，消費者の効用は財価格と所得の関数とみることができる．この関係を**間接効用関数**（indirect utility function）という．間接効用関数は，効用関数と需要関数の合成関数である． □

1.3 多変数関数

多変数関数とは 例えば，クラスの平均身長はクラスの生徒の身長によって決まる．いま20人のクラスで，$x_1, x_2, \cdots, x_{20}$ を出席番号1～20の生徒の身長とし，y をクラスの平均身長とすると，次の関係式が成立する．

$$y = \frac{x_1 + x_2 + \cdots + x_{20}}{20}$$

つまり，平均身長を表す被説明変数 y は，クラスの各メンバーの身長を表す20個の説明変数 $x_1, x_2, \cdots, x_{20}$ の関数と考えることができる．このように複数の説明変数をもつ関数のことを多変数関数という．変数の数が2個の場合は2変数関数，3個の場合は3変数関数，一般に n 個の場合は n 変数関数といい，それぞれ

$$f(x_1, x_2), \quad f(x_1, x_2, x_3), \quad f(x_1, \cdots, x_n)$$

と表記する．

以下では，経済学でよく用いられる2変数関数の具体的な関数形をいくつか紹介しよう．いずれも3個以上の変数の場合へと自然に一般化できるので，各自で考えてみられたい．

a, b を定数として，$ax_1 + bx_2$ のかたちで表される式を **1次形式**（linear form）という．1次形式で表される関数は最も単純で基本的な関数形である．

$$f(x_1, x_2) = ax_1 + bx_2$$

$y = ax_1 + bx_2$ のグラフは，3次元の座標空間における（原点を通る）平面にな

る．

2変数 x_1, x_2 による2次の項は，$x_1^2, x_2^2, x_1 x_2$ の3つである．a, b, c を定数として，2次の項だけで表すことができる式 $ax_1^2 + bx_1 x_2 + cx_2^2$ を **2次形式**（quadratic form）という．2次形式で表される関数

$$f(x_1, x_2) = ax_1^2 + bx_1 x_2 + cx_2^2$$

は1変数の2次関数 $f(x) = ax^2$ を2変数の場合へと自然に拡張したものとなっている．1変数の場合，a の値の正負によって関数の値の正負が完全に定まる．2変数の場合，定数 a, b, c がある条件を満たすとき，同様の性質が成り立つ．これについては，第7章で詳しく説明する．

コブ・ダグラス型関数　次のようなかたちの関数をコブ・ダグラス型（Cobb-Douglas type）という．

$$f(x_1, x_2) = kx_1^\alpha x_2^\beta$$

コブ・ダグラス型関数の定義域は2次元の，$x_1 \geq 0, x_2 \geq 0$ を満たす領域にあり，この領域を $\mathbb{R}_+^2$ と書く．また，k, α, β は正の定数である．

コブ・ダグラス関数 $y = x_1^\alpha x_2^\beta$ において，$x_1 > 0, x_2 > 0$ の場合に両辺の対数をとると，定理1.2より

$$\log y = \alpha \log x_1 + \beta \log x_2$$

となる．$Y = \log y, X_1 = \log x_1, X_2 = \log x_2$ とすると，上式は $Y = \alpha X_1 + \beta X_2$ となり，1次形式となる．すなわち，コブ・ダグラス型関数は，対数をとることにより，1次関数のように取り扱うことができる．

レオンチェフ型関数　次のような関数形をレオンチェフ型（Leontief type）という．

$$f(x_1, x_2) = \min\{\alpha x_1, \beta x_2\}$$

ここで $\min\{x, y\}$ は「x と y の小さいほう」を表す記号である．レオンチェフ型関数の定義域は通常 $\mathbb{R}^2$ の非負の領域 $\mathbb{R}_+^2$ である．α, β は正の定数である．

経済学において，レオンチェフ型関数は，x_1 と x_2 とが補完的な関係にあることを表すものとして用いられる．このことを例によって説明しよう．ハンバーガーを1個作るには，バンズ（丸パン）が1個とミート・パテが1枚だけ必

要である．バンズが1個しかないのであれば，パテが2枚以上あっても，ハンバーガーは1個しか作ることができない．同様に，パテが1枚しかないのであれば，バンズが2個以上あっても，ハンバーガーは1個しか作ることができない．すなわち，ハンバーガーを作るとき，バンズとパテは補完的関係にある．ここで，x_1をバンズ，x_2をパテ，yをハンバーガーの数量を表す変数とすると，これら変数の関係は$y = \min\{x_1, x_2\}$のようにレオンチェフ型関数で表される．例えば，$x_1 = 1, x_2 = 2$のとき，$x_1 < x_2$であるから$y = \min\{x_1, x_2\} = x_1 = 1$である．すなわち，バンズが1個でパテが2枚あるとき，ハンバーガーは1個だけ作ることができる，ということを表している．

CES型関数 1次形式，コブ・ダグラス型，およびレオンチェフ型を含む一般的な形式が次のCES型と呼ばれる関数形である．

$$f(x_1, x_2) = (\alpha x_1^{-\rho} + \beta x_2^{-\rho})^{-\frac{1}{\rho}}$$

CES型関数の定義域は，$\mathbb{R}_+^2$であり，α, βは正の定数である．また，ρは$\rho \geq -1$を満たす定数である．

$\rho = -1$のとき，CES型関数は1次形式$\alpha x_1 + \beta x_2$である．多少技術的ではあるが，ρが0に近づけば，CES型関数はコブ・ダグラス型となり，ρが無限に大きくなると，CES型関数はレオンチェフ型となることが知られている（第8章練習問題8.3参照）．

パラメーターρに対して

$$\sigma = \frac{1}{1 + \rho}$$

と定義すると，σはこの関数における**代替の弾力性**（elasticity of substitution）である．

同次関数 経済学において頻繁に用いられる関数に，**同次関数**（homogeneous function）がある．定義域を$\mathbb{R}_+^2$とする実数値関数$f(x_1, x_2)$がm**次同次関数**（homogeneous of degree m）であるとは，任意の$x_1, x_2,$および任意の実数$t > 0$に対して

$$f(tx_1, tx_2) = t^m f(x_1, x_2)$$
を満たすことである．

規模の経済性　生産技術を関数 $f(x_1, x_2)$ で表現するとしよう．生産規模 (x_1, x_2) を拡大したときに，生産量が増加する程度を表す概念がある．**規模の経済性**（economies of scale）である．すべての要素投入量を t 倍したとき（ただし $t>1$），生産量が t 倍より小さくなるか否かによって，分類される．すなわち，m 次同次関数 $f(x_1, x_2)$ によって，生産要素の投入量 x_1, x_2 と生産量 y の関係が，$y = f(x_1, x_2)$ と表されるとき

(i)　$m<1$ ならば**規模に関して収穫逓減**（decreasing returns to scale）
(ii)　$m=1$ ならば**規模に関して収穫一定**（constant returns to scale）
(iii)　$m>1$ ならば**規模に関して収穫逓増**（increasing returns to scale）

であることがわかる．

例1.9　(1) 1 変数関数で m 次同次関数は $f(x) = ax^m$ のかたちしかない．$a>0$ であれば，$m>1$，$m=1$，$0<m<1$ に応じて，規模に関して収穫逓増，一定，逓減となる．

(2) コブ・ダグラス型関数 $f(x_1, x_2) = x_1^\alpha x_2^\beta$ は $\alpha + \beta$ 次同次関数である．$\alpha+\beta>1, \alpha+\beta=1, 0<\alpha+\beta<1$ に応じて，規模に関して収穫逓増，一定，逓減となる．

(3) レオンチェフ型関数 $f(x_1, x_2) = \min\{\alpha x_1, \beta x_2\}$ は 1 次同次関数で，収穫一定である．α, β は正の定数である．

(4) α, β を正の定数，ρ を $\rho \geq -1$ の定数とするとき，CES 型関数
$$f(x_1, x_2) = (\alpha x_1^{-\rho} + \beta x_2^{-\rho})^{-\frac{\nu}{\rho}}$$
は ν 次同次関数である．$\nu>1, \nu=1, 0<\nu<1$ に応じて，規模に関して収穫逓増，一定，逓減となる．これらを確かめることはやさしい．　□

マクロ生産関数　1 国全体の生産技術を表す関数のことをマクロ生産関数という．マクロ生産関数は，国内総生産 Y と，総資本ストック K および労働人口 L との関係を

$$Y = F(K, L)$$

と定式化する．$F(K,L)$ が 1 次同次関数であると仮定すると，K,L を $1/L$ 倍すれば Y も $1/L$ 倍になる．すなわち

$$\frac{Y}{L} = \frac{1}{L} F(K, L) = F\left(\frac{K}{L}, 1\right)$$

ここで，$y = Y/L, k = K/L$ とおくと，上式は

$$y = F(k, 1)$$

となる．さらに $f(k) = F(k, 1)$ とおくと

$$y = f(k)$$

の関係が得られる．この式の左辺は 1 人当たりの国内総生産である．右辺の k は 1 人当たりの資本ストックであり，$f(k)$ は労働人口を 1 に基準化したときの 1 人当たり生産関数である．このように，1 次同次の生産関数では，変数をすべて労働者 1 人当たりに直すことにより，分析を簡単にすることができる．

練習問題

問題1.1
以下の問に答えなさい．
(1) 点 $(2,5)$ を通り，傾きが 2 の直線の方程式を求めなさい．
(2) 方程式 $4x^2-2y+2=0$ が表す図形を図示しなさい．

問題1.2
ある国の消費関数が $C=50+0.5Y$，投資関数が $I=50-r$，貨幣需要関数が $L=Y-2r$ であるとする．
(1) 政府・海外部門がないとき，この国の IS 曲線を導出しなさい．
(2) 貨幣供給量（実質貨幣残高）が100であるとき，この国の LM 曲線を導出しなさい．
(3) IS 曲線と LM 曲線の交点を求めなさい．

問題1.3
ある消費者の効用関数が $u=x_1^2 x_2^2$ であるとき，$(x_1, x_2)=(2,1)$ を通る無差別曲線の概形を描きなさい．

問題1.4
生産関数が $y=(\sqrt{z_1}+\sqrt{z_2})^2$ のとき，生産量が 8 となる等量曲線の概形を描きなさい．

問題1.5
$f(x)=2x+1, g(x)=x^2$ であるとき，合成関数 $(g\circ f)(x), (f\circ g)(x)$ を求めなさい．

問題1.6
ハンバーガーを 1 個作るには，バンズ（丸パン）を 1 個とミート・パテが 1 枚

だけ必要である．x_1 をバンズ，x_2 をパテ，y をハンバーガーの数量を表す変数とすると，これら変数の関係は $y=\min\{x_1,x_2\}$ で表される．ハンバーガーを5個作ることができるバンズとパテの数量の組 (x_1,x_2) を座標平面に図示しなさい．

問題1.7
CES型関数 $f(x_1,x_2)=(\alpha x_1^{-\rho}+\beta x_2^{-\rho})^{-1/\rho}$ が1次同次であることを示しなさい．

問題1.8
次の関数は規模に関して収穫逓減・一定・逓増のいずれであるか，あるいはいずれでもないかを判定しなさい．ただし，いずれの関数も定義域は正の実数であるとする．問(3)では e を1より大きな定数と考えよ．
(1) $f(x)=2x$ (2) $f(x)=2x+1$ (3) $f(x)=e^x-1$
(4) $f(x)=(x-1)^3+1$ (5) $f(x_1,x_2)=\sqrt{x_1}+\sqrt{x_2}$

問題1.9
Y を国内総生産，K を総資本ストック，L を労働人口として，マクロ生産関数が $Y=\sqrt{KL}$ で表されるとする．
(1) マクロ生産関数は1次同次であることを示しなさい．
(2) $y=Y/L, k=K/L$ として，y を k の関数として表しなさい．

第2章 微分法

　経済学は多くの限界概念によって語られる．限界効用，限界代替率，限界生産力，限界変換率などである．限界概念は数学から見れば，微分法の適用によって得られるものである．したがって，微分を十分に使いこなすことが経済学を理解する早道である．

前提とする知識：関数，定義域，値域，直線の傾き（第1章）

2.1 微分とは

前章では,「関数」という概念が紹介された.簡単に復習をしておく.いま,実数の集合 D に含まれる x を**任意**に選んだとき,それに対して**ただ1つ**のある実数値 y を対応させるルールがあるとする.そのルールを関数といい,f と書く.これらの関係を $y=f(x)$ と表現する.文字 x は D の<u>特定の値である必要がない</u>ので,変数とよばれる.y も変数であるが,x を決めるとそれに応じて y が決まるので,x を独立変数,y を従属変数という.変数に対して,固定されて変動しないものを定数とよぶ.D を関数 f の定義域,関数の値 y が入る領域を値域とよぶ.以下では関数 f を $f(\cdot), f(x)$ のように表記する.

微分の定義 実数の集合 D を定義域とする実数値関数 $f(x)$ があるとする.ある特定の $\bar{x}$(エックス・バーと読む)を D 内に選んでおく.$\bar{x}$ に対する y の値を $\bar{y}=f(\bar{x})$ とする.このように,変数 x にある固定した値を想定する場合に,特定であることを示すために,エックスの上にバー記号をつけて,$\bar{x}$ と書く.このような用法は $\bar{x}$ だけでなく,$\hat{x}$(エックス・ハット)あるいは x^*(エックス・スター,エックス・アスタリスク)も同様の意味で用いられる.

関数 $y=f(x)$ を念頭に置いて,x を $\bar{x}$ から h だけ増加させたときに,y が $\bar{y}$ から $\bar{y}+\Delta y$ に変化したとする(Δ はギリシャ文字でデルタと読む).Δy は y の増加分を表し,全体として1つの記号であり,積($\Delta \times y$)ではない.すると,

$$\Delta y = f(\bar{x}+h) - f(\bar{x})$$

である.このとき,x の増加分 h に対する y の増加分 Δy の比率は

$$\frac{\Delta y}{h} = \frac{f(\bar{x}+h) - f(\bar{x})}{h}$$

である.これを平均変化率という.平均変化率は,図2.1に示されている点 A $(\bar{x}, \bar{y})$ と点 C $(\bar{x}+h, \bar{y}+\Delta y)$ を結ぶ直線の傾きと同じである.

定義2.1(1変数関数の微分) h は 0 にはならないが 0 に近づいていくとす

図2.1 変化率

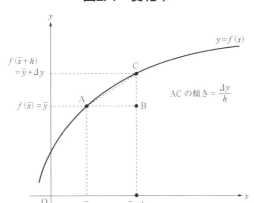

る．その近づき方に依存せず（どのような近づき方であっても），平均変化率がある同一の値 a に近づいていくとき，関数 $y=f(x)$ は $\bar{x}$ において**微分可能**（differentiable）であるという．そして a を f の $\bar{x}$ における**微分**（derivative），**微分係数**あるいは**微係数**という．

微分 a は

$$f'(\bar{x}),\quad \frac{\mathrm{d}f}{\mathrm{d}x}(\bar{x}),\quad \frac{\mathrm{d}}{\mathrm{d}x}f(\bar{x}),\quad \left.\frac{\mathrm{d}f}{\mathrm{d}x}\right|_{x=\bar{x}}$$

のように，様々に表される．$\frac{\mathrm{d}f}{\mathrm{d}x}$ を文章中に書くときには，$\mathrm{d}f/\mathrm{d}x$ と書くことが多い．「記号 d」は「増加分」を表す記号で，x の増加分 $\mathrm{d}x$ に対して，f がどれだけ増加するか $\mathrm{d}f$ を表している．また，これは分数と同じ書き方になっているが，必ずしも分数ではなく，h が 0 に近づいていくときの平均変化率（分数）の到達先，つまり，極限を表すものである．h が 0 に近づくことを「$h\to 0$」と書き，その**極限**（limit）という意味で，

$$f'(\bar{x})=a=\lim_{h\to 0}\frac{f(\bar{x}+h)-f(\bar{x})}{h} \tag{2-1}$$

と書く．

このように決められた $f(x)$ の $\bar{x}$ における微分 a はどのような幾何学的な意味を持つだろうか．図2.2の点 C が点 A に近づいていけば（h が 0 に近づけ

図2.2　微分

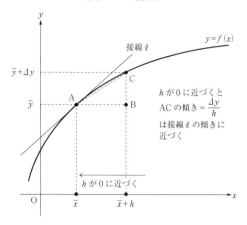

ば），線分ACの傾きは，次第に点Aにおける接線ℓの傾きに近づいていくだろう．つまり，aは$y=f(x)$のグラフの点$(\bar{x},\bar{y})$における接線ℓの傾きと一致する．

このような理解から，次の事実が自然と得られる．つまり，直線を取り上げると，直線上のどの点の接線もその直線自身である．したがって，a, bを定数とする1次関数においては，

$$f(x)=ax+b \text{であれば} f'(x)=a \tag{2-2}$$

である．

次に，微分可能性における要点

hは0に近づくが**その近づき方に依存せず**，$\Delta y/h$が一定の値に近づくの意味について考えよう．hの0への近づき方には

$1, \dfrac{1}{2}, \cdots, \dfrac{1}{n}, \cdots$　　　：右から（正値のまま）近づく

$-1, -\dfrac{1}{2}, \cdots, -\dfrac{1}{n}, \cdots$　：左から（負値のまま）近づく

$-1, \dfrac{1}{2}, \cdots, (-1)^n\dfrac{1}{n}, \cdots$：振動しながら近づく

など様々なものがあるが，0への近づき方がどのようなものであろうとも，

図2.3　微分ができない場合

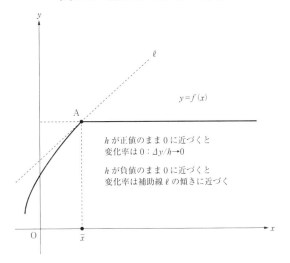

$\Delta y/h$ が一定の値に近づくことを意味している.

　図2.3を見てみよう．図示されている関数は点Aの左では滑らかに増加しているが，点Aで折れ曲がり横軸と平行になっている．したがって，$\bar{x}$ より右では平均変化率は0である．つまり $h>0$ なら $\Delta y/h=(f(\bar{x}+h)-f(\bar{x}))/h=0$ であるので，h が正値のまま0に近づけば，その極限は0である．また，$h<0$ のまま0に近づけば，平均変化率は補助線 ℓ の傾きに近づいていく．これでは，h の近づき方によって，$\Delta y/h$ の極限が変わることになる．図2.3に示されるような"折れ曲がった関数"は $\bar{x}$ において微分可能ではない．

　さて，関数 f に $\bar{x}$ における微分作業ができるためには1つの条件が要請されている．つまり，<u>$\bar{x}$ の近くにある実数がすべて定義域 D に含まれていること</u>である．ただし，$\bar{x}$ から遠く離れている実数が D に含まれる必要はない．

　　　十分に小さい正の数 ε に対して，$\bar{x}$ を中心とする開区間 $]\bar{x}-\varepsilon,\bar{x}+\varepsilon[$ が
　　　定義域 D に含まれる

ということでよい．ここで，ε はギリシャ文字でイプシロンと読む．ε は解析学では小さな正の数を表現するために用いられる記号である．微分作業は $\bar{x}$ の近くで平均変化率があることを前提にしているからである．f の定義域が $D=]-1,1[$ のような開区間である場合には，定義域のどこにおいても微分作

業のための平均変化率の極限を計算できる．

関数 f が $\bar{x}$ において微分可能であれば h が 0 に近づくとき $f(\bar{x}+h)-f(\bar{x})$ もやはり 0 に近づく必要がある．そうでなければ（2-1）の極限は存在しないからである．これは関数 f が $\bar{x}$ で連続であることを意味している（2.4 節参照）．

関数 f が**微分可能である**とは，定義域 D の任意の点 x において f が微分可能であるということである．関数 f が微分可能であれば，D の各点 x に対して，x における f の微分 $f'(x)$ が得られる．これを，D の各点 x に対して $f'(x)$ が決まるとみれば，微分が定義域 D 上の「関数」の値として得られる．このようにして得られた関数を**導関数**といい，f' と表す．また関数 f が既知で $y=f(x)$ のように従属変数 y に着目するとき，導関数を $\dfrac{\mathrm{d}y}{\mathrm{d}x}$ と表記する．

ここでは，グラフとその接線によって微分を解説したが，微分の定義は（2-1）式で与えられていることに注意せよ．

2.2 微分の 6 公式

経済学では微分作業を様々に行うが，微分作業を公式のかたちで見ておこう．関数 f, g を実数の集合 D 上で定義された微分可能な関数とする．D は開区間であるとする．このとき，2 つの関数を利用して新たな関数を作ることができる．例えば，$h(x)=f(x)+g(x)$ は通常の加算を f と g に施して得られる関数である．このほかにも，乗算と除算もある．

和の微分公式 まず，関数の和の微分について考えよう．それは，
$$(f(x)+g(x))'=f'(x)+g'(x) \tag{2-3}$$
となる．任意の 0 でない h について次の関係

$$\frac{(f(x+h)+g(x+h))-(f(x)+g(x))}{h}$$
$$=\frac{f(x+h)-f(x)}{h}+\frac{g(x+h)-g(x)}{h}$$

が成り立つ．その後 $h \to 0$ とすれば（2-3）式が成立する．

コラム 2-1　ALLの否定は部分否定

命題の中には「あらゆる○○は××である」というような言い方がある．たとえば，

[A] あらゆる実数xについて$x^2>0$である

がそれである．これを正確に書けば，

[B] 任意のxについて（xが実数ならば$x^2>0$）

という主張になっている．しかし，これらは間違った陳述である．

[A] が間違った陳述であるというのは，実数の中には$x=0$があって，$x^2=0$となり，$0>0$が成立しないことがあるからである．つまり，「あらゆる」という形容詞を含む主張は，多くの場合に成立したとしても，ただ1つの例外によって覆される．つまり，「"ALLの否定"が成立する」ことは，ただ1つの例外の提示で十分である．つまり，[A] の否定は，

[not A] ある実数xが存在して$x^2>0$ではない

である．この主張は$x=0$を考えると正しい，ということになる．

さて，[A] と同じ内容の [B] を見てみよう．[B] の中にカッコ（ ）がある．カッコの外では，xとして何を考えてもよい，つまり，任意であるが，一方カッコの中は選ばれたxが実数ならばという前提のもとでの推論となっている．[B] に着目して否定を作れば，

[not B] あるxが存在して（xは実数でかつ$x^2>0$でない）

ということになる．

「連続関数は微分可能だ」という主張は，図2.3で見た例外で成立しない．より徹底的な結果もある．かつて，ワイエルシュトラスという数学者はある区間のどの点でも微分可能でない連続関数を提示している．

積の微分公式　さらに，関数の積については，
$$(f(x) \times g(x))' = f'(x)g(x) + f(x)g'(x) \tag{2-4}$$
が成立する．これも同様にして，任意の 0 でない h について

$$\frac{f(x+h)g(x+h) - f(x)g(x)}{h}$$
$$= \frac{f(x+h) - f(x)}{h} g(x+h) + \frac{g(x+h) - g(x)}{h} f(x)$$

が成立する．この等式について $h \to 0$ とすれば (2-4) 式が成立する．

分数関数の微分公式　次のテーマは，除算から得られる分数関数 $f(x)/g(x)$ の微分である．このとき，分母の $g(x)$ が 0 では割り算ができないので，D の任意の点 x について $g(x) \neq 0$ であると仮定する．

$$\frac{f(x)}{g(x)} = f(x) \times \frac{1}{g(x)}$$

であるから，$1/g(x)$ の微分がわかれば，積の微分公式を用いることができる．そこで次の計算

$$\frac{1}{g(x+h)} - \frac{1}{g(x)} = -\frac{g(x+h) - g(x)}{g(x+h)g(x)}$$

から

$$\begin{aligned}\left(\frac{1}{g(x)}\right)' &= \lim_{h \to 0} \left(-\frac{g(x+h) - g(x)}{h} \frac{1}{g(x)g(x+h)} \right) \\ &= -\frac{g'(x)}{\{g(x)\}^2}\end{aligned} \tag{2-5}$$

である．したがって，(2-4) 式を用いて，

$$\left(\frac{f(x)}{g(x)}\right)' = \frac{f'(x)g(x) - f(x)g'(x)}{\{g(x)\}^2} \tag{2-6}$$

となる．

合成関数の微分公式　次に四則演算によらずに，f, g から新たな関数をつくっ

てみよう．そのために，$g(x)$ が x の値にかかわらず f の定義域の中に入ると仮定する．そこで，1つの新たな関数 $f \circ g$ を

$$(f \circ g)(x) = f(g(x))$$

と定義する．このような関数は第1章で学んだ**合成関数**（composite function）である．

ここで，関数 f, g を微分可能として，合成関数 $f \circ g$ の微分を考えよう．いま，

$$h \neq 0, \quad y = g(x), \quad \Delta y = g(x+h) - g(x)$$

と新たな文字 $h, y, \Delta y$ を準備する．Δy が 0 でないとすれば，

$$\begin{aligned}\frac{f(g(x+h)) - f(g(x))}{h} &= \frac{f(y+\Delta y) - f(y)}{\Delta y} \cdot \frac{\Delta y}{h} \\ &= \frac{f(y+\Delta y) - f(y)}{\Delta y} \cdot \frac{g(x+h) - g(x)}{h}\end{aligned} \quad (2\text{-}7)$$

である．まず，どの $h \neq 0$ に対しても $\Delta y \neq 0$ なる場合を取り上げる．$h \to 0$ としたときの (2-7) 式の左辺の極限（つまり $f(g(x))$ の微分）を右辺によって考えることができる．さらに，f の微分可能性より，$h \to 0$ は $g(x+h) \to g(x)$ を意味する．つまり，$\Delta y \to 0$ である．したがって，

$$(f \circ g)'(x) = \lim_{h \to 0} \frac{f(g(x+h)) - f(g(x))}{h} = f'(g(x)) \times g'(x) \quad (2\text{-}8)$$

ということになる．$g'(x) \neq 0$ であれば，$x+h$ が十分 x の近くにある場合には $\Delta y \neq 0$ となる．したがって，このケースにはこれまでの議論を適用できる．

残されているケースは，$g'(x) = 0$ となる場合である．h が 0 に近づく過程で $\Delta y = 0$ となれば，

$$\frac{f(g(x+h)) - f(g(x))}{h} = 0 \quad \text{かつ} \quad \frac{g(x+h) - g(x)}{h} = 0$$

が成立している．h が 0 に近づくとき，つねに $\Delta y = 0$ となる場合には，$\{f(g(x+h)) - f(g(x))\}/h$ の極限は 0 である．また，$\Delta y \neq 0$ となるような h の値がすべてではないが無数にあれば，(2-7) 式の右辺を利用できる．さらに，$g'(x) = 0$ であるから，$\{f(g(x+h)) - f(g(x))\}/h$ の極限は 0 となる．やはり，(2-8) 式が成立することになる．

(2-8) 式は合成関数の微分の公式とよばれる．この公式では
注意：関数 $f(y)$ の導関数 $f'(y)$ の y に $g(x)$ を代入したもの $f'(g(x))$ と $g'(x)$ との積 $f'(g(x)) \times g'(x)$ が $(f \circ g)'(x)$ である
という点に注意せよ．

関数 f を $f(y)$ と書き，$y=g(x)$ の表示から $g'(x)=\mathrm{d}y/\mathrm{d}x$ と表すと，上の公式は次のように表現できて直観的に把握しやすい．

$$\frac{\mathrm{d}(f \circ g)}{\mathrm{d}x} = \frac{\mathrm{d}}{\mathrm{d}x}(f \circ g)(x) = \frac{\mathrm{d}f}{\mathrm{d}y}\frac{\mathrm{d}y}{\mathrm{d}x}$$

逆関数の微分公式　次の課題は逆関数の微分である．実数の集合 D 上で定義された微分可能実数値関数 f の逆関数 f^{-1} が存在し，$f'(x) \neq 0$ が D のどの点 x でも成立するとしよう．このとき，合成関数 $f \circ f^{-1}$ は

$$f \circ f^{-1}(y) = f(f^{-1}(y)) = y$$

という性質を持っている．したって，f^{-1} が微分可能であれば，合成関数の微分を用いて，

$$f'(f^{-1}(y)) \times (f^{-1})'(y) = 1$$

である．$y=f(x)$ とすれば，$f^{-1}(y)=x$ だから，

$$(f^{-1})'(y) = \frac{1}{f'(x)} \tag{2-9}$$

となる．(2-9) 式は**逆関数の微分**である．

以上の 6 つの公式 (2-3)，(2-4)，(2-5)，(2-6)，(2-8) そして (2-9) は経済学で頻繁に用いられる微分の公式である．

2.3　具体的な関数の微分

次に高校で何度も学んだ具体的な関数，多項式関数，指数関数，三角関数について微分を考えよう．

多項式の微分　最初に，関数として最も簡単な関数 $f(x)=a$（a は実数の定数）となる**定値関数**（定数関数ともいう）を考えてみよう．このとき，$f(x)$

のグラフは横軸に平行で，そのため接線がこのグラフに一致するので，
$$f'(x) = 0$$
が成立する．

次に，x を実変数とする直線を表す関数 $f(x) = x$ の微分を考えよう．微分の定義から
$$f'(x) = \lim_{h \to 0} \frac{x+h-x}{h} = \lim_{h \to 0} \frac{h}{h} = 1$$
となる．

また，$f(x) = x^2$，$g(x) = x$ とすれば，$f(x) = g(x) \times g(x)$ であるから，積の微分公式 (2-4) によって，
$$f'(x) = g'(x)x + xg'(x) = 2x$$
となる．自然数 n が与えられているとする．関数 $f(x) = x^n$ の微分 $f'(x)$ を $(x^n)'$ と表す．上の議論を繰り返すと，
$$(x^n)' = nx^{n-1} \tag{2-10}$$
が得られる．

$a_0, a_1, \cdots, a_n$ を定数とする一般的な多項式
$$f(x) = a_0 x^n + a_1 x^{n-1} + \cdots + a_{n-1} x + a_n$$
の微分は，(2-10) 式と和の微分 (2-3) 式を繰り返し用いて，
$$f'(x) = a_0 n x^{n-1} + a_1(n-1)x^{n-2} + \cdots + a_{n-1} \tag{2-11}$$
となる．

自然対数の底 「自然対数」の底 e の発見が，解析学に大きな発展をもたらした．経済学でも頻繁に利用するので，これを紹介しよう．n を自然数として，e は次のように定義される．
$$e = \lim_{n \to \infty} \left(1 + \frac{1}{n}\right)^n \tag{2-12}$$
例えば，$n = 100, 1000, 10000, 100000$ として電卓で近似計算すると，

$$\left(1+\frac{1}{100}\right)^{100} = 2.70481$$

$$\left(1+\frac{1}{1000}\right)^{1000} = 2.71692$$

$$\left(1+\frac{1}{10000}\right)^{10000} = 2.71814$$

$$\left(1+\frac{1}{100000}\right)^{100000} = 2.71826$$

となる．e が実数値として存在することは厳密に証明する必要がある．しかし，この極限が存在することは知られているので，本書では，その極限が2.71828に近い数であることを指摘するにとどめる．さらに，(2-12) 式では，n を自然数と考えたが，自然数でなくとも，実数で無限に大きくなれば，同じ e に近づくことも知られている．つまり，

$$e = \lim_{r \to \infty}\left(1+\frac{1}{r}\right)^r = \lim_{k \to 0}(1+k)^{1/k} \qquad (2\text{-}13)$$

である．

対数関数の微分 さらに，第1章で学んだが，A，B を正値とし，対数の底として e をとれば，

$$\log_e AB = \log_e A + \log_e B \quad (\Leftrightarrow \quad e^a \times e^b = e^{a+b})$$
$$\log_e \frac{A}{B} = \log_e A - \log_e B \quad (\Leftrightarrow \quad \frac{e^a}{e^b} = e^{a-b})$$
$$\log_e A^c = c \times \log_e A \quad (\Leftrightarrow \quad (e^a)^c = e^{ac})$$

である．これらは，$a = \log_e A$, $b = \log_e B$ ($A = e^a$, $B = e^b$) とすれば，AB は e の $a+b$ 乗であること，A/B は e の $a-b$ 乗であること，A^c は e の ac 乗であるという指数法則と同じものである．式の中の記号 "$\Leftrightarrow$" は「左と同じ内容をもつ」ことを示している．

対数関数 $\log_e x$ ($x>0$) の微分を考察する．$\log_e x$ は「x は e の何乗であるか」を表している．h を0でない数として，

$$\frac{\log_e(x+h)-\log_e x}{h} = \frac{1}{h}\log_e\frac{x+h}{x}$$
$$= \frac{1}{x}\frac{x}{h}\log_e\left(1+\frac{h}{x}\right) = \frac{1}{x}\log_e\left(1+\frac{h}{x}\right)^{\frac{1}{h/x}}$$

となっていることに着目する．$\log_e e=1$ であること，$h\to 0$ であれば，$h/x\to 0$ となることを用いて，関数 $\log_e x$ の微分は，(2-13) 式より

$$(\log_e x)' = \log_e' x = \lim_{h\to 0}\frac{\log_e(x+h)-\log_e x}{h} = \frac{1}{x} \qquad (2\text{-}14)$$

となる．これが**対数関数の微分公式**である．

対数関数は指数関数 $y=a^x$ $(a>0, a\neq 1)$ の逆関数 $\log_a y$ であるが，底が $a=e$ の場合の対数関数は**自然対数**と呼ばれ，頻繁に用いられる．この理由で e は自然対数の底と呼ばれる．自然対数の底はしばしば省略され，$\log x$ あるいは $\ln x$ と表記される．

指数関数の微分 次の課題は a を正の定数としたとき，$f(x)=a^x$ で定義される指数関数の微分である．そこで，最初に

$$f(x)=e^x$$

という指数関数を考えてみよう．ここで，関数 $y=e^x$ の逆関数が $\log x$ であることに着目する．すなわち，

$$\log(e^x)=x \qquad (2\text{-}15)$$

は，恒等式である．(2-15) 式の左辺は合成関数であるから，(2-8) 式により

$$\log'(y)\times(e^x)'=1, \quad y=e^x$$

となる．ここで，$(e^x)'=de^x/dx$ である．したがって，(2-14) 式を利用すると，$\log'(y)=1/y$ だから，

$$(e^x)'=e^x \qquad (2\text{-}16)$$

となる．(2-14) や (2-16) 式は経済学では頻繁に用いられる．

さて，a を $a\neq 1$ を満たす正の定数として，指数関数 $y=a^x$ の微分について考えよう．$a^x>0$ だから，両辺を対数で変換すると，

$$\log y = x\log a$$

図2.4 sin h, h, tan h は，h が小さいとほぼ一致する

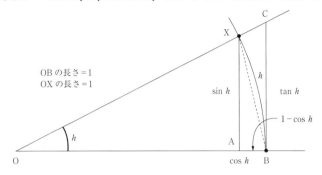

となる．合成関数の微分公式を利用して，両辺を x で微分すると $\dfrac{y'}{y} = \log a$ となるので，

$$\frac{\mathrm{d}a^x}{\mathrm{d}x} = (a^x)' = (\log a) \times a^x \tag{2-17}$$

であることがわかる．(2-17) 式は**指数関数の微分公式**である．

三角関数の微分　図2.4は，図1.5の一部分を x を h に変え，拡大して描いたものである．図から，h と sin h と tan h とが $h(>0)$ が小さいときにはほとんど同じになることがわかる．これから，$h \to 0$ のとき $(\sin h)/h \to 1$ の成立することを期待できる．より正確には，三角形 $\triangle$OCB の面積 $(\tan h)/2$，$\triangle$OXB の面積 $(\sin h)/2$ そして扇型 OXB の面積 $(h/2\pi) \times \pi$ を比較すると，

$$\sin h < h < \tan h$$

である．さらに，$\tan h = \sin h / \cos h$ であることから，

$$\cos h < \frac{\sin h}{h} < 1$$

である．ここで，$h \to 0$ とすれば，$\cos h \to 1$ だから，

$$\lim_{h \to 0} \frac{\sin h}{h} = 1 \tag{2-18}$$

となる．

さらに，図2.4の線分 AB の長さは，OB の長さが 1 であるので，$1 - \cos h$

である．すると，直角三角形 XAB の斜辺 XB は垂線 XA より長く，円弧の長さ h は斜辺より長いから，

$$\frac{1-\cos h}{\sin h} > \frac{1-\cos h}{\text{XBの長さ}} > \frac{1-\cos h}{h} > 0$$

である．一方，h が 0 に近づけば，点 X が点 B に近づいて，$\sin h/(1-\cos h)$ はいくらでも点 B の接線の傾きに近づいていくので，

$$\lim_{h \to 0} \frac{\sin h}{1-\cos h} = \infty \quad \text{したがって} \quad \lim_{h \to 0} \frac{1-\cos h}{h} = 0 \tag{2-19}$$

となる．

さらに，高校数学 II で学んだ加法定理

$$\sin(\alpha+\beta) = \sin\alpha\cos\beta + \cos\alpha\sin\beta$$
$$\cos(\alpha+\beta) = \cos\alpha\cos\beta - \sin\alpha\sin\beta$$

を思い出そう．

以上から，関数 $\sin x$ の微分を考察できる．加法定理により，

$$\frac{\sin(x+h) - \sin x}{h} = \sin x \frac{\cos h - 1}{h} + \cos x \frac{\sin h}{h}$$

である．ここで，$h \to 0$ を図る．(2-18) と (2-19) 式を用いると，右辺第 1 項は 0 に，第 2 項は $\cos x$ に収束する．つまり，関数 $\sin x$ の微分を $\sin' x$ と書けば，

$$\sin' x = \cos x \tag{2-20}$$

が成立する．同様にして，

$$\frac{\cos(x+h) - \cos x}{h} = \cos x \frac{(\cos h - 1)}{h} - \sin x \frac{\sin h}{h}$$

である．(2-18) と (2-19) 式より，関数 $\cos x$ の微分を $\cos' x$ と書けば，

$$\cos' x = -\sin x \tag{2-21}$$

となる．残りの三角関数 $\tan x$ の微分 $\tan' x$ については，$\tan x = \sin x/\cos x$ であることと，分数関数の微分公式 (2-6) 式を用いると，

$$\tan' x = \frac{\cos x \cos x - (-\sin x)\sin x}{\cos^2 x} = \frac{1}{\cos^2 x} \tag{2-22}$$

となる．もちろん，ここでは $\cos x \neq 0$ となる x を前提にしている．

べき乗が実数の関数　次に，α を実数の定数とするとき，$x>0$ について，$f(x)=x^\alpha$ で定義される関数の微分を考察しよう．両辺の対数をとると

$$\log f(x) = \alpha \log x$$

であるから，合成関数の微分公式を用いて，

$$\frac{f'(x)}{f(x)} = \alpha \frac{1}{x}$$

となる．したがって，

$$(x^\alpha)' = \alpha x^{\alpha-1} \tag{2-23}$$

が得られる．

高次導関数　2.1節で定義したように，関数 $y=f(x)$ が微分可能であれば，定義域 D の各点 x に対して微分 $f'(x)$ を対応させる**導関数**

$$f'(\cdot),\quad \frac{\mathrm{d}}{\mathrm{d}x}f(\cdot),\quad \frac{\mathrm{d}f}{\mathrm{d}x}(\cdot),\quad \frac{\mathrm{d}y}{\mathrm{d}x}$$

を考えることができる．

集合 D を定義域とする実数値関数 $y=f(x)$ が微分可能で，その導関数 f' も D 上の関数として微分可能となる場合がある．そのとき，関数 f を **2回微分可能**であるという．$f'(\cdot)$ の導関数を **2次導関数**という．2次導関数は，

$$f''(\cdot),\quad \frac{\mathrm{d}^2}{\mathrm{d}x^2}f(\cdot),\quad \frac{\mathrm{d}^2 f}{\mathrm{d}x^2}(\cdot),\quad \frac{\mathrm{d}^2 y}{\mathrm{d}x^2}$$

などと表す．また，2次導関数が微分可能なら，3次導関数が考えられる．一般に n 回微分可能な関数があり，その n 次導関数を

$$f^{(n)}(\cdot),\quad \frac{\mathrm{d}^n}{\mathrm{d}x^n}f(\cdot),\quad \frac{\mathrm{d}^n f}{\mathrm{d}x^n}(\cdot),\quad \frac{\mathrm{d}^n y}{\mathrm{d}x^n}$$

などと表す．(2-16) 式を見ると，関数 e^x は何回微分しても，結果として得られる高次導関数はそれ自身になるという興味深い関数である．

曲線のパラメータ表示　図2.5を見てみよう．原点 O を中心とする半径 1 の円 C と，C 上の点 P(x,y) が描かれている．線分 OP と x 軸とのなす角を t とす

図2.5　パラメータ表示

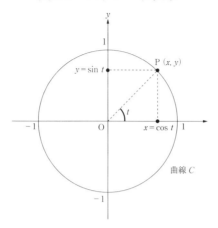

ると，

$$x = \cos t, \quad y = \sin t$$

と表すことができる．逆に，Pの座標が上のように与えられているとする．三角関数の性質から，$x^2 + y^2 = \cos^2 t + \sin^2 t = 1$ である．よってPはC上にある．t が $0 \leq t < 2\pi$ の範囲を動くとき，PはC上全体を動く．このような曲線の表現方法をパラメータ表示という．

定義2.2　曲線C上の点 (x, y) が，2つの関数 $f(t), g(t)$ によって

$$x = f(t), \quad y = g(t) \tag{2-24}$$

と表すことができるとき，これをCの**パラメータ表示**といい，変数 t を**パラメータ**という．

(2-24) 式から t を消去して得られる方程式を $F(x, y) = 0$ とすると，これは曲線Cを表す方程式である．図2.5では，方程式は $x^2 + y^2 - 1 = 0$ となっている．以下，パラメータ表示 $f(t), g(t)$ を微分可能関数とし，$f'(t)$ と $g'(t)$ は同時に0にならないものとする．

例2.1　$x = t - 1, \ y = 2t + 3$ は点 $(-1, 3)$ を通る傾きが2の直線のパラメータ

表示である．実際，$t=x+1$ として t を消去すると
$$y=2(x+1)+3=2x+5$$
である． □

曲線 C のパラメータ表示を $x=f(t)$, $y=g(t)$ とし，C 上の点 $\mathrm{P}(f(t^*), g(t^*))$ における C の接線を考えてみよう．$f'(t^*)\neq 0$ であると仮定し，t^* の近くで f の逆関数が存在するとしよう．すると，t を消去することができ，t^* の近くにある t において，次のような関数関係が得られる．
$$y=g(f^{-1}(x)),\quad x=f(t)$$
P の近くで曲線 C は，関数 $g\circ f^{-1}$ のグラフと一致する．合成関数および逆関数の微分の公式より
$$\frac{\mathrm{d}y}{\mathrm{d}x}=g'(f^{-1}(x))f^{-1\prime}(x)=\frac{g'(t)}{f'(t)}$$
である．したがって，P における C の接線の方程式は
$$y=\frac{g'(t^*)}{f'(t^*)}(x-f(t^*))+g(t^*)$$
となる．

$f'(t^*)=0$ のときは $g'(t^*)\neq 0$ なので，g^{-1} を用いて t を消去して同様の作業を行うと，P における C の接線の方程式は
$$x=\frac{f'(t^*)}{g'(t^*)}(y-g(t^*))+f(t^*)$$
である．

いずれの場合においても，求める接線の方程式は
$$g'(t^*)(x-f(t^*))-f'(t^*)(y-g(t^*))=0$$
である．以上をまとめて次の定理を得る．

定理2.1 C を平面上の曲線，そのパラメータ表示を $x=f(t)$, $y=g(t)$ とする．$\mathrm{P}(p,q)$ を C 上の点とする．C 上の点 P における接線の方程式は
$$g'(t^*)(x-p)-f'(t^*)(y-q)=0 \tag{2-25}$$
である．ただし $p=f(t^*)$, $q=g(t^*)$ である．また $f'(t^*)\neq 0$ または $g'(t^*)\neq 0$

である.

例2.2 図2.5にあるように，曲線 C を原点 O を中心とする半径 1 の円とし，そのパラメータ表示を $x=\cos t$, $y=\sin t$ とすると，$dx/dt=-\sin t$, $dy/dt=\cos t$ である．P(p,q) を C 上の点とし，$p=\cos t^*$, $q=\sin t^*$ とする．定理2.1より，C 上の点 P における接線の方程式は

$$(\cos t^*)(x-p)-(-\sin t^*)(y-q)=0$$

すなわち

$$px+qy=1$$

である（(1-5) 式も参照せよ）． □

例2.3（生産可能性曲線） ある国に100人の労働者がおり，そのうち小麦を生産する人数を t，自動車を生産する人数を s とする．ただし $t+s=100$ である．小麦の生産量を x，自動車の生産量を y として，各財の生産関数は

$$x=\sqrt{t}, \quad y=\sqrt{s}$$

で与えられている．

利用可能な生産技術および資源の制約の下で，生産可能な生産量の組合せ (x,y) の集合を**生産可能性曲線**あるいは**生産可能性フロンティア**という．この国の生産可能性曲線を C として，C の方程式を求めてみよう．$t+s=100$ より $s=100-t$ として，生産関数に代入すると

$$x=\sqrt{t}, \quad y=\sqrt{100-t} \quad (0 \leq t \leq 100) \tag{2-26}$$

を得る．(2-26) 式は t をパラメータとする C のパラメータ表示である．(2-26) 式の両辺をそれぞれ2乗して t を消去すると，

$$x^2+y^2=100 \quad (x \geq 0, \quad y \geq 0)$$

となる．つまり C は原点を中心とする半径10の円弧である．

前章の (1-5) 式より，点 (6, 8) における C の接線の方程式は

$$6x+8y=100$$

である．つまり，接線の傾きは $-3/4$ であることがわかる．一方，定理2.1より

$$\frac{\mathrm{d}x}{\mathrm{d}t} = \frac{1}{2\sqrt{t}}, \quad \frac{\mathrm{d}y}{\mathrm{d}t} = -\frac{1}{2\sqrt{100-t}}$$

であるから，$t=36$ における微分係数の比は

$$\frac{\mathrm{d}y/\mathrm{d}t}{\mathrm{d}x/\mathrm{d}t} = \frac{-\dfrac{1}{2\sqrt{100-36}}}{\dfrac{1}{2\sqrt{36}}} = -\frac{3}{4}$$

となり，点 $(6, 8)$ における C の接線の傾きと一致する． □

公式のまとめ この節で得られた基礎的な微分の公式をまとめておこう．

対数関数の微分：$(2-14)$ $(\log x)' = \log' x = \dfrac{1}{x}$

指数関数の微分：$(2-16)$ $(e^x)' = e^x$, $(2-17)$ $(a^x)' = (\log a)a^x$

三角関数の微分：$(2-20)$ $\sin' x = \cos x$, $(2-21)$ $\cos' x = -\sin x$

べき乗が実数の関数の微分：$(2-23)$ $(x^\alpha)' = \alpha x^{\alpha-1}$

2.4 少し上級の議論

偏微分 まず，$\mathbb{R}^2$ を定義域とする実数値関数の偏微分の作業を解説しよう．本格的な2変数関数の微分については，第8章で解説する．ここで取り扱う関数 f は2次元の平面 $\mathbb{R}^2$ を定義域とし，実数 $\mathbb{R}$ を値域とするものである．このような関数 f を，定義域と値域を示して，

$$f : \mathbb{R}^2 \to \mathbb{R}$$

と書く．右矢印「→」はこれまで用いてきた「近づく」という意味の記号ではなく，関数 f が集合 $\mathbb{R}^2$ の点を右の集合 $\mathbb{R}$ に送る（像を写す）ことを表している．関数が定義域の点を値域の値に結びつけることを明示するためには，

$$f : (x_1, x_2) \mapsto y$$

という記号を用いる．ここで，(x_1, x_2) は $\mathbb{R}^2$ に所属する点である．それを $(x_1, x_2) \in \mathbb{R}^2$ と書く．「∈」は**所属記号**（elementhood symbol）とよばれる．「$y \in \mathbb{R}$」も同じである．

もちろん，関数の定義域は $\mathbb{R}^2$ の全域である必要はない．ここでは，表現の

容易さのために，定義域を $\mathbb{R}^2$ としておく．

定義2.3（偏微分） 実数値関数 $f(x_1, x_2)$ について，ある点 $(\bar{x}_1, \bar{x}_2)$ に着目して，1変数の微分と同様に

$$\lim_{h_1 \to 0} \frac{f(\bar{x}_1 + h_1, \bar{x}_2) - f(\bar{x}_1, \bar{x}_2)}{h_1}, \quad \lim_{h_2 \to 0} \frac{f(\bar{x}_1, \bar{x}_2 + h_2) - f(\bar{x}_1, \bar{x}_2)}{h_2}$$

の左側が h_1 の 0 へのどのような近づき方をしても，同一の極限に収束し，また右側の h_2 が 0 に近づくときの極限にも同様のことが成立するとする．このとき，関数 f は $(\bar{x}_1, \bar{x}_2)$ において**偏微分可能**であるという．

定義2.3の極限をそれぞれ，

$$\frac{\partial f}{\partial x_1}(\bar{x}_1, \bar{x}_2), \quad \frac{\partial f}{\partial x_2}(\bar{x}_1, \bar{x}_2)$$

と表す．他の変数をある数に固定し，ある変数だけを変化させるという作業の特徴から，**偏微分**（partial derivative）とよばれる．$\frac{\partial f}{\partial x_1}$ は，特に文章中では $\partial f / \partial x_1$ とも書かれる．記号 ∂ を「ラウンド・デルタ」と読む．偏微分は $\frac{\partial}{\partial x_i} f(\bar{x}_1, \bar{x}_2)$ $(i=1, 2)$ とも表される．

上では，ある点における偏微分可能性を述べたが，関数 $f(x_1, x_2)$ が定義域のあらゆる点において偏微分可能であるとき，

定義域 D の各 (x_1, x_2) に対して，偏微分 $\frac{\partial f}{\partial x_i}(x_1, x_2)$ $(i=1, 2)$ を対応させることができる．

これを関数と考えるとき，それを**偏導関数**とよぶ．偏導関数が再び偏微分可能であるなら，2次の偏導関数

$$\frac{\partial}{\partial x_j} \frac{\partial f}{\partial x_i}(x_1, x_2), \quad i, j = 1, 2$$

を考えることができる．上の記号法よりはむしろ，

$$\frac{\partial^2 f}{\partial x_j \partial x_i}(x_1, x_2) \quad \text{あるいは} \quad f_{ij}(x_1, x_2), \quad i, j = 1, 2$$

が通常用いられる表記法である．左右の記法における i と j の順序（x_i で偏導関数を求めた後で，x_j で偏微分操作をしていること）に注意をせよ．経済学

では $f_{ij}(x_1, x_2)$ と書く場合が多い．とくに，$i=j$ の場合には，

$$\frac{\partial^2 f}{\partial x_i^2}(x_1, x_2) \quad \text{あるいは} \quad f_{ii}(x_1, x_2), \quad i=1,2$$

と書かれる．

微分可能性のもう1つの表現　1変数の実数値関数 f が実数の開区間 D を定義域とし，D の点 $\bar{x}$ において微分可能とする．f の $\bar{x}$ における微分を a とする．そこで，次のように関数 $o(\bar{x}, h)$ を定義する．

$$o(\bar{x}, h) = f(\bar{x}+h) - f(\bar{x}) - ah$$

h は 0 でないとし，両辺を h で割ると，

$$\frac{o(\bar{x}, h)}{h} = \frac{f(\bar{x}+h) - f(\bar{x})}{h} - a$$

となる．ここで，h を 0 に近づけると，右辺の第1項は a に近づく．したがって，右辺は 0 に近づくことになる．これは

$$h \to 0 \quad \text{ならば} \quad \frac{o(\bar{x}, h)}{h} \to 0 \tag{2-27}$$

を意味する．ここで，**絶対値**という考え方を導入する．例えば，-5 の絶対値を $|-5|$ と書き，$|-5|=5$ と約束する．また，$|5|=5$ である．一般に x を任意の実数とするとき，$|x|$ は x の数直線上の位置と原点との間の距離を表している．数式で書けば，

$$|x| = \begin{cases} x & x \geq 0 \text{ のとき} \\ -x & x < 0 \text{ のとき} \end{cases}$$

である．絶対値を用い（2-27）式を少し変えてみよう．

$$\frac{o(\bar{x}, h)}{h} = \frac{o(\bar{x}, h)}{|h|} \cdot \frac{|h|}{h}$$

であり，かつ，$|h|/h$ は $1, -1$ のどちらかであるから，

$$h \to 0 \quad \text{ならば} \quad \frac{o(\bar{x}, h)}{|h|} \to 0 \tag{2-28}$$

である．

以上では，（2-27）式が成立すれば必ず（2-28）式が成立することが示さ

れた．逆に，(2-28) 式が成立すれば (2-27) 式が成立することも明らかである．これは，(2-27) 式と (2-28) 式が全く同じ内容だということを意味している．このようなとき，(2-27) 式は (2-28) 式の必要条件でありかつ十分条件であるという．あるいは，(2-27) 式は (2-28) 式の**必要十分条件**であるという．必要条件，十分条件という用語についてはコラム2-2を参照されたい．

以上でわかったことは，「関数 $f(x)$ が $\bar{x}$ において微分可能であれば，ある数 a および関数 $o(\bar{x}, h)$ が存在して，

$$f(\bar{x}+h) = f(\bar{x}) + ah + o(\bar{x}, h)$$

$$h \to 0 \quad \text{ならば} \quad \frac{o(\bar{x}, h)}{|h|} \to 0$$

(2-29)

が成立する」ことである．

f が $\bar{x}$ において微分可能であれば，(2-29) 式が得られた．逆に，(2-29) 式が成立すれば，f は $\bar{x}$ において微分可能であり，その微分が a である．つまり，(2-29) 式は微分可能であることの必要十分条件である．(2-29) 式の $o(\cdot, \cdot)$ は，ランダウの記号と呼ばれる．

(2-29) 式は図2.6に図示されているように，

前提 x が $\bar{x}$ から $\bar{x}+h$ に h だけ変化したときに，

結果1 関数の値は $f(\bar{x})$ から $f(\bar{x}+h) - f(\bar{x})$ だけ変化するが，

結果2 変化分は比例的変化分 ah で近似され，剰余が $o(\bar{x}, h)$ となる

ということである．(2-29) 式を微分の定義と考えることもできる．以上の結果をまとめると次の定理となる．

定理2.2 $\mathbb{R}$ 上で定義された実数値関数 $f(x)$ が $\bar{x}$ において微分可能となる必要十分条件は，ある数 a および関数 $o(\bar{x}, h)$ が存在して，

$$f(\bar{x}+h) = f(\bar{x}) + ah + o(\bar{x}, h)$$

$$h \to 0 \quad \text{ならば} \quad \frac{o(\bar{x}, h)}{|h|} \to 0$$

が成立することである．

いま，(2-29) 式の右辺から剰余 o を取り除いたものを y とおけば，それは，

コラム 2-2　もし…ならば…，必要条件と十分条件

　人類が持っている論理的な能力の中で，最も興味深いものの1つが推論である．推論は「前提Aの下で結論Bが得られる」という内容を核にしている．これを記号で，

　　　　A ⇒ B

と書く．「AならばB」「if A then B」とも表現される．A⇒Bが正しいときに，**AはBの十分条件，BはAの必要条件**という．これらは，基本的な用語であるが，どちらであるかが覚えにくい．しかし，覚えるためのテクニックがある．矢印（⇒）を羅針盤の針と見てみる．羅針盤の針はN（北，North）を指す．そこで，

　　　　A $\overset{N}{\Rightarrow}$ B

のように，矢印の指す方にNを書き入れてみる．そのあとで，Nを必要条件（Necessary condition）のNであると考えてみる．つまり，

　　　Nが付くBが必要条件，他方のAが十分条件

とするのが，手っ取り早い記憶法である．

　A⇒BとB⇒Aがともに正しいとき，AはBの**必要十分条件**であるといい，A⇔Bと表す．

　A⇒Bという内容において，最もやっかいなことは，「Aが正しくない」，つまり，「Aが偽である」場合である．このときには，Bがどうであっても，「A⇒Bは正しい」と約束されている．つまり，現在の論理学は，

　　　間違った前提Aに基づく推論A⇒Bは常に正しい

として構築されている点である．例えば，「鯨が魚ならば，人間も魚である」は正しい，ということである．

図2.6 微分と近似

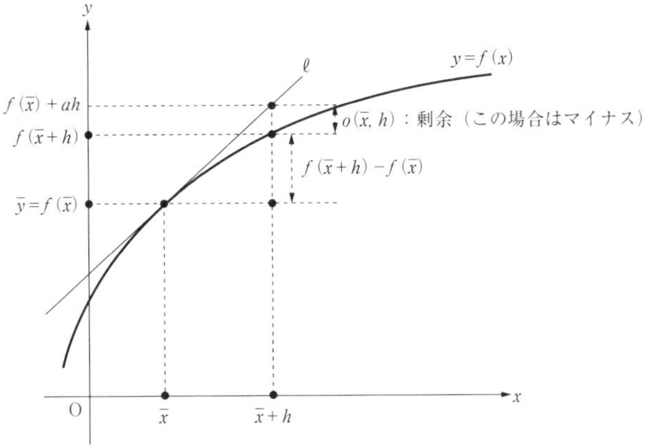

$f(x)$ が表す曲線を直線によって近似するものになる. つまり, $\bar{y}=f(\bar{x})$, $x=\bar{x}+h$ とすれば, その直線は

$$y - \bar{y} = a(x - \bar{x})$$

である. これは点 $(\bar{x}, \bar{y})$ を通る傾き a の直線となる. 図2.6の接線 ℓ はこの方程式によって表されている.

微分可能性と連続性　次のテーマは微分可能性と連続性との関係である. 実数全体で定義された実数値関数 $f(x)$ が $\bar{x}$ において微分可能で, (2-29) 式を満たすとする. すると,

$$h \to 0 \quad \text{ならば} \quad o(\bar{x}, h) = \frac{o(\bar{x}, h)}{|h|} |h| \to 0$$

であることは自明である. したがって,

$h \to 0$　ならば　$f(\bar{x}+h) \to f(\bar{x})$, 言い換えれば

$x \to \bar{x}$　ならば　$f(x) \to f(\bar{x})$ 　　　　　　(2-30)

ということである. (2-30) 式は x がどのような仕方で $\bar{x}$ に近づいても, $f(x)$ は $f(\bar{x})$ に近づくことを示している. 異なる表現でいえば,

$f(x)$ は $\bar{x}$ において**連続である**

となる. 実は, 連続性は (2-30) 式によって定義されるのである. したがっ

て，次が成立する．

定理2.3（微分可能性と連続性） 実数の集合 D を定義域とする実数値関数 f が D の点 $\bar{x}$ において微分可能なら，$\bar{x}$ において連続である．

関数の連続性は第8章で詳しく解説される．

　微分可能性の必要十分条件(2-29)式を熟読してその意味をつかみ，何も見ずにこれを書けるようになることが，理解の早道である．

練習問題

問題2.1

次の関数の導関数と2次導関数を求めなさい．

(1) $f(x)=e^{2x}$ (2) $f(x)=e^{\log x}$ $(x>0)$ (3) $f(x)=x\log x$ $(x>0)$
(4) $f(x)=\sin x \cos x - \sin 2x$ (5) $f(x)=1-1/\sqrt{x}$ $(x>0)$
(6) $f(x)=x-1/x$ $(x>0)$

問題2.2

2次関数 $f(x)=x^2$ について次の問に答えなさい．

(1) $f(x)$ のグラフを描いたとき，グラフ上の異なる2点 $(a,a^2),(b,b^2)$ を結ぶ直線の方程式を求めなさい．
(2) 上で求めた直線と平行であって，$f(x)$ と接する直線の接点の x 座標が $(a+b)/2$ であることを確かめなさい．
(3) (2)で判明した事実が一般の2次関数で成立するかどうかを確かめなさい．

問題2.3

(2-19) 式の結果の1つ，

$$\lim_{h\to 0}\frac{1-\cos h}{h}=0$$

を $\cos(\alpha+\beta)=\cos\alpha\cos\beta-\sin\alpha\sin\beta$（加法定理）を用いて示しなさい．

問題2.4

ある国に1万人の労働者がおり，そのうち「小麦」を生産する人数を t，「自動車」を生産する人数を s とする．小麦の生産量を x，自動車の生産量を y として，各財の生産関数が

$$x=2t, \quad y=3s$$

であるとき，この国の生産可能性曲線を図示せよ．

問題2.5

a を正の数とする．関数

$$f_a(x) = \begin{cases} -1 & x < -a \text{ のとき} \\ \sin\left(\dfrac{\pi}{2a}x\right) & -a \leqq x \leqq a \text{ のとき} \\ 1 & a < x \text{ のとき} \end{cases}$$

があらゆる点において微分可能であることを確かめなさい．また，a が 0 に近づくと，関数 $f_a(x)$ がどのようになるかを考えなさい．

問題2.6

$\mathbb{R}$ を定義域とする実数値関数 $y = f(z_1), x = g(z_2)$ は微分可能で，かつ導関数が連続とする．さらに任意の z_1, z_2 において，$f'(z_1) \neq 0$ かつ $g'(z_2) \neq 0$ であるとする．このとき次の問に答えなさい．

(1) $z_1 + z_2 = \bar{z}$（定数）であるとき，y を x の関数で表す方程式 $\phi(x)$ を求めなさい．

(2) $\phi(x)$ の導関数を求めなさい．

第3章

1変数の最大化問題

　経済学では，経済主体はインセンティブに従って行動をすると考える．消費者の理論においては効用が，生産者の理論においては利潤が，ゲームにおいてはプレイヤーの利得がインセンティブである．それぞれ，最大の効用，最大の利潤あるいは最大の利得を目指すものとして，経済主体の行動が記述される．数学的には，これらは最大化問題となる．このようにして，最大化問題を十分に知っておくことが経済学を学習するための基本的な要件となる．この章では，初級の最大化問題を学ぶ．

前提とする知識：1変数関数の微分（第2章）

3.1 最大化の条件

いま,実数の集合 $\mathbb{R}$ を定義域とする実数値関数 f を取り上げる.f を微分可能で,かつ,導関数 f' は連続であるとする.

関数 f がある実数で最大を達成しているとする.このとき,何が発生しているであろうか.本節の目標はこれを明らかにすることである.まず,関数の**最大値**(maximum)は次のように定義される.

定義3.1 関数 f がある実数 x^* において最大値を達成するとは,定義域内の任意の x に対して,

$$f(x^*) \geqq f(x) \tag{3-1}$$

が成立することである.このとき,$f(x^*)$ を関数 f の最大値という.

関数 f の**最小値**(minimum)については,(3-1) 式の不等号の向きを逆にすることで定義される.

この定義の重要なポイントは,**不等号(>)の下に等号(=)がついている**($\geqq$ となっている)ことである.つまり,x^* 以外の定義域内のある実数 $\tilde{x}$ について,

$$f(x^*) = f(\tilde{x})$$

となってもよい.このようなときには,$\tilde{x}$ においても f は最大値を達成している.また,実数のある領域 D(例えば開区間)を定義域とする関数についても同様に,D 内のある点 x^* と D 内の任意の点 x において (3-1) 式が成立することで,最大値が定義される.

さて,x^* は最大化を達成するものであるから,任意の正の h に対して,

$$f(x^* + h) \leqq f(x^*) \quad \text{かつ} \quad f(x^* - h) \leqq f(x^*)$$

である.これは,

$$\lim_{h \to +0} \frac{f(x^* + h) - f(x^*)}{h} \leqq 0 \quad \text{かつ} \quad \lim_{h \to +0} \frac{f(x^* + (-h)) - f(x^*)}{-h} \geqq 0$$

図3.1　最大値と極値

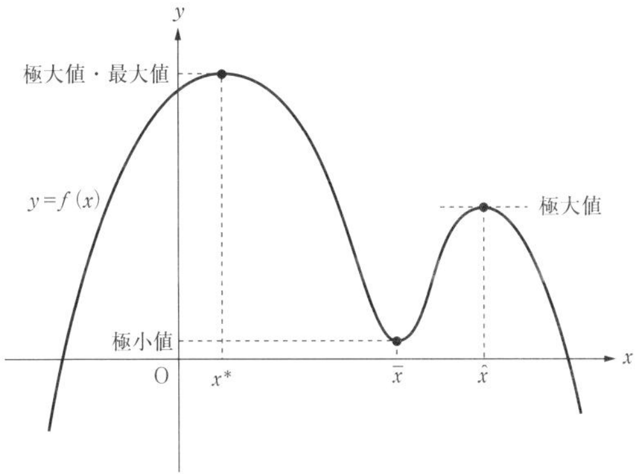

を意味する．ここで，記号 $h \to +0$ は「h が正値のままゼロに近づく」という意味である．したがって，微分の定義より，

$$f'(x^*) = 0$$

が得られる．

　この結果は，図で見るとわかりやすい．図3.1を見てみよう．関数 $f(x)$ の値が最大となる点 x^* におけるグラフの接線の傾きは 0，すなわち微分は 0 である．

　さらに，$f(x)$ に最小値 $m = f(x^*)$ が存在すれば，それは $-f(x)$ の最大値が $-m$ となるから，最小値においても，$f'(x^*) = 0$ となる．

　以上を定理としてまとめておこう．

定理3.1（1階の必要条件） $\mathbb{R}$ を定義域とする微分可能な実数値関数 $f(x)$ が $x = x^*$ で最大値（最小値）をとるなら，$f'(x^*) = 0$ が成立する．

　一般に，この定理の逆は成立しない．すなわち，$f'(\hat{x}) = 0$ であっても，$f(\hat{x})$ が最大値（最小値）であるとは限らない．図3.1の点 $\hat{x}$ では，グラフへの接線の傾きはゼロであるが，f の最大値や最小値を達成していない．

極大と極小　最大値や最小値と類似したものに極大値と極小値がある．f を定

義域 $\mathbb{R}$ で微分可能な実数値関数とする．いま，ある正の数 ε について，$\hat{x}$ を含む開区間 $]\hat{x}-\varepsilon, \hat{x}+\varepsilon[$ に f の定義域を制限することを考える．$f(x)$ の値が $x=\hat{x}$ において最大となるように定義域を制限できれば，$f(x)$ は $x=\hat{x}$ で**極大値** (local maximum) を達成するという．$f(\hat{x})$ が極大値である．一方，$x=\bar{x}$ において，$-f(x)$ が極大値を達成するならば，$f(x)$ は $x=\bar{x}$ において**極小値** (local minimum) を達成するといい，$f(\bar{x})$ が極小値である．極大値と極小値をまとめて**極値** (extremum) という．図3.1に描かれた関数 $f(x)$ では $\hat{x}$ において極大値が達成され，$\bar{x}$ において極小値が達成されている．特に，x^* では，最大値と極大値が同時に達成されている．この定義より，極大値および極小値では微分はゼロである ($f'(\hat{x})=f'(\bar{x})=0$)．したがって，定理3.1は「最大値」を「極値」に置き換えても成り立つ．

系 $\mathbb{R}$ を定義域とする微分可能な実数値関数 $f(x)$ が $x=x^*$ で極値をとるなら，$f'(x^*)=0$ が成立する．

これらのことから，方程式
$$f'(x)=0$$
の解に**最大値を達成する候補がある**ことがわかる．

次に，微分の符号を図形的にとらえてみよう．

$\mathbb{R}$ を定義域とする微分可能な実数値関数 f を取り上げる．ある実数の開区間 $]a,b[$ ($a<b$) に着目して，ある値 c, d（ただし $a<c<d<b$）について $f(c) \geqq f(d)$ が成立したとする．このとき，2点 $(c, f(c))$ と $(d, f(d))$ を通る直線と平行で，関数 $f(x)$ のグラフに区間 $]c,d[$ の間で接する直線を描くことができる．その接点を $(x^*, f(x^*))$ ($c<x^*<d$) とすれば，

$$f'(x^*) = \frac{f(d)-f(c)}{d-c} \leqq 0, \quad c<x^*<d$$

となる．読者は上の議論を作図で確認されたい．**対偶**をとれば，

「ある実数の開区間 $]a, b[$ 内の任意の x について $f'(x)>0$ であれば，この開区間で $f(x)$ は増加的である」

コラム 3-1　逆と対偶

　A と B を命題とするとき，「A が成立するなら B が成立する」という陳述も1つの命題である．命題とはそれが「真である（成立する）か」あるいは「偽である（成立しない）か」を考察できる対象である．第2章のコラム2-2において，上の命題を $A \Rightarrow B$ と書くことを学んだ．いま，図3.2の左図を見てみよう．正方形の中に2つの円が描かれている．例えば，命題 A が $x \geq 1$，命題 B が $x > 0$ だとすれば，$A \Rightarrow B$ は自明に成立する．つまり，命題 A が成立する範囲は B のそれに含まれるのである．このような状態を図式化すれば，図3.2の左図となる．左図の点 C を見れば，$A \Rightarrow B$ が正しくても $A \Rightarrow B$ の逆（converse）：$B \Rightarrow A$ は必ずしも成立しないことがわかる．

図3.2　逆と対偶

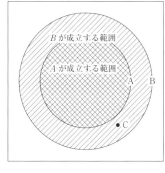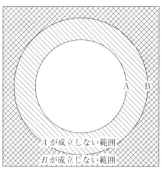

　この図の右側には A が成立しない範囲は，B が成立しない範囲を含んでいることが図示されている．したがって，A, B の否定をそれぞれ not A, not B と書けば，右図は

　　not $B \Rightarrow$ not A

の成立を示している．上の命題を $A \Rightarrow B$ の**対偶**（contraposition）という．図3.2の右図と左図を比べると命題 $A \Rightarrow B$ とその対偶は同値であることがわかる．

ことがわかる．また，「実数の開区間 $]a,b[$ 内の任意の x について $f'(x)<0$ であれば，$f(x)$ は減少的であること」も明らかである．

例3.1 上の事実を用いると極大値，極小値を求めることが容易になる．いま，3次関数 $f(x)=-x^3+3x$ の極大値および極小値を求めてみよう．$f(x)$ の導関数は $f'(x)=-3x^2+3=-3(x+1)(x-1)$ である．$f'(x)=0$ となるのは $x=-1$ と 1 である．$f(x)$ の増加減少の状態を表にすれば，次のようになる．

x	$\cdots$	-1	$\cdots$	1	$\cdots$
$f'(x)$	$-$	0	$+$	0	$-$
$f(x)$	$\searrow$	-2	$\nearrow$	2	$\searrow$

この表を増減表という．記号「$\searrow$」は関数 f が減少的であること，「$\nearrow$」は増加的であることを意味している．増減表より，$f(x)$ は $x=-1$ のとき極小値 -2 をとり，$x=1$ のとき極大値 2 をとる． □

例3.2 3次関数 $f(x)=x^3$ をとりあげよう．$f'(x)=3x^2$ より $f'(0)=0$ である．また，$f'(x)>0$ が $x\neq 0$ について成立するので，$f(x)$ は増加的であり，$f(0)$ は最小値や最大値ではなく，極値でもない．もちろん，$f(x)$ の最大値や最小値は存在しない． □

2階条件 定理3.1では極大化の必要条件が得られた．一方，例3.1で見たように，導関数 $f'(x)$ の符号が正から負に変わる点で極大となる．この性質は一般の関数でも同じである．これは，極大化の十分条件になっている（必要条件，十分条件については，コラム2.2を参照）．

いま，$\mathbb{R}$ を定義域とする2回微分可能な実数値関数 f が $x=\bar{x}$ において $f'(\bar{x})=0$ となっているとする．このとき，$f''(\bar{x})<0$ ならば何が成立するかを調べてみよう．そこで，f' の微分可能性より (2-29) 式を利用すると，関数 $o(\cdot)$ が存在して，任意の 0 でない h に対して，

$$f'(\hat{x}+h) = f'(\hat{x}) + hf''(\hat{x}) + o(h)$$
$$= h\left(f''(\hat{x}) + \frac{o(h)}{|h|}\frac{|h|}{h}\right)$$

である．正確には $o(\hat{x}, h)$ であるが $\hat{x}$ を略している．しかも，h が十分小さいと，$o(h)/|h|$ が十分ゼロに近い数となる．いま，$f''(\hat{x})<0$ であるから，

(R) 十分小さな正の $h>0$ に対して，右辺は負の数，

(L) ゼロに近い負の $h<0$ に対しては，右辺は正の数，

となる．したがって，増減表は，

x	$\cdots$	$\hat{x}$	$\cdots$
$f'(x)$	+	0	−
$f(x)$	↗	$f(\hat{x})$	↘

となる．これは，$f(x)$ が $x=\hat{x}$ において極大値を達成していることになる．

$f''(\hat{x})<0$ の場合も同様の議論ができるので，次の定理を得る．

定理3.2（2階の十分条件） $f(x)$ は2回微分可能で，$f'(\hat{x})=0$ とする．

(i) $f''(\hat{x})<0$ ならば，$f(\hat{x})$ は極大値である．

(ii) $f''(\hat{x})>0$ ならば，$f(\hat{x})$ は極小値である．

定理3.2は極値のための **2階の十分条件** として知られている．

次に，極値のための必要条件を探してみよう．今，$f(\hat{x})$ が極大値であるとする．56頁の系によって，$f'(\hat{x})=0$ であることがわかる．ここで，2つのケースを取り上げる．まず，$f(\hat{x})$ が極大値であると同時に極小値であったとする．このとき，$f(x)$ は $\hat{x}$ の近傍において一定値である．したがって，$f''(\hat{x})=0$ である．次に，$f(\hat{x})$ は極大値であるが，極小値ではないとする．このとき，定理3.2の(ii)の **対偶** によって，$f''(\hat{x})\leq 0$ が成立する．極小値の場合も同じ議論ができるので，次の定理を得る．

定理3.3（2階の必要条件） $f(x)$ は2回微分可能で，$f'(\hat{x})=0$ とする．

(i) $\hat{x}$ において極大値となるならば，$f''(\hat{x}) \leq 0$ である．

(ii) $\hat{x}$ において極小値となるならば，$f''(\hat{x}) \geq 0$ である．

3.2 凹関数と凸関数

前節では，最大値または最小値のための必要条件（定理3.1），と極値のための必要条件（定理3.3）と十分条件（定理3.2）が得られた．次の課題は，最大値と最小値のための十分条件を探すことである．

それは関数がある特別なクラスのものであればよいことが知られている．それを紹介しよう．

定義3.2（凹関数・凸関数） f は $\mathbb{R}$ を定義域とする実数値関数とする．

（ⅰ）関数 $f(x)$ が**凹関数**（concave function）であるとは，任意の実数 a, b と $0 \leq t \leq 1$ を満たす任意の t について
$$tf(a) + (1-t)f(b) \leq f(ta + (1-t)b) \tag{3-2}$$
が成り立つことをいう．

（ⅱ）関数 $f(x)$ が**凸関数**（convex function）であるとは，任意の実数 a, b と $0 \leq t \leq 1$ を満たす任意の t について
$$tf(a) + (1-t)f(b) \geq f(ta + (1-t)b) \tag{3-3}$$
が成り立つことをいう．

図3.3に描かれている曲線が凹関数 $f(x)$ のグラフの例である．すなわち，凹関数は，そのグラフが上に凸の曲線となる関数である．図3.3にあるように，$y = f(x)$ のグラフ上の2点 $A(a, f(a))$ と $B(b, f(b))$ に着目する．いま，$a < b$ とし，実数 t を $0 \leq t \leq 1$ とすれば，
$$ta + (1-t)b = a + (1-t)(b-a)$$
だから，$ta + (1-t)b$ は区間 $[a, b]$ を $1-t : t$ に内分する点である．三角形 $\triangle ABC$ と三角形 $\triangle AED$ は相似だから，$AC : DC = 1 : t$ となる．また，三角形 $\triangle ABC$ と三角形 $\triangle EBF$ も相似であるので $1 : t = AC : EF = CB : CF$ となる．したがって，点 F の y 座標は $tf(a) + (1-t)f(b)$ となる．一方，G の y

図3.3 凹関数

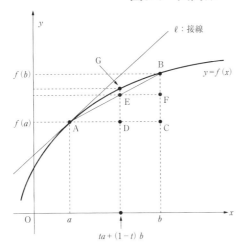

解説
AC : DC = 1 : t
CB : FB = 1 : t
B の y 座標は $f(b)$
C の y 座標は $f(a)$
F と E の y 座標は
　　$tf(a)+(1-t)f(b)$
G の y 座標は
　　$f(ta+(1-t)b)$

座標は $f(ta+(1-t)b)$ である.

したがって，不等式（3-2）が要求しているのは，**点 E が点 G の下にある**ことである．しかもこれが $0 \leq t \leq 1$ を満たす任意の t について成立するので，

　　　　線分 AB が常に $y=f(x)$ のグラフの下にある

ことになる．さらに，実数 a,b の選び方も任意であるから，$y=f(x)$ のグラフの任意の2点を結ぶ線分がグラフの下方にあることになる．これは，グラフが上に凸の形であることを意味している．

また，凸関数はそのグラフが下に凸の曲線を描く．また，定義より明らかだが，$f(x)$ が凹関数であるなら，$-f(x)$ は凸関数である．

導関数を用いた凹・凸関数の特徴づけを与えておこう．定義域 $\mathbb{R}$ をとする関数 $f(x)$ が微分可能な実数値凹関数とする．図3.3を見てみよう．方程式 $y=f(x)$ のグラフ上の点 $A(a,f(a))$ における接線 ℓ の方程式は，

　　$y-f(a)=f'(a)(x-a)$

である．$f(x)$ が凹関数であるなら，接線 ℓ は $y=f(x)$ のグラフの上方に位置する．すなわち，

　　任意の a,b について $f(b) \leq f(a)+f'(a)(b-a)$ 　　　　　　　（3-4）

が成り立つ．(3-4) 式は関数 f が凹関数であるための必要条件である．

(3-4) 式は $y=f(x)$ のグラフ上の任意の点 $(a,f(a))$ での接線がグラフの上にあることを意味しており，図形的には f が凹関数であることを意味している．f が凹関数でなければ，2 点 $\mathrm{C}(c,f(c)), \mathrm{B}(b,f(b)), c<b$ が存在して，開区間 $]c,b[$ の中の x において点 $(x,f(x))$ が線分 CB よりも下方にあることになる．すると，線分 CB の下にあり線分 CB に平行な直線で，関数のグラフに接するものが存在する．その接線の上方に線分 CB が位置するので，接点 $(a,f(a))$ では $f(b)>f(a)+f'(a)(b-a)$ が成立する．つまり，(3-4) は成立しない．したがって，(3-4) は f が凹関数であることの十分条件であることが示された．読者は以上の推論を図によって確かめられたい．

多変数の実数値関数においては，凹関数の必要十分条件を図形に頼って得ることはできないが，(3-4) の拡張形が必要十分条件となる．$f(x)$ が凸関数であるとき，同様の議論より，任意の a,b について

$$f(b) \geqq f(a)+f'(a)(b-a)$$

が成り立つ．よって，次の定理が得られた．

定理3.4 $f(x)$ を，定義域を $\mathbb{R}$ とする微分可能な実数値関数とする．

(i) $f(x)$ が凹関数であるための必要十分条件は，

任意の a,b について $f(b) \leqq f(a)+f'(a)(b-a)$

が成り立つことである．

(ii) $f(x)$ が凸関数であるための必要十分条件は，

任意の a,b について $f(b) \geqq f(a)+f'(a)(b-a)$

が成り立つことである．

次に，2 次の導関数を用いた凹関数・凸関数の特徴づけを調べよう．2 回微分可能な関数 $y=f(x)$ のグラフ C が上に凸の曲線であるとき，その接線の傾き $f'(x)$ は x の値が増加するにつれて小さくなるか，もしくは変化しない．これは $f'(x)$ が非増加関数，すなわち $f'(x)$ の微分係数が非正であることにほかならない．グラフ C が下に凸の曲線のときは，同様の議論より，$f'(x)$ の導関数が非負である．以上より，次の定理が成り立つ．

定理3.5 $f(x)$ を，定義域を $\mathbb{R}$ とする 2 回微分可能な実数値関数とする．
(i) $f(x)$ が凹関数であるための必要十分条件は，すべての x について $f''(x) \leqq 0$ が成立することである．
(ii) $f(x)$ が凸関数であるための必要十分条件は，すべての x について $f''(x) \geqq 0$ が成立することである．

具体的な関数の凹性・凸性を判定するには，定理3.5より2次微分の符号を調べる方法が有用である．

凹関数・凸関数の経済学的な意味を次の例で確認しておこう．

例3.3 (i) 生産要素の投入量と，その投入量の下で技術的に生産可能な生産量との関係を表す関数を生産関数（production function）という．要素投入量を x，生産量を y として，生産関数 $y = f(x)$ を考える．$f(x)$ の微分 $f'(x)$ は，要素投入量を微小に増加させたときに，生産量がどれぐらい増加するかを表したもので，生産要素の**限界生産性**（marginal productivity）という．生産関数が凹関数であるとは，限界生産性 $f'(x)$ が x の減少関数（正確には非増加関数）である，すなわち

　　要素投入量が増加するにつれて，限界生産性が小さくなる（正確には，大きくならない）

ことを意味する．このことを限界生産性が逓減するという．つまり，生産関数が凹関数であると仮定することは，限界生産性が逓減するような生産技術を想定することと同じことである．

(ii) 財の生産量と，その生産量を実現するのにかかる（最小）費用との関係を表す関数のことを**費用関数**（cost function）という．生産量を y，費用を c として，費用関数 $c = g(y)$ を考える．$g(y)$ の微分 $g'(y)$ は，生産量を微小に増加させたときに，総費用がどれぐらい増加するかの比率を表したもので，**限界費用**（marginal cost）という．費用関数が凸関数であるとは，限界費用 $g'(y)$ が y の増加関数（正確にいえば非減少関数）である，すなわち

　　生産量が増加するにつれて，限界費用も増加する（減少しない）

ことを意味する．このことを限界費用が逓増するという．つまり，費用関数が凸関数であると仮定することは，限界費用が逓増するような費用構造を想定することと同じことである． □

凹計画法と凸計画法　関数が凹関数あるいは凸関数であれば，定理3.1の逆が成立する．このことを，定理3.4を用いて確認しよう．$f(x)$ が凹関数で，$f'(x^*)=0$ であるとする．定理3.4より，任意の x について

$$f(x) \leq f(x^*) + f'(x^*)(x-x^*)$$

が成り立つ．$f'(x^*)=0$ より，$f(x) \leq f(x^*)$ である．これは $f(x^*)$ が最大値であることにほかならない．$f(x)$ が凸関数である場合も同様に議論できる．よって，以下の定理が得られる．

定理3.6（凹計画法と凸計画法）　定義域を $\mathbb{R}$ とする微分可能な実数値関数 $f(x)$ を取り上げる．
(i) 関数 $f(x)$ を凹関数とするとき，$f(x)$ が $x=x^*$ において最大値をとるための必要十分条件は $f'(x^*)=0$ である．
(ii) 関数 $f(x)$ を凸関数とする．$f(x)$ が $x=x^*$ において最小値をとるための必要十分条件は $f'(x^*)=0$ である．

　最大化あるいは最小化の対象となる関数を**目的関数**（objective function）とよぶ．目的関数が凹関数であるような最大化問題を**凹計画**（concave programming）という．目的関数が凸関数であるような最小化問題を**凸計画**（convex programming）という．定理3.6より，凹計画・凸計画問題において最適解を求めることは方程式 $f'(x^*)=0$ を解くことに完全に帰着する．

例3.4　$f(x)=\log x - x$ の値を最大にする x の値を求めたい．$f''(x)=-1/x^2<0$ より，$f(x)$ は凹関数である．定理3.5より，方程式

$$f'(x) = \frac{1}{x} - 1 = 0$$

を解けばよい．よって，求める x の値は $x=1$ である． □

3.3 経済学と最大化

利潤最大化：完全競争市場(1)　ある生産者の費用関数を $c=g(y)$ とする．これは y だけの生産物を生産するときにかかる費用を表す関数である．財の価格が p のとき，この生産者の利潤 π は

$$\pi(y) = py - g(y)$$

と表すことができる．ここで，π は円周率ではなく，利潤を表す．経済学では π で利潤を表すことが多い．利潤 $\pi(y)$ が $y=y^*$ で最大となるならば，1階条件（定理3.1）より

$$\pi'(y^*) = p - g'(y) = 0$$

すなわち

$$p = g'(y^*)$$

が成り立つ．この式の意味は

> 利潤が最大になる生産量において，価格と限界費用とは等しい

ということである．

利潤 $\pi(y)$ が凹関数であれば，定理3.6より，この条件は利潤最大化の必要十分条件になる．ここで，費用関数 $g(y)$ が凸関数であれば，$g''(y) \geqq 0$ より

$$\pi''(y) = -g''(y) \leqq 0$$

となり，$\pi(y)$ は凹関数となることがわかる．つまり，限界費用が逓増する費用構造であれば，利潤を最大にする生産量は，方程式

$$p = g'(y)$$

の解と一致する．

例3.5　ある生産者の費用関数が $g(y)=y^2$ のとき，利潤 $\pi(y)=py-y^2$ を最大にする生産量 y を求める．1階条件は $p-2y=0$ である．ここで $g''(y)=2>0$ であるから，$g(y)$ は凸関数である．よって，利潤最大化問題の解は

$$y = \frac{1}{2}p$$

である．この式は価格 p のときの生産予定量（供給量）を表している．つま

り，この生産者の供給曲線は $p=2y$ であることがわかる． □

利潤最大化：完全競争市場(2) ある財を生産する生産者の生産技術が生産関数 $y=f(x)$ で表されるとする．ここで，y は財の生産量，x は生産要素投入量を表す変数である．財価格が p，生産要素価格が w であるとき，この生産者の利潤は次の式で表される（ただし，$p>0$，$w>0$）．

$$\pi(x) = py - wx = pf(x) - wx.$$

利潤 $\pi(x)$ を最大にする x を求める．$\pi(x)$ が $x=x^*$ で最大になるならば，1 階条件（定理3.1）より

$$\pi'(x^*) = pf'(x^*) - w = 0$$

が成り立つ．この式は次のように書き換えることができる．

$$f'(x^*) = \frac{w}{p}.$$

左辺は，要素投入量を微小に増加させたときの生産量の増加分，すなわち限界生産性である．一方，右辺は要素価格を生産物価格で除して基準化したもので，実質要素価格という．つまり，上式の意味は，

> 利潤が最大化されるなら，限界生産性は実質要素価格に等しい

ということである．この命題を**限界生産力原理**（marginal productivity principle）という．

利潤 $\pi(x)$ が凹関数であれば，定理3.1より，限界生産力原理は利潤最大化の必要十分条件となる．ここで $\pi''(x) = pf''(x)$ であるから，生産関数 $f(x)$ が凹関数であるなら（$f''(x) \leq 0$），利潤 $\pi(x)$ も凹関数となる（$\pi''(x) \leq 0$）．つまり，限界生産性が逓減するような生産技術であるとき，利潤を最大化する生産量は，方程式

$$f'(x) = \frac{w}{p}$$

の解と一致する．

例3.6 ある生産者の生産関数が $y=\sqrt{x}$ であるとする．$y'' = -\sqrt{x}/(4x^2) < 0$ より，この生産関数は凹関数である．よって，利潤 $\pi(x) = p\sqrt{x} - wx$ を最大に

する x は，1階条件

$$\frac{p}{2\sqrt{x}} - w = 0$$

の解と一致する．これを解いて

$$x = \frac{p^2}{4w^2}$$

を得る．この解は p と w の関数である．つまり，価格が p, w であるときの生産要素の購入予定量を表している．この関数を**要素需要関数**という．要素需要関数を生産関数に代入すると

$$y = \sqrt{\frac{p^2}{4w^2}} = \frac{p}{2w}$$

が得られる．これがこの生産者の供給関数である． □

利潤最大化：独占市場 市場の逆需要関数を $p = f(x)$ (p は生産物価格，x は需要量)，この市場の独占企業の費用関数を $c = g(y)$ (c は総費用，y は生産量) とする．独占企業は需要関数を知ることができるとすれば，y だけの生産をすると，価格を $f(y)$ に設定できる．独占企業の利潤は

$$\pi(y) = py - c = f(y) \times y - g(y)$$

である．独占企業が生産水準 y^* で利潤最大化となるための必要条件は

$$\pi'(y^*) = f'(y^*)y^* + f(y^*) - g'(y^*) = 0$$

すなわち

$$f'(y^*)y^* + f(y^*) = g'(y^*)$$

である．上式の左辺は収入の増加分すなわち**限界収入**（marginal revenue）である．一方，右辺は費用の増加分すなわち**限界費用**（marginal cost）である．したがって

> 独占企業の利潤が最大となっているとき，限界収入と限界費用とが等しくなっている

ことがわかる．逆需要関数が1次式 $p = -ax + b$ で表されるとき，収入は y の2次式 $-ay^2 + by$ となり，$a > 0$ であれば凹関数となる．さらに費用関数 $g(y)$ が凸関数であれば，$\pi(y)$ は凹関数となり，上記の条件は利潤最大化の必要十

分条件となる．

例3.7 独占市場の逆需要関数が $p=-x+10$ であり，独占企業の費用関数が $c=2y$ であるとする．独占企業の利潤 $\pi(y)$ は
$$\pi(y)=py-c=(10-y)y-2y=-y^2+8y$$
である．$\pi(y)$ は上に凸の放物線であるから，明らかに凹関数である．利潤を最大にする生産量は
$$\pi'(y)=-2y+8=0$$
より，$y=4$ である． □

制約付き最大化　経済学における最適化問題の多くは，選ぶ変数の範囲に制約がある．例えば，消費者が選ぶことができる各財の消費量は，予算制約により購入可能な範囲に限られ，また通常は非負の量だと考えられる．変数の範囲に制約がついている問題を制約付き最適化問題という．次の例を見ておこう．

例3.8 関数 $f(x)=-x^3+3x$ の $x\geqq a$ における最大値を求めたい．ただし，a は正の定数とする．まず $a\leqq 1$ のとき，増減表は次のようになる．

x	a	$\cdots$	1	$\cdots$
$f'(x)$		$+$	0	$-$
$f(x)$	$-a^3+3a$	↗	2	↘

増減表より，$f(x)$ は $x=1$ のとき最大値 2 をとる．

次に $a>1$ のとき，増減表は次のようになる．

x	a	$\cdots$
$f'(x)$		$-$
$f(x)$	$-a^3+3a$	↘

増減表より，$f(x)$ は $x=a$ のとき最大値 $-a^3+3a$ をとる． □

さて上の例において，次の連立方程式を考える．

$$-3x^2+3+\lambda=0 \tag{3-5}$$

$$\lambda(a-x)=0 \tag{3-6}$$

$$x\geq a, \lambda\geq 0 \tag{3-7}$$

$a\leq 1$ のとき，この方程式の解は $(x^*,\lambda^*)=(1,0)$ である．$a>1$ のとき，この方程式の解は $(x^*,\lambda^*)=(a,3a^2-3)$ である．つまり，この連立方程式の解 x^* は上記の最大化問題の解と一致している．これは単なる偶然ではない．(3-5)，(3-6)，(3-7) 式はカルーシュ・クーン・タッカー条件（KKT 条件）とよばれるものである．ある種の最適化問題を解くことは，KKT 条件という連立方程式を解くことに帰着される．目的関数 $f(x)=-x^3+3x$，制約条件式 $a-x\leq 50$，および追加的な変数 λ を用いて，2 変数関数 $L(x,\lambda)$ を次のように定義する．

$$L(x,\lambda)=-x^3+3x-\lambda(a-x)$$

この関数 L を**ラグランジュ関数**（Lagrange function）といい，追加的な変数 λ（ラムダ，ギリシャ文字）をラグランジュ乗数という．(3-5) 式の左辺は L を x で偏微分を施すことで得られる．(3-6) 式の左辺は制約条件式 $a-x$ にラグランジュ乗数 λ を乗じたものである．このように，目的関数と制約条件式からラグランジュ関数をつくり，それに微分作業を施しゼロとおくことで最適解の条件を求める方法を，ラグランジュ乗数法という．より詳細な理論を第 10 章で解説する．

練習問題

問題3.1
2次関数 $f(x)=ax^2+bx+c$ $(a\neq 0)$ が凹関数であるための必要十分条件は $a<0$ であることを示しなさい．

問題3.2
定理3.5を用いて，次の関数が凹関数もしくは凸関数であるかを判定しなさい．
(1) $f(x)=\log x$ (2) $f(x)=e^x$ (3) $f(x)=x^4$

問題3.3
関数 $f(x)=e^x-ex$ の最小値を求めなさい．

問題3.4
ある生産者の生産関数が $y=\log(x+1)$ であるとする（y：生産量，x：要素投入量）．生産物価格を p，生産要素価格を w とする（ただし，$p>w>0$）．利潤を最大にする要素投入量を p と w の式で表しなさい．

問題3.5
ある市場の需要曲線が $p=20-2\sqrt{x}$ （p は価格，x は需要量）であるとする．この市場は独占市場で，独占企業の費用関数を $c=5y$ （c は総費用，y は生産量）とする．独占企業が需要される量だけ生産するとき，その利潤は
$$f(x)=px-5x=(20-2\sqrt{x})x-5x$$
である．
(1) $f(x)$ は凹関数であることを示しなさい．
(2) $f(x)$ の値を最大にする x の値を求めなさい．

第4章 積分法

　本章では，微分法と対をなす積分法（integration）について説明する．4.1節では不定積分を，4.2節では定積分が求積法となることを解説する．最後の4.3節では，経済学で積分を用いる代表的なケースである消費者余剰を取り上げる．
前提とする知識：関数，微分法，導関数

4.1 不定積分

第2章で微分法を学んだ．$F(x)$ を $\mathbb{R}$ 上で微分可能な実数値関数とするとき，$F(x)$ の導関数を $f(x)$ とすれば，

    微分は関数 $F(x)$ から関数 $f(x)$ を導く

というように，ある関数から新たな関数（導関数）を作り出すという作業であった．積分とは，その逆の作業，$f(x)$ が既知であるとき，（導関数が $f(x)$ となるような）関数 $F(x)$ を求めるものである．つまり，

    積分は関数 $f(x)$ から関数 $F(x)$ を導く

作業である．この書き方は必ずしも正確ではない．その理由は次のとおりである．C を定数として，関数 $G(x)=F(x)+C$ を定義すれば，$G'(x)=f(x)$ となり，積分は $f(x)$ に対して無数の関数を対応させるからである．

一般に，ある関数の導関数が $f(x)$ となるようなものを f の**原始関数**（primitive function, antiderivative）と呼ぶ．いま，$f(x)$ に2つの原始関数 $F(x), \Phi(x)$ が存在したとする（Φ は英語の F に当たるギリシャ文字で，「ファイ」または「フィー」と読む．小文字は ϕ）．すると，和の微分の公式 (2-3) より，次の関係が成り立つ．

$$\begin{aligned}(F(x)-\Phi(x))' &= F'(x)-\Phi'(x) \\ &= f(x)-f(x) \\ &= 0\end{aligned}$$

である．これは，$F(x)-\Phi(x)$ のグラフを書くと，横軸に平行な直線になることを意味している．つまり，2つの関数 F と Φ は定数しか異ならない．したがって，$F(x)$ が既知であれば，微分して $f(x)$ となる関数 $\Phi(x)$ は，C を定数として，$F(x)+C$ の形となる．C を**積分定数**（constant of integration）と呼ぶ．ある関数に微分を施すと導関数が $f(x)$ となるような関数を

$$\int f(x)\mathrm{d}x$$

と書く．これを次の4.2節で学ぶ定積分と区別して**不定積分**（indefinite integral）とよぶ．上で説明したことから，

$$\int f(x)\mathrm{d}x = F(x) + C$$

である．原始関数となる関数は多くあるが，それらは定数しか違わない．この事情を，右辺の積分定数 C によって表現しているのである．

実数の適切な集合を定義域とする実数値関数 $f(x)$, $g(x)$ の原始関数をそれぞれ $F(x)$, $G(x)$ とする．第2章の微分法で得られた結果から，次の等式が成立する．

$$\int x^n \mathrm{d}x = \frac{1}{1+n} x^{n+1} + C, \quad n \neq -1 \text{ のとき} \tag{4-1}$$

$$\int \frac{1}{x} \mathrm{d}x = \log x + C, \quad x > 0 \tag{4-2}$$

$$\int (f(x) + g(x)) \mathrm{d}x = F(x) + G(x) + C \tag{4-3}$$

$$\int a f(x) \mathrm{d}x = a \int f(x) \mathrm{d}x, \ a \text{ は定数} \tag{4-4}$$

$$\int F(x) g(x) \mathrm{d}x = F(x) G(x) - \int f(x) G(x) \mathrm{d}x \tag{4-5}$$

$$\int \cos x \, \mathrm{d}x = \sin x + C, \quad \int \sin x \, \mathrm{d}x = -\cos x + C \tag{4-6}$$

(4-2) 式に関して，$x < 0$ の場合がどうなるかを考えておこう．(2-8) 式を利用すると，$(\log(-x))' = -1/(-x)$ であるから，

$$\int \frac{1}{x} \mathrm{d}x = \int \frac{-1}{-x} \mathrm{d}x = \log(-x) + C = \log|x| + C$$

となる．

また，(4-3) 式は和の微分の公式を，(4-5) 式は積の微分の公式を不定積分で書き直したものである．

以上の不定積分は，関数をある関数に変換する手続きを表していることがわかる．つまり，不定積分は，2つの関数 f, g について，f には F を，g には G を対応させる関数になっている．つまり，$\int (\cdot) \mathrm{d}x$ は関数の集合から関数の集合への関数であると考えられる．「$\int (\cdot) \mathrm{d}x$」という記法はあまり用い

図4.1 面積の求め方

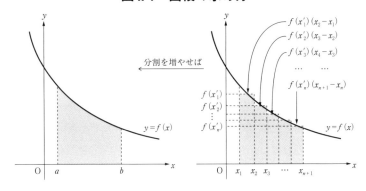

られないが，(・)の中に関数が入ることを明示するために用いたものである．このような意味で，(4-3) 式と (4-4) 式を見てみよう．α, β を実数とすれば，

$$\int (\alpha f(x) + \beta g(x))\mathrm{d}x = \alpha \int f(x)\mathrm{d}x + \beta \int g(x)\mathrm{d}x$$

であることがわかる．これは，積分が線形の変換であることを意味している．

(4-5) 式は次節で，部分積分の公式として取り上げる．

4.2 定積分

積分法は図形の面積を求める方法として工夫されたものである．ある実数値連続関数 $f(x)$ のグラフおよび x 軸，$x=a, x=b$ で囲まれた部分の面積を求めるという問題を考える．つまり，図4.1左図のアミをかけた部分の面積を求める問題である．この問題の答を

$$\int_a^b f(x)\mathrm{d}x$$

と書く．これは**定積分**とよばれる．記号の意味は後で説明する．

求積法　連続関数 $f(x)$ に原始関数があり，それを $F(x)$ とする．さらに，$f(x) > 0$ が任意の $x\,(a \leq x \leq b)$ について成立すると考えて「面積による」説明

をする．関数 f が負値をとる場合には，面積による説明はなじまないが，論理展開は同じである．

いま，閉区間 $[a,b]$ の間を n 個に分割し，分割点を a に近い方から順に，$(a=)x_1, x_2, \cdots, x_{n+1}(=b)$ とする．いま，x_i と x_{i+1} の間に，x_i' をとる．図4.1 の右図を見れば，アミをかけた小さな長方形の面積はそれぞれ，左から

$$f(x_1')(x_2-x_1), f(x_2')(x_3-x_2), \cdots, f(x_n')(x_{n+1}-x_n)$$

である．次のことに注意をする．

（ⅰ）閉区間 $[x_1, x_2]$ における f の最大値を M_1 とすれば，$f(x_1')(x_2-x_1)$ $\leq M_1(x_2-x_1)$ となる．

（ⅱ）次に，m_1 を閉区間 $[x_1, x_2]$ における f の最小値とすれば，$m_1(x_2-x_1)$ $\leq f(x_1')(x_2-x_1)$ となる．

他の閉区間 $[x_i, x_{i+1}]$ における f の最大値 M_i と最小値 m_i についても同様の不等式が成立する．したがって，

$$\begin{aligned} & m_1(x_2-x_1)+\cdots+m_n(x_{n+1}-x_n) \\ & \leq f(x_1')(x_2-x_1)+\cdots+f(x_n')(x_{n+1}-x_n) \\ & \leq M_1(x_2-x_1)+\cdots+M_n(x_{n+1}-x_n) \end{aligned} \quad (4-7)$$

となる．ここで，$M_1-m_1, \cdots, M_n-m_n$ の最大値を s_n とすれば，次の不等式が得られる．

$$0 \leq (M_1-m_1)(x_2-x_1)+\cdots+(M_n-m_n)(x_{n+1}-x_n) \leq s_n(b-a)$$

ここで，区間 $[a,b]$ の分割数 n をドンドン大きくして，どの区間の長さもゼロに近づけるようにすれば，数列 $s_1, s_2, \cdots$ はゼロに近づくことがわかる．その結果，(4-7) 式の最左辺と最右辺は同一の値に近づいていく．その値は (4-7) 式の不等式の中央にある積和の極限と一致するのである．

このようにして，図4.1右図の長方形の面積の和

$$f(x_1')(x_2-x_1)+f(x_2')(x_3-x_2)+\cdots+f(x_n')(x_{n+1}-x_n) \quad (4-8)$$

は図4.1の左図にあるような「関数 $f(x)$ のグラフおよび x 軸，$x=a, x=b$ で囲まれた部分の面積 $\int_a^b f(x)dx$」に近づいていくだろう．しかも，

[積和の収束条件] 分割の数を増加させ，どの小区間の長さもゼロに近づけるとき，その分割の仕方や x_k' の選択にかかわらず，(4-8) 式は 1 つの有限値 ($\int_a^b f(x)dx$) に近づく

図4.2 増加分と微分

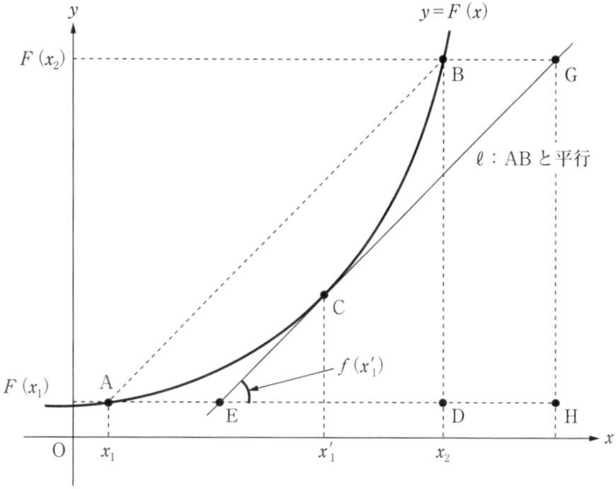

ことになる．

閉区間 $[a,b]$ で定義された連続関数 f には，[積和の収束条件] が成立した．連続関数に限らず，一般に，f に直前に述べた [積和の収束条件] が成立するときに，関数 f を **積分可能**（integrable）であるという．

これまでの議論は「閉区間で定義された連続な関数は積分可能となる」ことを示してきたのである．積和の収束条件を満たすものは連続関数だけではない．不連続点が1箇所であっても，あるいは有限箇所であっても，積分可能である．また，単調な関数も積分可能となる．これらは紹介だけにとどめるが，経済学でも有用な知識である．

微分積分法の基本公式　(4-8) 式では $x'_1, \cdots, x'_n$ を小区間内でどのように選択してもよかったが，次に適切に選択することを考えてみよう．F は f の原始関数であるから，

$$F'(x) = f(x)$$

であることに着目しておく．

いま，1つの小区間 $[x_1, x_2]$ に着目する．図4.2には，$y=F(x)$ のグラフが描かれている．図の2点 $A(x_1, F(x_1))$ と $B(x_2, F(x_2))$ を通る直線に平行な直線で x_1 と x_2 の間でグラフに接するものを探すことができる．図の直線 ℓ がそ

れで，接点が C である．$y=F(x)$ のグラフの形にかかわらず x_1 と x_2 の間で接するような補助線 ℓ を見つけることができる．点 C の x 座標を x_1' とすれば，接線 ℓ の傾きは $f(x_1')$ であることがわかる．さらに，三角形△ABD と△EGH が合同であることから，

$$F(x_2)-F(x_1) = \text{線分BDの長さ}$$
$$= \text{線分GHの長さ} = f(x_1')(x_2-x_1)$$

となり，$x_1 < x_1' < x_2$ である．他の小区間についても，同様にして，

$$F(x_3)-F(x_2) = f(x_2')(x_3-x_2)$$
$$\vdots \qquad\qquad \vdots$$
$$F(x_{n+1})-F(x_n) = f(x_n')(x_{n+1}-x_n)$$

となるような $x_2', \cdots, x_n'$ が各小区間の中に見つかる．これらを合算すれば，左辺は相殺しあって，

$$F(b)-F(a) = F(x_{n+1})-F(x_1)$$
$$= f(x_1')(x_2-x_1)+f(x_2')(x_3-x_2)+\cdots+f(x_n')(x_{n+1}-x_n)$$

である．ここで，分割数を多くし，どの小区間の長さもどんどんゼロに近づければ，

$$F(b)-F(a) = \int_a^b f(x)\mathrm{d}x \tag{4-9}$$

となる．右辺の形を，不定積分と区別して，**定積分**（definite integral）という．(4-9) 式を**微分積分法の基本公式**という．

さて，記号の説明をしておこう．積和

$$f(x_1')(x_2-x_1)+f(x_2')(x_3-x_2)+\cdots+f(x_n')(x_{n+1}-x_n)$$

を和の記号 Σ を用いて，

$$\sum_{i=1}^n f(x_i')(x_{i+1}-x_i)$$

と書く．これは添字の i を 1 から n まで動かして得られる $f(x_1')(x_2-x_1)$ から $f(x_n')(x_{n+1}-x_n)$ までの総和を表す記号である．「Σ」は英語の Summation（総和）の意味で，ギリシャ文字の Σ（シグマ，アルファベットの S に相当）で表している．また，積分の記号 $\int$ も S を縦方向に引き延ばしたものである．このように，総和と定積分の記号は，それぞれ

$\int$ が $\sum$ に,

$\int_a^b$ が $\sum_{i=1}^n$ に,

dx が $(x_{i+1}-x_i)$ に

対応しており，こうして，定積分が

$$\int_a^b f(x)\mathrm{d}x$$

と表現されている．つまり，定積分の記号は基本的には積和の記号に倣っているのである．

以上の定積分の定義から，$a<c<b$ となるような，実数値 c に関して，

$$\int_a^b f(x)\mathrm{d}x = \int_a^c f(x)\mathrm{d}x + \int_c^b f(x)\mathrm{d}x \tag{4-10}$$

となることは，図4.3から見て取れる．さらに，任意の実数 k に対して

$$\int_a^b kf(x)\mathrm{d}x = k\int_a^b f(x)\mathrm{d}x \tag{4-11}$$

が成立することも明らかである．また，区間を逆にとれば，

$$\int_b^a f(x)\mathrm{d}x = -\int_a^b f(x)\mathrm{d}x$$

となることは，(4-8) 式における $x_{i+1}-x_i<0$ が全ての i について成立することから明らかである．この結果は「面積が負となる」と非常識的なことをいっているように聞こえるが，**積和という演算の拡張である積分**では当然成立することである．これから，(4-10) 式における実数値 c を $a<c<b$ の範囲に制約する必要はなく，$c<a$ あるいは $b<c$ であっても，(4-10) 式は成立するのである．

「負の面積」となるのは，これらだけではない．図4.4では，点 c より右では，f の値は負値になっている．そのため，$\int_a^c f(x)\mathrm{d}x$ は正値であっても，$\int_c^b f(x)\mathrm{d}x$ は負値であり，その結果，和である $\int_a^b f(x)\mathrm{d}x$ は 0 や負値になる可能性もある．

これまでの積分の区間を有限と考えてきたが

図4.3　区間が2つ

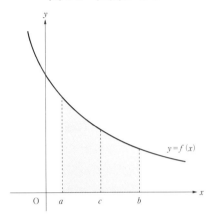

図4.4　面積が負の可能性

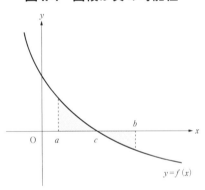

$$\lim_{b \to \infty} \int_a^b f(x)\mathrm{d}x, \quad \lim_{a \to -\infty} \int_a^b f(x)\mathrm{d}x$$

をそれぞれ $\int_0^\infty f(x)\mathrm{d}x$, $\int_{-\infty}^b f(x)\mathrm{d}x$ と書く.

定積分と不定積分　関数 f とその原始関数 F があるとする. 前節で学んだ不定積分と定積分との関係を見ておこう.

いま, 次のように定積分によって定義される関数 Φ を考えてみる.

$$\Phi(x) = \int_a^x f(z)\mathrm{d}z$$

ここで，a は定数である．明らかに，
$$\Phi(x) = F(x) - F(a)$$
である．これは，$\Phi(x)$ が $F(x)$ から定数を差し引いたものであることを示している．つまり，$\Phi(x)$ は $f(x)$ の原始関数の 1 つである．これは定積分を利用して，原始関数を求めることができることを示している．

部分積分　積分作業をする場合，よく使われるテクニックがある．それは部分積分である．いま，定義域を $\mathbb{R}$ とする微分可能な実数値関数 $f(x), g(x)$ があると，4.2節で学んだ (4-5) 式により，
$$\int f'(x)g(x)\mathrm{d}x = f(x)g(x) - \int f(x)g'(x)\mathrm{d}x$$
が成立する．これを**部分積分** (integration by parts) の公式とよぶ．$f'(x)g(x)$ の原始関数はよくわからないが，$f(x)g'(x)$ のそれが容易に知ることのできる場合がある．そのような場合に，部分積分の公式は役に立つ．以下で 2 つの例を検討してみよう．

例4.1　関数 $f(x) = xe^x$ の原始関数を求めよう．一見すると原始関数を見つけることは難しい．しかし，次の関係
$$xe^x = (xe^x)' - e^x \qquad (\text{積の微分公式より}(xe^x)' = e^x + xe^x)$$
に気づけば，
$$\int xe^x \mathrm{d}x = xe^x - \int e^x \mathrm{d}x = xe^x - e^x + C$$
となる．ただし，C は定数である．　　□

例4.2　次に，$f(x) = x\sin x$ を取り上げる．積の微分公式より
$$x\sin x = \cos x - (x\cos x)'$$
であるから，
$$\int x\sin x \mathrm{d}x = \int \cos x \mathrm{d}x - x\cos x + C$$
$$= \sin x - x\cos x + C$$
となる．C は定数である．　　□

置換積分 定義域を $\mathbb{R}$ とする微分可能な実数値関数 $\phi(t)$ があり，F との合成関数 $F(\phi(t))$ を念頭に置く．F を関数 f の原始関数とする．合成関数の微分

$$\frac{d}{dt}F(\phi(t))=f(\phi(t))\phi'(t)$$

に着目する．すると，$f(\phi(t))\phi'(t)$ の原始関数が $F(\phi(t))$ であるから，

$$\int_{\phi(a)}^{\phi(b)}f(z)dz=F(\phi(b))-F(\phi(a))=\int_a^b f(\phi(t))\phi'(t)dt \qquad (4-12)$$

となる．(4 - 12) 式は**置換積分**（integration by substitution）の公式と呼ばれる．ここで，$a, b, \phi(a), \phi(b)$ について

  b を y に，$\phi(y)$ を x に，$\phi(a)$ を c に

置き換えてみよう．さらに，$\phi^{-1}(x)=y$ とすると

$$\int_c^x f(z)dz=\int_a^y f(\phi(t))\phi'(t)dt$$
$$=\int_a^{\phi^{-1}(x)}f(\phi(t))\phi'(t)dt \qquad (4-13)$$

と書き換えられる．(4 - 13) 式は置換積分の公式そのものであって，新しさを感じないかも知れない．しかし実際に原始関数を求める際にはきわめて有力な方法になる．$f(z)$ の原始関数よりも，$f(\phi(t))d\phi/dt$ の原始関数のほうが得やすいというケースがよくある．そこで，$f(\phi(t))d\phi/dt$ の原始関数を $\widetilde{F}(t)$ とする．すると，

$$\int_c^x f(z)dz=\int_a^{\phi^{-1}(x)}f(\phi(t))\frac{d\phi}{dt}dt=\widetilde{F}(\phi^{-1}(x))+C$$

である．ここでは，$-\widetilde{F}(a)$ が定数 C で表されている．これは，

  $f(x)$ の 1 つの原始関数は $\widetilde{F}(\phi^{-1}(x))$

であることを示している．これも置換積分の公式と呼ばれる．　□

例4.3 置換積分を用いた例を 1 つあげよう．次の不定積分

$$\int x\sqrt{x+1}\,dx$$

を求めよう（ただし，$x \geqq -1$）．これを直接考察するのは難しい．そこで，$y = x+1$（$x = \phi(y) = y-1$）とすれば，$\sqrt{y} = y^{1/2}$ であることに着目して，

$$\int (y-1)\sqrt{y}\phi'(y)\mathrm{d}y = \int (y^{3/2} - y^{1/2})\mathrm{d}y$$
$$= \frac{2}{5}y^{5/2} - \frac{2}{3}y^{3/2} + C$$

である．したがって，$y = \phi^{-1}(x) = x+1$ であるから，

$$\int x\sqrt{x+1}\,\mathrm{d}x = \frac{2}{5}(\phi^{-1}(x))^{5/2} - \frac{2}{3}(\phi^{-1}(x))^{3/2} + C$$
$$= \frac{2}{5}(x+1)^{5/2} - \frac{2}{3}(x+1)^{3/2} + C$$
$$= \frac{2}{5}(x+1)^{3/2}(x - 2/3) + C$$

となって，それほど困難なく原始関数が得られる． □

章末に，よく使われる関数の原始関数をリストにしておいた．

4.3 経済学と積分

経済学ではある政策を評価するために**消費者余剰**（consumer surplus）という概念を頻繁に用いる．価格が p^*，数量が x^* で取引されたときに，図4.5の右図に示される，需要曲線と価格 p^* と数量 x^* でつくられる網掛け部分の面積が消費者余剰である．多くの教科書には価格 p^* と数量 x^* の組が需要曲線上にある場合を取り上げることが多いが，ここでは斜線が付された面積によって「消費者余剰」を定義している．消費者余剰は，

　　消費者が価格 p^* で数量 x^* だけの消費をしたときに，支払った以上に消
　　　費者が得た満足を金額で表現したもの

を表すものと意図されている．

消費者余剰をこの章で学んだ積分によって上の意図が正しいかどうかを考えてみよう．x, y をそれぞれ X 財，Y 財の数量とする．ある人の効用関数を

図4.5 消費者余剰

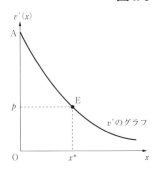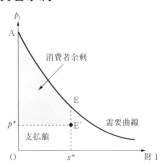

$$u(x,y) = v(x) + y$$

とする．この形の関数を**準線形**（quasi-linear）という．ここで，$v(0)=0$, $v'(x)>0, v''(x)<0$ であると仮定しておく．消費者の予算は

$$px + y = I$$

とする．p は X 財の価格であり，I は消費者の所得である．簡単のため，Y 財の価格を 1 としている．すると消費者が選択できるいろいろな消費から得られる効用は

$$v(x) + I - px$$

となる．効用を最大にするときには，$(v(x)+I-px)'=0$ が成立しているので，

$$v'(x) - p = 0 \quad \text{したがって} \quad p = v'(x)$$

となる．

図4.5の左図に描かれている右下がりの曲線が $v'(x)$ のグラフである．価格が p であれば，点 E において，$p=v'(x^*)$ が成立している．つまり，x^* が価格 p の場合の需要量である．別の価格でも同じことがいえるので，$v'(x)$ のグラフが需要曲線になる．すると，価格が p^* のときに x^* の取引をした場合の消費者余剰（図4.5の右図のアミカケ部分の面積）は

$$\int_0^{x^*} v'(x) \mathrm{d}x - p^* x^*$$

である．v' の原始関数は v であり，$y^* = I - p^* x^*$ であるから，

$$\text{消費者余剰} = \int_0^{x^*} v'(x)\mathrm{d}x - p^* x^* = v(x^*) - v(0) - px^*$$
$$= v(x^*) - v(0) - (I - y^*) = v(x^*) + y^* - I$$
$$= u(x^*, y^*) - I$$

となる．これは，

X 財の価格が p^* のときに x^* の取引をした場合の満足 $u(x^*, y^*)$ から (x^*, y^*) の生活に必要なコスト I を控除したもの

である．先に示した「消費者余剰によって表現したいもの」と同じ内容となっている．

練習問題

問題4.1

次の問に答えなさい．

(1) $f(x)=x^\alpha, \alpha\neq -1, (x>0)$, $f(x)=1/(x+1), (x\geq 0)$, $f(x)=e^{2x}$, の原始関数を求めなさい．ただし，カッコ（　）内は変数の定義域である．

(2) $\int_0^\infty \frac{1}{x+1}dx=\infty$, であること，つまり，関数 $1/(x+1)$ が区間 $[0,\infty[$ で積分可能でないことを確かめなさい．

(3) 前問を利用して，$1+1/2+1/3+\cdots+1/n+\cdots=\infty$ であることを確かめなさい（この級数は調和級数とよばれる）．

(4) 前問 (2), (3)と同様の議論をして，$1+1/4+\cdots+1/n^2+\cdots$ の値が有限値であるかどうかを確かめなさい．

(5) $\int_0^1 \frac{1}{x}dx$ が積分可能であるかどうかを検討しなさい．

問題4.2

置換積分を利用して次の関数の原始関数を求めなさい．

(1) $f(x)=x(3x+1)^6$

(2) $f(x)=\dfrac{x}{(3x+1)^2}$, ただし $3x+1\neq 0$ とする．

問題4.3

部分積分を利用して次の関数の原始関数を求めなさい．

(1) $f(x)=x\cos x$

(2) $f(x)=x^2\cos x$

(3) $f(x)=x^2\sin x$

問題4.4

閉区間 $-1\leq x\leq 1$ で定義された実数値関数 $f(x)$ について，ある点 0 で連続でなくても，積分可能である例を作りなさい．

問題4.5

生産物を q だけ生産するときの費用を費用関数 $c(q)$ で表す．その導関数 $c'(q)$ を限界費用関数という．

(1) 生産物価格を p と費用関数を与件とするとき，利潤を最大化する正の生産量 q^* が満たす条件を求めなさい．

(2) 価格 p がいろいろな値をとるとき，それに対応する(1)の解は，p の関数となるが，それが供給関数であることを確認しなさい．

(3) 問(2)によって，供給曲線が限界費用関数のグラフ（限界費用曲線）と重なることを確認しなさい．

(4) 以上から，生産者余剰が利潤と固定費用の和であることを論証しなさい．

付表(原始関数)

関数	原始関数
x^{α} ($\alpha \neq -1$)	$\dfrac{x^{\alpha+1}}{\alpha+1}$
$\dfrac{1}{x}$ ($x \neq 0$)	$\log|x|$
$\dfrac{1}{1+x^2}$	$\operatorname{Arc tan} x$
$\dfrac{1}{1-x^2}$ ($x \neq \pm 1$)	$\dfrac{1}{2}\log\left|\dfrac{1+x}{1-x}\right|$
$\dfrac{1}{x^2-1}$ ($x \neq \pm 1$)	$\dfrac{1}{2}\log\left|\dfrac{1-x}{1+x}\right|$
$\dfrac{1}{\sqrt{1-x^2}}$ ($|x|<1$)	$\operatorname{Arc sin} x$
$\dfrac{1}{\sqrt{x^2-1}}$ ($|x|>1$)	$\log(x+\sqrt{x^2-1})$
$\sqrt{1-x^2}$ ($|x|<1$)	$\dfrac{1}{2}(x\sqrt{1-x^2}+\operatorname{Arc sin} x)$
$\sqrt{x^2-1}$ ($|x|\geqq 1$)	$\dfrac{1}{2}(x\sqrt{x^2-1}-\log|x+\sqrt{x^2-1}|)$
$\sqrt{x^2+1}$	$\dfrac{1}{2}(x\sqrt{x^2+1}+\log|x+\sqrt{x^2+1}|)$
$\dfrac{1}{\sin^2 x}$	$-\cot x$
$\dfrac{1}{\cos^2 x}$	$\tan x$

(注) Arc tan x, Arc sin x は,それぞれ tan x, sin x の逆関数である.また cot x は 1/tan x である.

(出所) 高木貞治『定本 解析概論』岩波書店,2010年,98ページ.

第5章

線形代数

　経済学では線形のモデルが重要な役割を演じる．「線形である」とは，直線あるいは平面で表せるような対象を形容する言葉である．非線形であるとは，たとえば，$y=x^2$, $y=e^x$ あるいは $u(x,y)=x^\alpha y^\beta$ のように曲線や曲面を表している．

　線形のモデルは「行列」によって表現される．本章では，行列を取り扱う．わかりやすさと一般ケースへの拡張の容易性を考慮して，主に2行2列の行列と行列式を解説する．

前提とする知識：四則演算，関数

5.1 ベクトル

ベクトルの定義 2次元の平面 $\mathbb{R}^2$ から任意の2点 $x=(a,b), y=(c,d)$ を取る．これらは単に実数の組に過ぎないが，実数を扱うときに用いる等号と演算を利用して，次のように等号と演算を導入する．

- 等 式： $x=y$ は $a=c$ かつ $b=d$ と約束する．
- 和 ： $x+y=(a+c, b+d)$ と約束する．
- 差 ： $x-y=(a-c, b-d)$ と約束する．
- 実数倍： k を実数とすると，$kx=(ka, kb)$ と約束する．

このような演算が導入された実数の組を**ベクトル**（vector）とよぶ．とくに，$(0,0)$ を**ゼロ（零）ベクトル**とよび，実数の0と同じ記号で0と書く．高校数学（数学B）では，ベクトルは有向線分を利用して定義された（高校ではベクトルを $\overrightarrow{OX}$ などと書いた）．本書では，上のように2次元ベクトルを実数の組として定義する．この定義は高校数学での「ベクトルの成分表示（成分ベクトル）」に対応するものである．

ベクトル演算の意味を考えてみよう．図5.1の左図のベクトル x を見てみる．kx は原点からのベクトル x をその方向に k 倍だけ延ばした点を表している．さらに，4つの点，原点O，x が表す点X，y が表す点Y，最後に点Zは OXZY が平行四辺形なるように作図されている．ベクトル x, y の和 $x+y$ は，点Zを表すベクトルとなる．

ベクトル $x, y, x+y$ に対応して，図5.1では矢印を付けた実線の図が描かれている．これらは，それぞれ図の原点Oを始点，X, Y, Zを終点としている．つまり，ベクトル $x, y, x+y$ はそれぞれ $\overrightarrow{OX}, \overrightarrow{OY}, \overrightarrow{OZ}$ である．さらに，図形上に原点を始点としないベクトルを考えると便利なことが多い．例えば，図5.1の左図にある始点をX，終点をZとするようなベクトル $\overrightarrow{XZ}$ がそれである．ただし，成分で見るとベクトル $\overrightarrow{XZ}$ は y と同一である．この工夫によって，ベクトル x と y の和 $x+y$ が点Zを表すベクトルであることが目で図をたどることで理解できる．

さらに，ベクトル $x=(a,b)$ の長さ，つまり，原点と x が表す点の距離を

図5.1 ベクトル

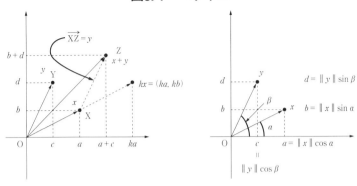

$\|x\|$ と書く．すなわち，
$$\|x\|=\sqrt{a^2+b^2}$$
である．$\|x\|$ はベクトル x の**ノルム**（norm）とよばれる．

ベクトルに内積とよばれる，もう1つの演算を導入しよう．ベクトル x, y の**内積** xy は
$$xy=(a,b)(c,d)=ac+bd$$
と定義される（高校数学ではベクトルの間にドットを入れて $x\cdot y$ と書かれた）．すると，$xx=\|x\|^2$ は自明である．

いま，図5.1右図にあるように，ベクトル x と横軸正の方向との角度（反時計回りに測った角）を α，y と横軸正の方向が作る角度を β とすれば，
$$a=\|x\|\cos\alpha,\quad b=\|x\|\sin\alpha,\quad c=\|y\|\cos\beta,\quad d=\|y\|\sin\beta$$
である．したがって，三角関数の加法定理（高校数学IIの内容）を用いて，
$$xy=\|x\|\,\|y\|(\cos\alpha\cos\beta+\sin\alpha\sin\beta)$$
$$=\|x\|\,\|y\|\cos(\beta-\alpha)$$
となる．したがって，$xy=0$ ならベクトル x と y は直交する．

n 次元のベクトル $x=(x_1,x_2,\cdots,x_n)$ と $y=(y_1,y_2,\cdots,y_n)$ についても，内積は
$$xy=x_1y_1+x_2y_2+\cdots+x_ny_n$$
と定義される．ベクトル x, y の表す n 次元空間上の点を X, Y とする．原点 O

と点 X, Y を異なる三点とする．このとき，

$$(\text{線分 OX の長さ})^2 = x_1^2 + x_2^2 + \cdots + x_n^2 = xx$$

$$(\text{線分 OY の長さ})^2 = y_1^2 + y_2^2 + \cdots + y_n^2 = yy$$

に着目すると，

$$(\text{線分 XY の長さ})^2 = (x-y)(x-y) = xx - 2xy + yy$$
$$= (\text{線分 OX の長さ})^2 + (\text{線分 OY の長さ})^2 - 2xy$$

である．したがって，$xy=0$ の場合には，

$$(\text{線分 XY の長さ})^2 = (\text{線分 OX の長さ})^2 + (\text{線分 OY の長さ})^2$$

となる．これは三平方の定理の成立を意味する．三角形 OXY は直角三角形である．したがって，$xy=0$ ならば $\angle$YOX は直角である．逆に，三角形 OXY が直角三角形ならば，三平方の定理が成立し，$xy=0$ でなければならない．

この結果から次の定理が直ちに導かれる．

定理5.1 x, y をゼロベクトルでないとする．x, y が直交すれば $xy=0$ であり，逆も成立する．

さて，図5.2には1次関数 $y=ax+b$ のグラフが描かれている．グラフ上に異なる2点 $A(\hat{x}, \hat{y})$, $B(\bar{x}, \bar{y})$ をとる（$\bar{x}$ はエックス・バー，$\bar{y}$ はワイ・バーと読む．特定の値であることを意味している）．すると，

$$\hat{y} = a\hat{x} + b, \quad \bar{y} = a\bar{x} + b$$

である．これによって，

$$-a(\hat{x}-\bar{x}) + (\hat{y}-\bar{y}) = 0$$

となる．これを内積によって書き換えると，

$$(-a, 1)(\hat{x}-\bar{x}, \hat{y}-\bar{y}) = 0$$

となる．ここで，$(\hat{x}-\bar{x}, \hat{y}-\bar{y})$ は図5.2の $\overrightarrow{BA}$ $(=\overrightarrow{OA'})$ であり，$(-a, 1)$ は $-ax+y-b=0$ の x, y のそれぞれの係数を成分とするベクトルである．さらに，定理5.1を参照すれば，次の内容が明らかになる．

1次関数と法線 方程式 $-ax+y-b=0$ が表す直線上に始点と終点を持つベクトルは係数のベクトル $(-a, 1)$ と直交する．すなわち，$(-a, 1)$ は $-ax+y-b=0$ が表す直線の法線となっている．

図5.2　1次関数のグラフと法線

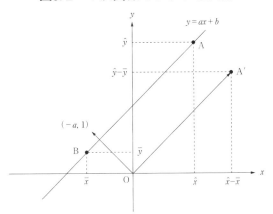

一般に，直線は
$$ax+by+c=0 \quad \text{ただし } a\neq 0 \text{ または } b\neq 0 \tag{5-1}$$
という方程式で表される．(5-1) 式の変数の係数からなるベクトル (a,b) と方程式 (5-1) が表す直線上に始点と終点を持つベクトルが直交することは，以前と同様にして示すことができる．　　　　　　　　　　　　　　　　□

　方程式 $y=ax+b$ が表す図形を直線 ℓ とする．直線 ℓ の法線ベクトルは $(-a,1)$ である．$(-a,1)(1,a)=-a+a=0$ であるから，ベクトル $(1,a)$ はベクトル $(-a,1)$ と直交する．すなわち，$(1,a)$ は直線 ℓ と平行なベクトルである．このようなベクトルを**方向ベクトル** (direction vector) という．図5.2の $\overrightarrow{OA'}$ も方向ベクトルの1つである．$(\hat{x},\hat{y})$ を ℓ 上の1点とすると
$$x=t+\hat{x}, \quad y=at+\hat{y}$$
は直線 ℓ の t によるパラメータ表示である．これをベクトルで表すと
$$(x,y)=t(1,a)+(\hat{x},\hat{y})$$
となる．t がいろいろな実数値をとれば，直線 ℓ 上の任意の点が表現される．この式を直線 ℓ の**ベクトル方程式**という．　　　　　　　　　　　　□

　内積の概念は経済学においてきわめて重要である．次の例が示すように，内

積は「価格」ベクトルと「数量」ベクトルから「価値額」を導くものと考えることができる．

例5.1 2財の価格が p_1, p_2 で消費量が x_1, x_2 であるときの2財への支出総額は $p_1 x_1 + p_2 x_2$ である．$p=(p_1, p_2)$ を価格ベクトル，$x=(x_1, x_2)$ を消費ベクトルとする．支出総額は価格ベクトル p と消費ベクトル x との内積 px で表される．

また，所得を I とするとき，予算線 $p_1 x_1 + p_2 x_2 = I$ は直線の一部であり，その法線は (p_1, p_2) である．

各生産要素の価格が w_1, w_2 で要素投入量が z_1, z_2 であるときの生産費用は $w_1 z_1 + w_2 z_2$ である．$w=(w_1, w_2)$ を要素価格ベクトル，$z=(z_1, z_2)$ を要素投入ベクトルとすると，生産費用は w と z との内積 wz で表される． □

5.2 行列

(5-2) 式にあるような2行2列の数字の「ならび」を2行2列の**行列** (matrix) という（これ以外の，4行5列の行列や，一般に n 行 m 列の行列も同じように定義される）．

$$A = \begin{pmatrix} a_{11} & a_{12} \\ a_{21} & a_{22} \end{pmatrix} \begin{matrix} \text{第1行} \\ \text{第2行} \end{matrix} \qquad (5\text{-}2)$$

（第1列 第2列）

( ) 内にある a_{21} は2行1列要素あるいは $(2,1)$ 要素とよばれる．添字のうち最初のものが行の番号を，次が列の番号を表している．a_{ij} は「エー・アイ・ジェイ」と読む．

とくに，行と列の数が同じ場合は，**正方行列** (square matrix) とよぶ．(5-2) 式は正方行列である．行列のサイズ（行と列の数）が明らかな場合にはそれを書かない．一般に，n 行と m 列からなる行列を (n, m) 行列という（$n \times m$ 行列ともいう）．また，正方行列 A において a_{ii} のように行と列の番号が等しい要素を**対角要素** (diagonal element) という．(n, n) の正方行列は n

次正方行列ともよぶ.

次に，今のところ数のならびにすぎない行列に演算を導入する．そのために，まず，「行列が等しいこと」を定義しておこう．行列 A, B の行の数が一致し，かつ列の数も等しいとき，**同じサイズ**であるという．以下，行列 A, B, C の i 行 j 列要素を，それぞれ，a_{ij}, b_{ij}, c_{ij} と書く．

2つの行列 A, B が「**等しい**」（$A=B$ と表す）とは，同じサイズの行列であって，任意の i 行 j 列要素について，$a_{ij}=b_{ij}$ となることである．

行列の加算と減算 要素は実数であるので，実数の加算 + を援用して，次のように同じサイズ（ここでは2行2列）の行列 A, B の加算 + を定義する．

$$A+B=\begin{pmatrix} a_{11}+b_{11} & a_{12}+b_{12} \\ a_{21}+b_{21} & a_{22}+b_{22} \end{pmatrix}$$

同様に，減算 − も次のように

$$A-B=\begin{pmatrix} a_{11}-b_{11} & a_{12}-b_{12} \\ a_{21}-b_{21} & a_{22}-b_{22} \end{pmatrix}$$

と定義される．行列の加算と減算は2行2列以外の行列についても同様に定義される．

とくに，要素がすべて実数の0であるような行列を**ゼロ（零）行列**とよび，O と表す．

$$O=\begin{pmatrix} 0 & 0 \\ 0 & 0 \end{pmatrix}$$

行列と行列の積 行列 A の**列の数**と行列 B の**行の数**が等しい場合に A, B の積 AB を定義できる．いま，A, B を2行2列の行列，$C=AB$ とすれば，C は2行2列の行列（2次の正方行列）であり，C の (i, j) 要素は積の左にある行列 A の第 i 行と積の右にある行列 B の第 j 列の対応する要素の積和で定義される．つまり，

$$c_{ij}=a_{i1}b_{1j}+a_{i2}b_{2j}, \quad i=1,2, \quad j=1,2$$

である．

一般には，n 行 m 列の行列 A の右から m 行 k 列の行列 B をかけたものは n 行 k 列の行列 $C(=AB)$ であり，C の (i, j) 要素を c_{ij} とすると，

$$c_{ij}=a_{i1}b_{1j}+a_{i2}b_{2j}+\cdots+a_{im}b_{mj},\quad i=1,2,\cdots,n,\quad j=1,2,\cdots,k$$

と定義される．つまり，C の i 行 j 列要素は

$$A \text{の第}i\text{行}(a_{i1},a_{i2},\cdots,a_{im}) \text{と} B \text{の第}j\text{列} \begin{pmatrix} b_{1j} \\ b_{2j} \\ \vdots \\ b_{mj} \end{pmatrix} \text{の対応する要素の積和}$$

から得られる値である．行列と行列の積 AB においては，行列 A の列の数と行列 B の行の数が一致していることが重要である．

注意5.1 (1) どのような行列 A, B についても和と積が計算できるわけではないことに注意が必要である．和の計算が可能でも積ができない場合や積の計算が可能で和の計算ができない場合もある．A, B が同じサイズの正方行列ならば，和と積は同時に計算可能である．

(2) 和の計算が可能な場合には，$A+B=B+A$ が成立する．一方，積の計算ができる場合でも，一般には $AB \neq BA$ である．特に，$AB=BA$ となるときには，A, B は**可換**（commutative）であるという．

一方，行列 A, B, C に積の演算が可能であるとき，

$$A(BC)=(AB)C$$

が成立することを確かめることはやさしい．この性質を積に関する**結合則**（associativity）という．結合則があるので行列の積を順序を明示せずに ABC と書くことができる．結合則は，加算についても成立する．

行列と実数の乗算 行列 A を 2 行 2 列の正方行列，A の i 行 j 列要素を a_{ij} とする．k を実数とすれば

$$kA = \begin{pmatrix} ka_{11} & ka_{12} \\ ka_{21} & ka_{22} \end{pmatrix}$$

と約束する．

定義5.1 2 行 2 列の正方行列で，その i 行 j 列要素を e_{ij} とするとき，

$e_{ii}=1$, $e_{ij}=0$, $i,j=1,2$, $i \neq j$

という配列になっているとき（つまり，対角要素e_{ii}が1で，それ以外の要素が0である行列）をE_2と書き，**単位行列**（unit matrix, identity matrix）とよぶ．E_2と2行2列の任意の正方行列Aについて，

$E_2 A = A$, $AE_2 = A$, $E_2 E_2 = E_2$

が成立する．n行n列の単位行列をE_nと書く．単位行列のi行j列要素をδ_{ij}と書くこともある．この記法はクロネッカーによるもので，**クロネッカーのデルタ**（Kronecker delta）とよばれる．なお，単位行列はIと書かれることもある．

定義5.2 2行2列の正方行列A，Aのi行j列要素をa_{ij}とするとき，

$a_{ij}=0$, $i,j=1,2$, $i \neq j$

という配列になっているとき，つまり対角要素以外の要素がすべて0であるような行列Aを**対角行列**（diagonal matrix）とよぶ．単位行列と対角行列の違いは，後者では$a_{ii}=1$を要求していない点にある．

転置行列 2行2列の行列A中の数の配置を変更して別の行列Bを作る際に，特に，Aの第i行をBの第i列（$i=1,2$）となるように行列Bを作るとき，行列BをAの**転置行列**（transposition matrix）といい，A^Tと書く．教科書によってはA'やA^tと表記される場合もある．とくに，$A=A^T$が成り立つ正方行列を**対称行列**（symmetric matrix）とよぶ．正方行列Aを3回乗じたときはA^3と書くが，転置行列A^Tは，Aを何乗かしたものではないことに注意せよ．また，転置行列は正方行列でなくても定義されるが，対称行列は正方行列についてのみ定義されることにも注意されたい．

また，行列は正方行列だけではなく，1行n列とか，m行1列の行列を考えることができる．たとえば，

(a_1, a_2, a_3), $\begin{pmatrix} b_1 \\ b_2 \\ b_3 \end{pmatrix}$

も行列である．最初のものを**行ベクトル**，次のものを**列ベクトル**とよぶ．これ

らは 3 次元の空間の点と見なされる．転置の定義から，次が成り立つ．

$$(a_1, a_2, a_3) = \begin{pmatrix} a_1 \\ a_2 \\ a_3 \end{pmatrix}^{\mathrm{T}}, \quad \begin{pmatrix} 0 & 1 & 2 \\ 1 & 2 & 0 \end{pmatrix}^{\mathrm{T}} = \begin{pmatrix} 0 & 1 \\ 1 & 2 \\ 2 & 0 \end{pmatrix}.$$

A, B を 2 行 2 列の行列とする．$(AB)^{\mathrm{T}}$ と $B^{\mathrm{T}} A^{\mathrm{T}}$ は，ともに 2 行 2 列の行列であり，サイズは一致している．さらに，$(AB)^{\mathrm{T}}$ の i 行 j 列要素は，AB の j 行 i 列要素であるから，

$$a_{j1} b_{1i} + a_{j2} b_{2i}$$

である．さらに，また $B^{\mathrm{T}} A^{\mathrm{T}}$ の i 行 j 列要素は，B^{T} の第 i 行（B の第 i 列）と A^{T} の第 j 列（A の第 j 行）の積から計算できるので，

$$b_{1i} a_{j1} + b_{2i} a_{j2}$$

である．これらは一致している．以上の議論は，i, j の値を問わないので，

$$(AB)^{\mathrm{T}} = B^{\mathrm{T}} A^{\mathrm{T}} \tag{5-3}$$

が成り立つ．

これまでの，行列と実数の積や転置は 2 行 2 列以外の行列にも同様に定義される．また，単位行列と対角行列も 2 行 2 列以外の正方行列についても同様に考えることができる．

5.3 行列式

正方行列 A に対して，以下に述べられる手続きで，ある実数値を対応させ，その値を行列 A の**行列式**（determinant）という．行列 A の行列式を $\det A$ と書く．他の教科書では，$|A|$ と表記される場合もある．

行列 A が 1 行 1 列の行列である場合（つまり単なる実数のとき），

$$A = (a_{11}) \quad \text{ならば} \quad \det A = a_{11}$$

と定義する．

2 行 2 列の行列の行列式 A を 2 行 2 列の行列（2 次の正方行列）とするとき，

$$A = \begin{pmatrix} a_{11} & a_{12} \\ a_{21} & a_{22} \end{pmatrix} \quad \text{ならば} \quad \det A = a_{11}a_{22} - a_{12}a_{21}$$

と定義する．

行列式について次の性質が成り立つことが知られている．

(**性質 1**) 行列 A の 2 つの行を入れ替えてできる行列の行列式は符号のみが変化する．

(**性質 2**) 行列 A の 2 つの行が等しければ，$\det A = 0$ である．

(**性質 3**) 行列 A のある行を k 倍して得られる行列の行列式は $\det A$ の k 倍である．

(**性質 4**) A の第 i 行が 2 つの行ベクトル $a = (a_1, a_2), b = (b_1, b_2)$ の和になっているとき，A の行列式は，[他の行が A と同一で第 i 行にベクトル a が入る行列] の行列式と [他の行が A と同一で第 i 行にベクトル b が入る行列] の行列式の和である．

(**性質 5**) A のある行に他の行の k 倍したものを加えてできる行列の行列式は $\det A$ と同じである．

(**性質 6**) $\det A^\mathrm{T} = \det A$ が成立する．

(**性質 7**) (1)〜(5) の性質は列についても成立する．

上の 7 つの性質が 2 行 2 列の行列 A で成立することを見ておこう．まず，(性質 1) から始める．B を A の第 1 行と第 2 行を入れ替えた行列とすれば，

$$\det B = \det \begin{pmatrix} a_{21} & a_{22} \\ a_{11} & a_{12} \end{pmatrix} = a_{12}a_{21} - a_{11}a_{22} = -\det A$$

である．

(性質 2)：行列 A の等しい 2 行を入れ替えてできる行列を B とする．(性質 1) より，$\det A = -\det B$ である．また，$A = B$ であるから，$\det A = \det B$ である．よって，$\det A = 0$ である．

(性質 3)：定義より明らかである．

(性質 4)：行列 A を

$$A = \begin{pmatrix} a_1 + b_1 & a_2 + b_2 \\ a_{21} & a_{22} \end{pmatrix}$$

とする．すると，

$$\begin{aligned}\det A &= (a_1+b_1)a_{22} - (a_2+b_2)a_{21}\\ &= \{a_1 a_{22} - a_2 a_{21}\} + \{b_1 a_{22} - b_2 a_{21}\}\\ &= \det\begin{pmatrix} a_1 & a_2 \\ a_{21} & a_{22}\end{pmatrix} + \det\begin{pmatrix} b_1 & b_2 \\ a_{21} & a_{22}\end{pmatrix}\end{aligned}$$

である．第2行が2つのベクトルの和になっている場合も同様である．

（性質5）：A の第 i 行に他の第 j 行の k 倍したものを加えてできる行列の行列式は，（性質4）によって，$\det A$ と［A の第 i 行に A の第 j 行の k 倍が入った行列 B の行列式］の和である．（性質2）より，第 i 行と第 j 行が等しい行列の行列式は0である．したがって，A の第 i 行に A の第 j 行の k 倍が入った行列 B の行列式は0となる．

（性質6）：定義から明らかである．

（性質7）：（性質6）と対応する行の性質から成立する．

3行3列の行列の行列式　次に，行列 A が3行3列（3次の正方行列）で，
$$A = \begin{pmatrix} a_{11} & a_{12} & a_{13} \\ a_{21} & a_{22} & a_{23} \\ a_{31} & a_{32} & a_{33} \end{pmatrix}$$
とする．A の行列式 $\det A$ をいくつかのステップを踏んで定義する．まず，

$\Delta_{11} = (-1)^{1+1} \times (A$ の第1行と第1列を除いた2行2列の行列の行列式$)$

とする．一般に，$i, j = 1, 2, 3$ について，

$\Delta_{ij} = (-1)^{i+j} \times (A$ の第 i 行と第 j 列を除いた2行2列の行列の行列式$)$

と定義する．Δ_{ij} は $\det A$ における a_{ij} の**余因子**（cofactor）あるいは (i, j) 余因子とよばれる．そして，

$$\det A = a_{11}\Delta_{11} + a_{12}\Delta_{12} + a_{13}\Delta_{13} \tag{5-4}$$

によって，A の行列式を定義する．

上の定義に基づいて計算をしてみよう．

$$\begin{aligned}\det A = {} & a_{11}(-1)^{1+1} \det\begin{pmatrix} a_{22} & a_{23} \\ a_{32} & a_{33}\end{pmatrix} + a_{12}(-1)^{1+2} \det\begin{pmatrix} a_{21} & a_{23} \\ a_{31} & a_{33}\end{pmatrix}\\ & + a_{13}(-1)^{1+3} \det\begin{pmatrix} a_{21} & a_{22} \\ a_{31} & a_{32}\end{pmatrix}\end{aligned}$$

$$= a_{11}a_{22}a_{33} + a_{12}a_{23}a_{31} + a_{13}a_{21}a_{32}$$
$$- a_{11}a_{23}a_{32} - a_{12}a_{21}a_{33} - a_{13}a_{22}a_{31}$$

となる．さて，最後の結果を第2行の要素 a_{21}, a_{22}, a_{23} に着目して整理してみよう．

$$\begin{aligned}\det A = \ & a_{13}a_{21}a_{32} - a_{12}a_{21}a_{33} \\ & + a_{11}a_{22}a_{33} - a_{13}a_{22}a_{31} \\ & + a_{12}a_{23}a_{31} - a_{11}a_{23}a_{32} \\ = \ & a_{21}(a_{13}a_{32} - a_{12}a_{33}) + a_{22}(a_{11}a_{33} - a_{13}a_{31}) \\ & + a_{23}(a_{12}a_{31} - a_{11}a_{32})\end{aligned}$$

となることから，最終的に，

$$\det A = a_{21}\Delta_{21} + a_{22}\Delta_{22} + a_{23}\Delta_{23}$$

に至る．第3行に着目しても同様のことが成立する．

次に第1列に着目してみよう．

$$\begin{aligned}\det A = \ & a_{11}(a_{22}a_{33} - a_{23}a_{32}) + a_{21}(a_{13}a_{32} - a_{12}a_{33}) \\ & + a_{31}(a_{12}a_{23} - a_{13}a_{22}) \\ = \ & a_{11}\Delta_{11} + a_{21}\Delta_{21} + a_{31}\Delta_{31}\end{aligned}$$

となる．他の列に関しても同様である．

以上により，どの行，あるいは，どの列に関しても

$$\det A = a_{i1}\Delta_{i1} + a_{i2}\Delta_{i2} + a_{i3}\Delta_{i3}, \quad i = 1, 2, 3 \tag{5-5}$$
$$= a_{1j}\Delta_{1j} + a_{2j}\Delta_{2j} + a_{3j}\Delta_{3j}, \quad j = 1, 2, 3 \tag{5-6}$$

が成立する．(5-5) 式と (5-6) 式は**余因子展開**とよばれる．(5-5) 式は行による余因子展開，一方，(5-6) 式は列による余因子展開である．

3行3列の行列の行列式についても，性質1〜7が満たされることを見ておこう．まず，余因子 Δ_{ij} は2行2列の行列の行列式から得られるので，前出の性質1〜7を満たしている．

(性質1)：行列 A の第 i 行と第 j 行を入れ替えてできる行列を B とする．k を i も j でもない行の番号とすれば，

$$\det A = a_{k1}\Delta_{k1} + a_{k2}\Delta_{k2} + a_{k3}\Delta_{k3}$$
$$\det B = a_{k1}\Delta'_{k1} + a_{k2}\Delta'_{k2} + a_{k3}\Delta'_{k3}$$

である．ただし，Δ'_{kh} は B の (k, h) 余因子である，$h = 1, 2, 3$．Δ'_{kh} と Δ_{kh} は2

行 2 列の行列の行列式で，2 つの行が入れ替わっている．したがって，2 行 2 列の行列の行列式の（性質 1）より，$\Delta'_{kh} = -\Delta_{kh}$ である．したがって，$\det B = -\det A$ である．

（性質 2）：（性質 1）より成立する．

（性質 3）：行列 A の第 i 行が k 倍された行列を B とする．$\det A, \det B$ の第 (i, j) 余因子をそれぞれ Δ_{ij}, Δ'_{ij} とする．$\Delta_{ij} = \Delta'_{ij}$ が成立している．$\det B$ を第 i 行について余因子展開をすれば，次を得る．

$$\begin{aligned}\det B &= ka_{i1}\Delta'_{i1} + ka_{i2}\Delta'_{i2} + ka_{i3}\Delta'_{i3} \\ &= k(a_{i1}\Delta_{i1} + a_{i2}\Delta_{i2} + a_{i3}\Delta_{i3}) \\ &= k\det A\end{aligned}$$

（性質 4）：行列 A の第 i 行が，2 つの 3 次元行ベクトル $a = (a_1, a_2, a_3)$, $b = (b_1, b_2, b_3)$ の和になっているとする．$\det A$ の第 i 行による余因子展開によって，

$$\begin{aligned}\det A &= (a_1+b_1)\Delta_{i1} + (a_2+b_2)\Delta_{i2} + (a_3+b_3)\Delta_{i3} \\ &= (a_1\Delta_{i1} + a_2\Delta_{i2} + a_3\Delta_{i3}) + (b_1\Delta_{i1} + b_2\Delta_{i2} + b_3\Delta_{i3})\end{aligned}$$

となる．上式の第 1 項は A の第 i 行にベクトル a の入った行列の行列式を第 i 行で余因子展開したものであり，第 2 項は A の第 i 行にベクトル b が入った行列の行列式を第 i 行で余因子展開したものである．

（性質 5）：A の第 i 行に他の第 j 行の k 倍したものを加えた行列を B とする．B の行列式は，（性質 4）より，$\det A$ と［A の第 i 行に A の第 j 行を k 倍したものが入った行列の行列式］の和である．後者は（性質 3）より，A の第 i 行に第 j 行が入った行列の行列式の k 倍であり，これは，（性質 2）によって 0 となる．したがって，（性質 5）が成立する．

（性質 6）：2 行 2 列の行列 B では，$\det B = \det B^T$ が成立する．(5-5) 式と (5-6) 式によって，$\det A$ の第 i 行による余因子展開は，$\det A^T$ の第 i 列による余因子展開と一致する．

（性質 7）：（性質 1）〜（性質 6）によって明らかである．

行列の積の行列式 A, B を正方行列とするとき，

$$\det(AB) = \det A \times \det B \qquad (5\text{-}7)$$

が成立する．これを A, B がともに 2 行 2 列の行列である場合に示しておこう．A, B を

$$A = \begin{pmatrix} a_{11} & a_{12} \\ a_{21} & a_{22} \end{pmatrix}, \quad B = \begin{pmatrix} b_{11} & b_{12} \\ b_{21} & b_{22} \end{pmatrix}$$

とする．（性質 4）と（性質 7）を用いて，

$$\det(AB) = \det \begin{pmatrix} a_{11}b_{11} + a_{12}b_{21} & a_{11}b_{12} + a_{12}b_{22} \\ a_{21}b_{11} + a_{22}b_{21} & a_{21}b_{12} + a_{22}b_{22} \end{pmatrix}$$

$$= \det \begin{pmatrix} a_{11}b_{11} & a_{11}b_{12} + a_{12}b_{22} \\ a_{21}b_{11} & a_{21}b_{12} + a_{22}b_{22} \end{pmatrix}$$

$$+ \det \begin{pmatrix} a_{12}b_{21} & a_{11}b_{12} + a_{12}b_{22} \\ a_{22}b_{21} & a_{21}b_{12} + a_{22}b_{22} \end{pmatrix}$$

$$= \det \begin{pmatrix} a_{11}b_{11} & a_{11}b_{12} \\ a_{21}b_{11} & a_{21}b_{12} \end{pmatrix} + \det \begin{pmatrix} a_{11}b_{11} & a_{12}b_{22} \\ a_{21}b_{11} & a_{22}b_{22} \end{pmatrix}$$

$$+ \det \begin{pmatrix} a_{12}b_{21} & a_{11}b_{12} \\ a_{22}b_{21} & a_{21}b_{12} \end{pmatrix} + \det \begin{pmatrix} a_{12}b_{21} & a_{12}b_{22} \\ a_{22}b_{21} & a_{22}b_{22} \end{pmatrix}$$

となる．（性質 3）を用いれば，

$$\det(AB) = a_{11}a_{21} \det \begin{pmatrix} b_{11} & b_{12} \\ b_{11} & b_{12} \end{pmatrix} + b_{11}b_{22} \det \begin{pmatrix} a_{11} & a_{12} \\ a_{21} & a_{22} \end{pmatrix}$$

$$+ b_{21}b_{12} \det \begin{pmatrix} a_{12} & a_{11} \\ a_{22} & a_{21} \end{pmatrix} + a_{12}a_{22} \det \begin{pmatrix} b_{21} & b_{22} \\ b_{21} & b_{22} \end{pmatrix}$$

となる．右辺の第 1 項と第 4 項は性質（性質 2）より 0 である．また，第 3 項に（性質 1）と（性質 7）を用いると

$$\det(AB) = b_{11}b_{22} \det A - b_{12}b_{21} \det A$$
$$= (b_{11}b_{22} - b_{12}b_{21}) \det A = \det A \times \det B$$

が得られる．A, B が 2 行 2 列以外の一般のケースでも，複雑にはなるが，同様に示すことができる．

注意5.2 本書では行列と行列式を 3 行 3 列までで解説した．一般に，n 行 m 列の行列や，n 行 n 列の正方行列の行列式を考えることが経済学にはよくある．

$n \geqq 4$ の正方行列の行列式にも，上述の行列式の性質 1～7 は成立する．これらの成立を示すのはここでは控えるが，数学的帰納法によって，3 行 3 列の場合とほとんど同様に示すことができる．興味ある読者はチャレンジされたい．

5.4 クラメールの公式

行列式の意味 これまでに定義された行列式は何を表すために導入されたのであろうか．その意味を探ってみよう．$A=(a)$ が 1 行 1 列の行列である場合から始めよう．いま，未知数が x で，b が定数の方程式

$$Ax = b$$

を考える．このとき，$\det A = a$ は未知数 x の係数となっている．

次に，A が 2 行 2 列の行列であるとき，次の方程式，

$$\begin{pmatrix} a_{11} & a_{12} \\ a_{21} & a_{22} \end{pmatrix} \begin{pmatrix} x_1 \\ x_2 \end{pmatrix} = \begin{pmatrix} b_1 \\ b_2 \end{pmatrix} \Leftrightarrow \begin{array}{l} a_{11}x_1 + a_{12}x_2 = b_1 \\ a_{21}x_1 + a_{22}x_2 = b_2 \end{array}$$

をみてみよう．ここで x_1, x_2 が未知数であり，他は定数である．この連立方程式の解法として，誰もが思いつく方法は消去法である．x_2 を消去するために，最初の式に a_{22} を乗じ，第 2 式に a_{12} を乗じて差し引くと，

$$(a_{11}a_{22} - a_{12}a_{21})x_1 = b_1 a_{22} - b_2 a_{12}$$

つまり，$(\det A)x_1 = \det \begin{pmatrix} b_1 & a_{12} \\ b_2 & a_{22} \end{pmatrix}$

となる．1 次方程式と同じように，未知数の係数に $\det A$ が登場する．

最後に，A が 3 行 3 列の行列である場合を考えておこう．方程式，

$$\begin{pmatrix} a_{11} & a_{12} & a_{13} \\ a_{21} & a_{22} & a_{23} \\ a_{31} & a_{32} & a_{33} \end{pmatrix} \begin{pmatrix} x_1 \\ x_2 \\ x_3 \end{pmatrix} = \begin{pmatrix} b_1 \\ b_2 \\ b_3 \end{pmatrix} \tag{5-8}$$

を考えよう．これを行列の演算と行列の等式の定義に従って書き換えると，

$$\begin{array}{l} a_{11}x_1 + a_{12}x_2 + a_{13}x_3 = b_1 \\ a_{21}x_1 + a_{22}x_2 + a_{23}x_3 = b_2 \\ a_{31}x_1 + a_{32}x_2 + a_{33}x_3 = b_3 \end{array} \tag{5-9}$$

である．これは未知数が 3 個の連立方程式である．(5-9) の最初の等式に余

因子 Δ_{11} を乗じ，第2の等式に余因子 Δ_{21} を乗じ，最後に，第3の等式に余因子 Δ_{31} を乗じる．その後得られたものを辺々合計すれば，

$$(a_{11}\Delta_{11}+a_{21}\Delta_{21}+a_{31}\Delta_{31})x_1+(a_{12}\Delta_{11}+a_{22}\Delta_{21}+a_{32}\Delta_{31})x_2$$
$$+(a_{13}\Delta_{11}+a_{23}\Delta_{21}+a_{33}\Delta_{31})x_3=b_1\Delta_{11}+b_2\Delta_{21}+b_3\Delta_{31}$$

となる．この式の左辺第1項の x_1 の係数は（5-6）より $\det A$ に一致する．また，x_2 の係数は，A の第1列に A の第2列が入り他の列は A と同一の行列の行列式に一致する．したがって，行列式の（性質2）より0である．左辺第3項の x_3 の係数も同様に0である．最後に右辺であるが，余因子展開から見ると，A の第1列に，列ベクトル $(b_1, b_2, b_3)^T$ が入った行列 B_1 の行列式と一致する（$\det B_1$ を第1列で余因子展開することを考えよ）．つまり，

$$(\det A)x_1 = \det B_1$$

となっている．

2つの同種の作業をしてみよう．方程式の最初に Δ_{12} を，第2のものに Δ_{22} を，第3のものに Δ_{32} を乗じて合算する．さらに，方程式の最初に Δ_{13} を，第2のものに Δ_{23} を，第3のものに Δ_{33} を乗じて合算する．そうすると，上の作業と全く同様にして，

$$\det A x_1 = \det B_1, \ \det A x_2 = \det B_2, \ \det A x_3 = \det B_3 \qquad (5-10)$$

が得られる．（5-10）式には，すでに得られている式も加えている．B_i は A の第 i 列に $(b_1, b_2, b_3)^T$ が入った行列である（$i=1, 2, 3$）．つまり，

$$B_1 = \begin{pmatrix} b_1 & a_{12} & a_{13} \\ b_2 & a_{22} & a_{23} \\ b_3 & a_{32} & a_{33} \end{pmatrix}, \quad B_2 = \begin{pmatrix} a_{11} & b_1 & a_{13} \\ a_{21} & b_2 & a_{23} \\ a_{31} & b_3 & a_{33} \end{pmatrix}, \quad B_3 = \begin{pmatrix} a_{11} & a_{12} & b_1 \\ a_{21} & a_{22} & b_2 \\ a_{31} & a_{32} & b_3 \end{pmatrix}$$

である．$\det A \neq 0$ であれば，（5-10）式は連立方程式の解を与えるものである．（5-10）を**クラメールの公式**（Cramer's rule）という．

以上のように，A が3行3列の行列であっても，これまでと同様に，$\det A$ は未知数の係数となっている．行列式はこのような意図のもとに導入されているのである．

逆行列 クラメールの公式（5-10）は，3つの未知数の方程式を式ごとに処理をして得られている．これらの作業を行列による演算で再現してみよう．こ

れができれば，行列の形で表された連立方程式 (5-8) を直接に処理する方法になる．(5-9) での操作の本質は，A の左から，行列

$$\mathrm{adj}\,A = \begin{pmatrix} \varDelta_{11} & \varDelta_{21} & \varDelta_{31} \\ \varDelta_{12} & \varDelta_{22} & \varDelta_{32} \\ \varDelta_{13} & \varDelta_{23} & \varDelta_{33} \end{pmatrix}$$

を乗じるという作業である（読者はこれを各自確認されたい）．この行列 adj A は**余因子行列**（adjoint matrix）とよばれる．実際，$Z=(\mathrm{adj}\,A)A$ の第 i 行 j 列要素 z_{ij} は

$$z_{ij} = \varDelta_{1i} a_{1j} + \varDelta_{2i} a_{2j} + \varDelta_{3i} a_{3j} = a_{1j} \varDelta_{1i} + a_{2j} \varDelta_{2i} + a_{3j} \varDelta_{3i}$$

であることから，これは，A の（第 i 列に A の第 j 列が入り）かつ（i 列以外は A と同一）の行列の行列式である．余因子展開 (5-6) 式によって，

$$z_{ij} = \det A \quad i=j\text{ のとき}$$
$$\phantom{z_{ij}} = 0 \quad\quad\ i \neq j\text{ のとき}$$

となる．すなわち，

$$(\mathrm{adj}\,A)A = (\det A)E_3$$

となる．同様に $A(\mathrm{adj}\,A) = (\det A)E_3$ も同時に成立する．したがって，$\det A \neq 0$ のときに，

$$A^{-1} = \frac{1}{\det A} \mathrm{adj}\,A \tag{5-11}$$

で行列 A^{-1} を定義する．このとき，

$$AA^{-1} = A^{-1}A = E_3 \tag{5-12}$$

が成立している．この式にヒントを得て，

$$AB = BA = E_3$$

を満たすような行列 B が存在すれば，B を行列 A の**逆行列**（inverse matrix）と名付ける．つまり，$\det A \neq 0$ ならば，逆行列が存在することになる．

さらに，B, C を A の逆行列とすると，

$$B = BE_3 = B(AC) = (BA)C = E_3 C = C$$

であるから，逆行列が存在すれば，ただ1つである（「一意である」という）．つまり，逆行列が存在するなら (5-11) 式のかたちに限られる．

また，逆行列が存在すれば，$A^{-1}A = E_3$ であり，$\det(A^{-1}A) = 1$. したがって，$\det(A^{-1}) \times \det A = 1$ であるので，$\det A \neq 0$ でなければならない．以上によって，次の定理が得られる．

定理5.2（逆行列） A の逆行列が存在する必要十分条件は $\det A \neq 0$ である．

2つのサイズが等しい (n, n) 正方行列 A, B に逆行列が存在すると仮定する．行列 AB について，結合則を利用して，
$$B^{-1}A^{-1}(AB) = B^{-1}(A^{-1}A)B = B^{-1}E_nB = B^{-1}B = E_n$$
$$(AB)B^{-1}A^{-1} = A(BB^{-1})A^{-1} = AE_nA^{-1} = AA^{-1} = E_n$$
という一連の等式が成立する．したがって，次の定理を得る．

定理5.3 A, B を n 行 n 列の正方行列とする．$\det A \neq 0, \det B \neq 0$ とすれば，$\det(AB) \neq 0$ であり，$(AB)^{-1} = B^{-1}A^{-1}$ である．

5.5　1次独立と1次従属

連立方程式 (5-9) の右辺において $b_1 = b_2 = b_3 = 0$ となるケースを取り上げよう．つまり，

$$\begin{pmatrix} a_{11} & a_{12} & a_{13} \\ a_{21} & a_{22} & a_{23} \\ a_{31} & a_{32} & a_{33} \end{pmatrix} \begin{pmatrix} x_1 \\ x_2 \\ x_3 \end{pmatrix} = \begin{pmatrix} 0 \\ 0 \\ 0 \end{pmatrix} \tag{5-13}$$

である．9個の要素 $a_{11}, a_{12}, \cdots, a_{33}$ からなる3行3列の行列を A と書く．この方程式を書き換えると，

$$x_1 \begin{pmatrix} a_{11} \\ a_{21} \\ a_{31} \end{pmatrix} + x_2 \begin{pmatrix} a_{12} \\ a_{22} \\ a_{32} \end{pmatrix} + x_3 \begin{pmatrix} a_{13} \\ a_{23} \\ a_{33} \end{pmatrix} = \begin{pmatrix} 0 \\ 0 \\ 0 \end{pmatrix} \tag{5-14}$$

となる．つまり，3つのベクトルを合成して，ゼロベクトルとなるようなウエイト x_1, x_2, x_3 を求めるという問題となっている．いま，行列 A の第1列から

なる列ベクトルを $a^1 = (a_{11}, a_{21}, a_{31})^T$ とし，同様に，a^2, a^3 をそれぞれ A の第2列，第3列からなる列ベクトルとする．ここでは，x_1, x_2, x_3 は実数，a^1, a^2, a^3 がベクトルであることに注意せよ．(5-14) 式を成立させる $(x_1, x_2, x_3)^T$ が $(0, 0, 0)^T$ だけであるならば，ベクトル a^1, a^2, a^3 を **1次独立** (linearly independent) であるという．1次独立でない場合には，**1次従属** (linearly dependent) であるという．　　　　　　　　　　　　　　　　　　　　　　□

(5-13) または (5-14) には自明な解 $x_1 = x_2 = x_3 = 0$ がある．そこで，

すべてが0とは限らない解が存在するケースはあるか

という問題を考えてみよう．これは，どのような場合に a_1, a_2, a_3 が1次従属になるかという問題である．最初に，$\det A \neq 0$ の場合を取り上げる．このときは，定理5.2によって，逆行列 A^{-1} は存在する．(5-13) の左から A^{-1} をかけると，$(x_1, x_2, x_3)^T = (0, 0, 0)^T$ が得られる．つまり「$\det A \neq 0$ ならば，自明な解しか存在しない」のである．この結果の**対偶**をとれば，次が得られる．

定理5.4（必要条件） (5-13) に $(x_1, x_2, x_3) \neq (0, 0, 0)$ となる解が存在するならば，$\det A = 0$ である．

次に，$\det A = 0$ の場合を考察しよう．A の第1列 $a^1 = (a_{11}, a_{21}, a_{31})^T$ の要素がすべて0であれば，$\det A = 0$ であり，(5-13) には $x_1 = 1, x_2 = 0, x_3 = 0$ というようなすべてが0ではない解が存在する．次に，ベクトル a^1 のある要素が0でないとしよう．どれでもよいのだが，$a_{11} \neq 0$ とする．行列式の（性質5）を用いて，第1列を a_{12}/a_{11} 倍したものを第2列から，第1行を a_{13}/a_{11} 倍したものを第3列から差し引いても行列式は等しい．つまり，

$$\det \begin{pmatrix} a_{11} & a_{12} & a_{13} \\ a_{21} & a_{22} & a_{23} \\ a_{31} & a_{32} & a_{33} \end{pmatrix} = \det \begin{pmatrix} a_{11} & a_{12} - \dfrac{a_{12}}{a_{11}}a_{11} & a_{13} - \dfrac{a_{13}}{a_{11}}a_{11} \\ a_{21} & a_{22} - \dfrac{a_{12}}{a_{11}}a_{21} & a_{23} - \dfrac{a_{13}}{a_{11}}a_{21} \\ a_{31} & a_{32} - \dfrac{a_{12}}{a_{11}}a_{31} & a_{33} - \dfrac{a_{13}}{a_{11}}a_{31} \end{pmatrix}$$

$$= \det \begin{pmatrix} a_{11} & 0 & 0 \\ a_{21} & a_{22} - \dfrac{a_{12}}{a_{11}} a_{21} & a_{23} - \dfrac{a_{13}}{a_{11}} a_{21} \\ a_{31} & a_{32} - \dfrac{a_{12}}{a_{11}} a_{31} & a_{33} - \dfrac{a_{13}}{a_{11}} a_{31} \end{pmatrix}$$

である．この作業をベクトルで再現すると，

$$\text{第1列} \quad \text{第2列} \quad \text{第3列}$$
$$a^1, \quad a^2 - \dfrac{a_{12}}{a_{11}} a^1, \quad a^3 - \dfrac{a_{13}}{a_{11}} a^1$$

という作業である．ここで，記号を見やすくするために，

$$b_{ij} = a_{ij} - \dfrac{a_{1j}}{a_{11}} a_{i1}, \quad i = 2, 3, \quad j = 2, 3$$

と書き改める．ここで，

$$a^2 - \dfrac{a_{12}}{a_{11}} a^1 = \begin{pmatrix} 0 \\ b_{22} \\ b_{32} \end{pmatrix}, \quad a^3 - \dfrac{a_{13}}{a_{11}} a^1 = \begin{pmatrix} 0 \\ b_{23} \\ b_{33} \end{pmatrix} \tag{5-15}$$

であることに注意をしておく．第1行による余因子展開を利用すると，

$$\det A = \det \begin{pmatrix} a_{11} & 0 & 0 \\ a_{21} & b_{22} & b_{23} \\ a_{31} & b_{32} & b_{33} \end{pmatrix} = a_{11} \det \begin{pmatrix} b_{22} & b_{23} \\ b_{32} & b_{33} \end{pmatrix}$$
$$= a_{11} (b_{22} b_{33} - b_{23} b_{32})$$

となる．$\det A = 0$ かつ $a_{11} \neq 0$ であるから，

$$b_{22} b_{33} - b_{23} b_{32} = 0$$

である．

場合分けをする必要がある．$b_{22} b_{33} \neq 0$ と $b_{22} b_{33} = 0$ のケースである．どちらでも同じ結果を導出することができる．後者のケースはやさしいので，読者の演習問題とし，前者のケースだけを取り上げる．$b_{22} \neq 0, b_{33} \neq 0, b_{23} \neq 0, b_{32} \neq 0$ であるので，

$$\dfrac{b_{22}}{b_{32}} = \dfrac{b_{23}}{b_{33}}$$

である．よって，

$$\frac{1}{b_{32}}\begin{pmatrix}0\\b_{22}\\b_{32}\end{pmatrix}+\left(-\frac{1}{b_{33}}\right)\begin{pmatrix}0\\b_{23}\\b_{33}\end{pmatrix}=\begin{pmatrix}0\\0\\0\end{pmatrix}$$

である．$k_1=1/b_{32}, k_2=-1/b_{33}$ とすれば，$(k_1, k_2)\neq(0,0)$ である．つまり，(5-15) を考慮すると，

$$k_1\left(a^2-\frac{a_{12}}{a_{11}}a^1\right)+k_2\left(a^3-\frac{a_{13}}{a_{11}}a^1\right)=(0,0,0)^{\mathrm{T}}$$

である．これを整理すると，

$$\left(-k_1\frac{a_{12}}{a_{11}}-k_2\frac{a_{13}}{a_{11}}\right)a^1+k_1a^2+k_2a^3=(0,0,0)^{\mathrm{T}}$$

となる．これは，(5-13) に $(x_1,x_2,x_3)\neq(0,0,0)$ となる解の存在を示している．定理5.4以降の議論で次が明らかになった．

定理5.5（i）(5-13) に $(x_1,x_2,x_3)\neq(0,0,0)$ となる解が存在するための必要十分条件は $\det A=0$ である．

（ii）$\det A=0$ であるための必要十分条件は A の各列からなるベクトルが1次従属であることである．

（iii）同じことであるが，$\det A\neq 0$ であるための必要十分条件は A の各列が1次独立であることである．

1次独立なベクトルの性質をいまひとつ与えておこう．3次元の列ベクトル a^1, a^2, a^3 を1次独立であるとする．$b=(b_1, b_2, b_3)^{\mathrm{T}}$ を任意の3次元のベクトルとする．検討したい内容は，

表現可能性：b を a^1, a^2, a^3 のそれぞれに実数を乗じたものの和として表現できるか，

である．この問題は x_1, x_2, x_3 を実数の未知数とする連立方程式

$$x_1a^1+x_2a^2+x_3a^3=b \tag{5-16}$$

に解があるか，という問題である．この問題に肯定的に答えることができれば，3次元空間は基本的に3つの1次独立なベクトルで表現できることになる．ま

た，3次元空間において1次独立なベクトルはたかだか3本であるということでもある．

A を列ベクトル a^i を第 i 列とする3行3列の行列とする．連立方程式 (5-16) は $x=(x_1, x_2, x_3)^{\mathrm{T}}$ とすれば，行列によって

$$Ax = b$$

と表現される．定理5.5とクラメールの公式によって，この連立方程式には解のあることがわかる．すなわち，上の表現可能性に肯定的に応えることができたのである．以上の結果を定理にまとめておけば，次のようになる．

定理5.6 3次元空間 $\mathbb{R}^3$ の任意の点は3つの1次独立なベクトルで表現できる．さらに，3次元空間において1次独立なベクトルはたかだか3本である．

定理5.6は n 次元空間においても成立する．

線形空間 人が直観的に理解している「平面の性質」をいま少し探ってみよう．

任意の $x, y, z \in \mathbb{R}^2$ と任意の実数 $\alpha, \beta \in \mathbb{R}$ に対して，

(1) $x+y=y+x$ （交換則）
(2) $x+(y+z)=(x+y)+z$ （結合則）
(3) ある要素 $n \in \mathbb{R}^2$ が一意に存在して，$x+n=x$ が任意の x について成立する．
(4) 任意の $x \in \mathbb{R}^2$ に対して，$x' \in \mathbb{R}^2$ が一意に存在して，$x+x'=n$ を成立させる．
(5) $1x=x$
(6) $\alpha(\beta x)=(\alpha\beta)x$
(7) $\alpha(x+y)=\alpha x+\alpha y$
(8) $(\alpha+\beta)x=\alpha x+\beta x$

が成立している．$\mathbb{R}^2$ では，(3)の n はゼロベクトル $(0,0)$ である．また，「一意である」とは「ただ1つである」という意味である．$\mathbb{R}^2$ のように，(1)〜(8)の性質を持つ空間を**線形空間** (linear space) または**ベクトル空間**という．

同様に，m 次元空間 $\mathbb{R}^m$ も線形空間である．

コラム 5-1　慣れておきたい集合　パート1 —記号法

集合 (set) は「ものの集まり」を意味する言葉である．その集合に属するものを**要素** (element) という．A を集合とし，a がその要素であるとき，

　　　$a \in A$ と書き，これを "a is an element of A." と読む．

記号 $\in$ は element の e を表していると見ればわかりやすい．また，b が A の要素でない場合に，$b \notin A$ と書く．記号「/」を $\in$ に重ねて書くことによって，$b \in A$ の否定を表している．

2つの集合 A, B があるとき，A が B に含まれることを $A \subset B$ と書く．これを形式的に表現すれば，

　　　任意の a について $a \in A$ ならば $a \in B$ である

ということである．このとき，A を B の**部分集合** (subset) という．また，集合 A, B が一致するとき，$A = B$ と書く．つまり，$A = B$ は

　　　$A \subset B$ と $B \subset A$ が同時に成立する

ことである．

集合の作り方　あらかじめ a, b が与えられているときに，

　　　$\{a, b\}$

のように a と b を要素とする集合を作ることができる．さらに，集合 X があり，$P(x)$ を x に関する命題とする．このとき，

　　　$\{x \in X | P(x)$ が成立する $\}$

と書いて，命題 $P(x)$ を成立させる X の要素 x すべてからなる集合を表す．これがもう1つの集合を作る方法である．

さらに，要素を何も含まない集合を**空集合** (empty set) といい，ϕ と表す．

練習問題

問題5.1

2次元空間 $\mathbb{R}^2$ に直線 ℓ があるとする。ℓ 上に異なる2点 $\mathrm{X}(\hat{x}_1, \hat{x}_2)$ と $\mathrm{Y}(\hat{y}_1, \hat{y}_2)$ をとる。ベクトルを $\hat{x} = (\hat{x}_1, \hat{x}_2)$, $\hat{y} = (\hat{y}_1, \hat{y}_2)$ と表すとき、次の問に答えなさい。

(1) x, y を用いて、方向ベクトルを求めなさい。

(2) 直線 ℓ 上の点 $x = (x_1, x_2)$ はパラメータ t を用いて、
$$x = t\hat{x} + (1-t)\hat{y}$$
と表されることを示しなさい。

(3) 直線 ℓ を平面上で $-\hat{y}$ だけ平行移動したグラフのベクトル方程式を求めなさい。

問題5.2

次の等式を示しなさい。

(1) $\det \begin{pmatrix} a_{11} & 0 & 0 \\ a_{21} & a_{22} & a_{23} \\ a_{31} & a_{32} & a_{33} \end{pmatrix} = a_{11} \det \begin{pmatrix} a_{22} & a_{23} \\ a_{32} & a_{33} \end{pmatrix}$

(2) $\det \begin{pmatrix} 4 & 5 & 6 \\ 7 & 8 & 9 \\ 10 & 11 & 12 \end{pmatrix} = 0$

(3) $\det \begin{pmatrix} 1 & 1 & 1 \\ a & b & c \\ a^2 & b^2 & c^2 \end{pmatrix} = (a-b)(b-c)(c-a)$

(4) $\det \begin{pmatrix} a & b & c \\ c & a & b \\ b & c & a \end{pmatrix} = a^3 + b^3 + c^3 - 3abc$

問題5.3

次の行列の逆行列を求めなさい。ただし、a, b, c, d は実定数である。

(1) $\begin{pmatrix} 0 & 1 \\ 1 & 0 \end{pmatrix}$ (2) $\begin{pmatrix} a & b \\ c & d \end{pmatrix}$ ただし，$ad-bc \neq 0$ (3) $\begin{pmatrix} 1 & 0 \\ a & 1 \end{pmatrix}$

問題5.4

次の問に答えなさい．

(1) 2行2列の行列を用いて，$AB \neq BA$ の例を作りなさい．
(2) 2行2列の行列の中で，

$$\begin{pmatrix} x & -y \\ y & x \end{pmatrix}, \quad x, y \text{は実数}$$

というかたちの行列を取り上げる．上の行列を $y=0$ のとき $[x]$ と表し，$x=0, y=1$ のとき，I_m と書こう．このとき，次の性質が成立することを確かめなさい．

(2-1) この形の行列は可換である。
(2-2) $I_m I_m = -[1]$
(2-3) $([x]+yI_m)([x']+y'I_m) = [x][x']-[y][y']+(xy'+x'y)I_m$
(2-4) $([x]+yI_m)^{\mathrm{T}} = [x]-yI_m$
(2-5) 上の性質が複素数の性質に対応することを確かめなさい。

問題5.5

関数 $f(x), g(x), h(x)$ を微分可能な関数とする．a, b を定数とし，3行3列の行列を

$$A = \begin{pmatrix} f(x) & g(x) & h(x) \\ f(a) & g(a) & h(a) \\ f(b) & g(b) & h(b) \end{pmatrix}$$

とする．$F(x) = \det A$ とするとき，次の問に答えなさい．

(1) 次の等式が成立することを示しなさい．

$$F'(x) = \det \begin{pmatrix} f'(x) & g'(x) & h'(x) \\ f(a) & g(a) & h(a) \\ f(b) & g(b) & h(b) \end{pmatrix}$$

(2) $F(a) = F(b) = 0$ を示しなさい．

問題5.6

要素が定数である2行2列の正方行列 A において，$\det A = 0$ であるとする．A の第1列を a^1，第2列を a^2 と書き，a^1 も a^2 もゼロベクトルでないとする．x を2行1列の未知数からなる行列（つまり列ベクトル），b を2行1列の定数からなる行列で，$b \neq (0,0)^{\mathrm{T}}$ とする．このとき，方程式 $Ax = b$ について次の問に答えなさい．

(1) 解が存在しないときの a^1 と b の条件を求めなさい．
(2) 解がある場合には，解の集合はどのようなものかを考えなさい．
(3) $\det(\mathrm{adj}\, A) = 0$ を示しなさい．

第6章 確率論

　ある事柄の起こりやすさ，確からしさの程度を表すのが確率である．本章では，確率に関する基礎概念とその基本性質を学ぶ．また，不確実性下での意思決定の標準的なモデルである期待効用を紹介する．
前提とする知識：特になし

6.1 確率

事象 サイコロを投げた結果，どの目が出るかは事前には分からないが，起こりうるのは 1 から 6 の目のいずれかが出ることである．ある試行の結果，起こりうる事柄のことを**事象**（event）という．例えば，「1 の目が出る」，「偶数の目が出る」，「3 の倍数の目が出る」などは事象である．サイコロを投げるとき，出る目の全体の集合は

$$\{1, 2, 3, 4, 5, 6\}$$

である．このように，起こりうる場合の全体を表す集合のことを**全事象**（whole event）といい，Ω（ギリシャ文字の大文字オメガ）という記号で表すことにする．集合 Ω は**見本空間**（sample space）ともいう（標本空間ともよばれる）．集合 Ω の要素を ω（小文字のオメガ）で表す．

「1 の目が出る」という事象は：$\{1\}$

「偶数の目が出る」という事象は：$\{2, 4, 6\}$

「3 の倍数の目が出る」という事象は：$\{3, 6\}$

のように，すべての事象は Ω の部分集合として表すことができる．

空集合 ϕ で表される事象を**空事象**（empty event）という．事象 A に対して，「A が起こらない」という事象を，A の**余事象**（complementary event）といい，A^c と表す．A^c は集合 A の Ω における補集合である．

2 つの事象 A, B が**排反**（mutually exclusive）であるとは，$A \cap B = \phi$ を満たす場合をいう．例えば，「奇数の目が出る」事象 $\{1, 3, 5\}$ と「偶数の目が出る」事象 $\{2, 4, 6\}$ とは排反である．

全事象 Ω の 1 個の要素だけからなる集合で表される事象を**根元事象**（elementary event）という．サイコロの場合，根元事象は

$$\{1\}, \{2\}, \{3\}, \{4\}, \{5\}, \{6\}$$

である．

確率 ある事象 A が起こると期待される程度（割合）を，事象 A が起きる**確率**（probability）といい，$P(A)$ と表す．ここで P は Ω の各部分集合に対し

て定義された関数とみることができる．その場合，P を **確率測度**（probability measure）という．

すべての根元事象が同様に確からしいとき，事象 A の確率は集合 A と Ω の要素の個数の比である．

$$P(A) = \frac{A\text{の要素の個数}}{\Omega\text{の要素の個数}}$$

このとき，確率 P は次の性質をもつことが容易に確認できる．

(P-1)　どのような事象 A についても $0 \leqq P(A) \leqq 1$
(P-2)　$P(\phi) = 0$, $P(\Omega) = 1$
(P-3)　どのような排反な事象 A, B についても $P(A \cup B) = P(A) + P(B)$

一般に，(P-1), (P-2), (P-3) を満たす P を Ω 上の確率測度といい，確率測度が定義された集合のことを **確率空間**（probability space）という．

条件付き確率　まず，次の例からみてみよう．

例6.1　ある学校の2つのクラスの生徒の男女の人数が次の表で与えられている．57人の生徒から無作為に1人だけ選ぶことを考える．

	1組	2組
男	15人	9人
女	12人	21人

選ばれた生徒が1組である確率は27/57＝9/19である．選ばれた生徒が男子であったとすると，その生徒は男子24人のうちの1人であり，そのうち1組は15人である．よって，選ばれた生徒が男子であることを前提としたとき，その生徒が1組である確率は15/24＝5/8である．　□

ある事象が起きることを前提としたとき，別の事象が起きる確率のことを条件付き確率という．条件付き確率の一般的な定義式は次で与えられる．

定義6.1　2つの事象 A, B に対して，$P(A) > 0$ であるとき，事象 A が起きたときに，事象 B が起こる **条件付き確率**（conditional probability）を

コラム 6-1　慣れておきたい集合　パート2 —集合演算

X を集合とし，A, B を X の2つの部分集合とするとき，第5章のコラムにおいて紹介したように，

$$\{x \in X | x \in A \quad \text{かつ} \quad x \in B\}$$

という集合を考えることができる．これは，A と B の両者に共通に含まれる要素の集合で，**積集合**（intersection）とよばれ，$A \cap B$ と表わされる．次に，

$$\{x \in X | x \in A \quad \text{または} \quad x \in B\}$$

も集合である．これは，A と B の少なくとも一方に入る要素からなる集合で，**和集合**（union）といい，$A \cup B$ と表す．さらに，

$$\{x \in X | x \notin A\}$$

を A **補集合**（complement）とよび，A^c と書く．

集合 X の部分集合 A, B, C について，集合の演算は次のようにまとめられる．

$A \cap (B \cup C) = (A \cap B) \cup (A \cap C)$	分配法則
$A \cup (B \cap C) = (A \cup B) \cap (A \cup C)$	分配法則
$(A \cup B)^c = A^c \cap B^c$	ド・モルガンの法則
$(A \cap B)^c = A^c \cup B^c$	ド・モルガンの法則

最初の2つは集合の「分配法則」，あとの2つは「ド・モルガンの法則」とよばれる．読者は，図を用いて，これらの意味を確認されたい．

ある集合記号は固有名詞のように用いられる．例えば，$\mathbb{R}$ はすべての実数の集合を，$\mathbb{Q}$ はすべての有理数の集合を，$\mathbb{Z}$ はすべての整数の集合を，$\mathbb{N}$ はすべての自然数の集合を表す．またこれらの集合の肩に数値を付けて（添え字という），数値の数だけの要素の組からなる集合を表す．例えば，$\mathbb{R}^2$ は実数の組 (r_1, r_2)，つまり，2次元の平面上の点からなる集合である．

$$\frac{P(A\cap B)}{P(A)}$$

と定義し，$P_A(B)$ または $P(B|A)$ と表す．

例6.2 例6.1において，男子が選ばれる事象を A，1組の生徒が選ばれる事象を B とすると

$$P(A)=\frac{24}{57}=\frac{8}{19}, \quad P(B)=\frac{27}{57}=\frac{9}{19}, \quad P(A\cap B)=\frac{15}{57}=\frac{5}{19}$$

である．このとき

$$\frac{P(A\cap B)}{P(A)}=\frac{\frac{5}{19}}{\frac{8}{19}}=\frac{5}{8}$$

となり，例6.1で求めた確率と一致する． □

定義6.1から次の関係が直ちに導かれる．

定理6.1 2つの事象 A,B がともに起こる確率 $P(A\cap B)$ は

$$P(A\cap B)=P(A)P_A(B) \tag{6-1}$$

である．

(6-1) 式において事象 A と B を入れ替えると，$A\cap B=B\cap A$ であるから

$$P(A\cap B)=P(B)P_B(A)$$

である．すなわち

$$P(A)P_A(B)=P(B)P_B(A)$$

が成り立つ．これより次のベイズの定理が導かれる．

定理6.2（ベイズの定理） 2つの事象 A,B について，$P(A)>0$ のとき，以下の式が成り立つ．

$$P_A(B) = \frac{P_B(A)P(B)}{P(A)}.$$

次の例が示すように，ベイズの定理は，ある事柄が起きたとき（結果を知って），その原因を推計するときに有用である．

例6.3 ある病原菌に感染する確率は 4 % であるとする．この病原菌に対する検査試薬があり，感染しているなら95%の確率で陽性反応が出るが，感染していなくても10%の確率で陽性反応が出てしまうことが知られている．検査結果が陽性のとき，感染している確率はいくらであろうか．陽性反応が出る確率は

$$\frac{4}{100} \times \frac{95}{100} + \frac{96}{100} \times \frac{10}{100} = \frac{67}{500}$$

である．ベイズの定理より，求める確率は

$$\frac{\frac{95}{100} \times \frac{4}{100}}{\frac{67}{500}} = \frac{19}{67}$$

すなわち，およそ28%である． □

独立性 細工の施されていないサイコロを 2 回続けて投げるとき，1 回目に 1 の目が出たからといって，2 回目に 1 の目が出やすい／出にくいということはないだろう．すなわち 2 回目に出る目の確率は 1 回目に出た目には無関係であると考えられる．このように，ある事象が起こることが別の事象の起こる確率に影響を与えないとき，2 つの事象は独立であるという．

定義6.2 2 つの事象 A と B が **独立** (independent) であるとは，
$$P(A \cap B) = P(A)P(B)$$
が成り立つ場合をいう．

例6.4 細工の施されていないサイコロを 2 回投げるとき，1 回目に 1 の目が出る事象を A，2 回目に 1 の目が出る事象を B とする．$P(A) = P(B) = 1/6$，$P(A \cap B) = 1/36$ であるから，$P(A \cap B) = P(A)P(B)$ が成立する．したがっ

コラム 6-2　モンティ・ホール問題

　友人が3つの箱A，B，Cを用意して，その中の1つだけにこっそりプレゼントを入れた．あなたは3つの箱の中から1つだけ選び，プレゼントが入っていれば貰うことができる．当初，あなたは箱Aを選んだとする．その後，友人が残り2つのうち箱Cを開けてプレゼントは入っていないことを教えてくれた．もし，箱Aから箱Bに選択を変えてもよいと言われたら，あなたはどうするだろうか．箱Aを選び続けるべきか，それとも箱Bに選択を変えた方がよいだろうか．

　この問いに対して，多くの人は「どちらでもよい」と答える．その理由は，プレゼントが入っている確率はどちらの箱も同じであると感じるからである．ところが，少し考えると，そうではないことが分かる．

　まず，次の前提条件が満たされているものとする．
- 友人は3つの箱に等確率でプレゼントを入れる．
- 友人は必ずプレゼントの入っていないほうの箱を開ける．
- 残りの箱のどちらにもプレゼントが入っていないとき，友人はそれぞれの箱を等確率で開ける．

　最初に，Aにプレゼントが入っている場合を考えよう．これが発生する確率は1/3である．箱を変更すればプレゼントはもらえないが，変更しなければもらえる．次にAにプレゼントが入っていない場合を考える．この確率は2/3である．友人が開ける箱がBとCのどちらになっても，変更するとプレゼントがもらえる．変更しない場合プレゼントはもらえない．

　つまり，箱を変更してプレゼントがもらえる確率が2/3，箱を変更せずにプレゼントがもらえるケースが1/3となる．変更した方が倍の確率でプレゼントを手に入れることができる．

　これは，モンティ・ホールが司会をしたアメリカのショー番組によって採用された設定である．数学者を巻き込んで，多くの議論を巻き起こしたという．これは直観的に正しいと感じる確率がそうとは限らないという例になっている．

て A と B は独立である. □

次の例が示すように，2つの事象が独立であるかどうかは微妙な問題であるので注意が必要である（練習問題6.2も参照せよ）．

例6.5 細工の施されていないサイコロを投げるとき，出る目が奇数である事象を A とし，出る目が2以下である事象を B とする．$P(A)=1/2$, $P(B)=1/3$, $P(A\cap B)=1/6$ より，$P(A\cap B)=P(A)P(B)$ が成り立つ．よって A と B は独立である．

一方，出る目が3以下である事象を C とすると，$P(C)=1/2$, $P(A\cap C)=1/3$ であるから，$P(A\cap C)=1/3\neq 1/4=P(A)P(C)$ である．よって A と C は独立ではない． □

6.2 確率変数と確率分布

確率変数 ある年の農作物の収穫量を X とすると，X はその年の天候に依存して決まると考えられる．例えば，好天に恵まれれば2トン収穫できるが，そうでなければ1トンしか収穫できないとしよう．年初の段階では，その年の天候が好いか悪いかは確率的にしか分からないので，X の数値は不確実である．このように，その数値が確率的に定まる変数を**確率変数**（random variable）という．確率変数を大文字で表す．

確率変数は，ある見本空間上で定義される実数値関数と考えることができる．例えば，「悪天候である」という事象を ω_1，「好天である」という事象を ω_2 で表し，集合 Ω を
$$\Omega=\{\omega_1,\omega_2\}$$
と定めると，収穫量 X は集合 Ω 上で定義された実数値関数とみなすことができる．このこと明示して $X(\omega)$ と書くことにすると，
$$X(\omega)=\begin{cases} 1 & (\omega=\omega_1 のとき) \\ 2 & (\omega=\omega_2 のとき) \end{cases}$$
と表せる．また，$X(\omega)=1$ や $X(\omega)=2$ のことを確率変数のとりうる値という．

確率変数のとりうる値は小文字で表す.

確率分布　先ほどの収穫量の例において，好天である確率が75%であるなら，収穫量 X のとる値と，その確率との対応関係は次のようになる.

X	1トン	2トン
確率	$\frac{1}{4}$	$\frac{3}{4}$

このように，確率変数 X のとりうる値と，その値となる確率との対応関係のことを X の**確率分布**（probability distribution）という.

例6.6（サイコロ）　サイコロを1回振って出る目 X の確率分布は次のようになる.

X	1	2	3	4	5	6
確率	$\frac{1}{6}$	$\frac{1}{6}$	$\frac{1}{6}$	$\frac{1}{6}$	$\frac{1}{6}$	$\frac{1}{6}$

□

例6.7（株価）　ある銘柄の株価が現在1000円である．1年後，この銘柄の株価が1500円に値上がりする確率が1/4，500円に値下がりする確率が1/4，1000円のままである確率が1/2であるとする．1年後の株価 X は確率変数で，その分布は次のようになる.

X	500円	1000円	1500円
確率	$\frac{1}{4}$	$\frac{1}{2}$	$\frac{1}{4}$

□

確率変数 X がある値 a をとる確率を $\text{Prob}\{X=a\}$ と表す．また X の値が a 以上 b 以下となる確率を $\text{Prob}\{a \leq X \leq b\}$ と表す．P と $\text{Prob}\{\cdot\}$ との関係は
$$\text{Prob}\{a \leq x \leq b\} = P(\{\omega \in \Omega | a \leq X(\omega) \leq b\})$$
である.

定義6.3（分布関数）　確率変数 X の（累積）**分布関数**（cumulative distribu-

tion function）$F(x)$ とは
$$F(x)=\text{Prob}\{X\leq x\}$$
である．

例6.8（サイコロ） 例6.6のサイコロの出る目の分布関数は
$$F(x)=\begin{cases} 0 & (x<1 \text{のとき}) \\ \dfrac{1}{6} & (1\leq x<2 \text{のとき}) \\ \dfrac{1}{3} & (2\leq x<3 \text{のとき}) \\ \dfrac{1}{2} & (3\leq x<4 \text{のとき}) \\ \dfrac{2}{3} & (4\leq x<5 \text{のとき}) \\ \dfrac{5}{6} & (5\leq x<6 \text{のとき}) \\ 1 & (x\leq 6 \text{のとき}) \end{cases}$$
である． □

例6.9（株価） 例6.7の株価の分布関数は
$$F(x)=\begin{cases} 0 & (x<500 \text{のとき}) \\ \dfrac{1}{4} & (500\leq x<1000 \text{のとき}) \\ \dfrac{3}{4} & (1000\leq x<1500 \text{のとき}) \\ 1 & (x\geq 1500 \text{のとき}) \end{cases}$$
である． □

期待値 確率変数 X のとりうる値が $x_1,\cdots,x_n$ であり，それぞれの値をとる確率が $p_1,\cdots,p_n$ であるとき，それらの積和
$$p_1 x_1 + \cdots + p_n x_n$$
を X の**期待値**（expectation）または**平均**（mean）といい，$E(X)$ と表す．
先ほどの例で，収穫量 X の期待値は

$$\frac{1}{4} \times 1 + \frac{3}{4} \times 2 = \frac{7}{4}$$

より1.75トンである．

例6.10（サイコロ） サイコロを1回振ったときの出る目の期待値は

$$\frac{1}{6} \times 1 + \frac{1}{6} \times 2 + \frac{1}{6} \times 3 + \frac{1}{6} \times 4 + \frac{1}{6} \times 5 + \frac{1}{6} \times 6 = \frac{21}{6} = 3.5$$

である． □

例6.11（株価） 例6.7の株価 X の期待値は

$$\frac{1}{4} \times 500 + \frac{1}{2} \times 1000 + \frac{1}{4} \times 1500 = 1000 円$$

である． □

6.3 期待効用

期待効用 確率10%で10万円が当たるくじAと，確率10%で100万円が当たるくじBがある．どちらかのくじを貰えるとき，ほとんどの人がAよりもBを好む（選ぶ）であろう．当たる確率が同じであれば，賞金額が大きいほうが好ましいと考えられるからである．この場合，Aの賞金額の期待値0.1×10万 = 1万円よりもBの期待値0.1×100万 = 10万円のほうが大きい．

　それでは，人々は賞金額の期待値の大きいくじを好むと考えてよいであろうか．言い換えると，人々のくじに対する選好（好み）は期待値の大小によって表現されるだろうか．必ずしもそうとは言えない．例えば，確率95%で10万円が当たるくじCがあるとき，BとCとではどちらを好むかについては意見が分かれるであろう．Bの賞金額は高いが，当たる確率は低い．一方，Cではかなり高い確率で賞金10万円を手にすることができる．リスクを嫌う人はBよりもCを好むと考えられる．ところが，くじCの賞金額の期待値0.95×10万 = 9.5万円はくじBよりも小さい．つまり，くじに対する人々の選好を表す指標として，期待値は不十分であると考えられる．

18世紀の数学者ベルヌーイ (D. Bernoulli, 1700-1782) は，賞金額の期待値ではなく，賞金から得られる効用の期待値を考えることを提唱した．x万円から得られる効用が$\sqrt{x}$であるとき，くじBの効用の期待値は

$$0.1 \times \sqrt{100} = 1$$

であり，くじCの効用の期待値は

$$0.95 \times \sqrt{10} \fallingdotseq 3$$

であるから，BよりもCのほうがその値が大きい．すなわち，期待効用を考えればBよりもCを好むような人々の選好を表現することができる．

一般に，くじに対する期待効用は次のように定式化される．くじの賞金額をXとすると，Xは確率変数である．Xのとりうる値が$x_1, \cdots, x_n$で，その確率が$p_1, \cdots, p_n$であるとする．賞金額（貨幣）xに対する効用を$u(x)$とすると，くじから得られる効用は確率変数で，とりうる値は$u(x_1), \cdots, u(x_n)$であり，その確率は$p_1, \cdots, p_n$である．このとき，くじから得られる効用の期待値は

$$p_1 u(x_1) + \cdots + p_n u(x_n)$$

である．この値をくじに対する**期待効用** (expected utility) という．

例6.12（株式投資） あるベンチャー企業の現在の株価が1万円である．将来，確率50%でこの企業は急成長して株価が2万円まで跳ね上がるが，確率50%で倒産してその株式は無価値になるという．投資家がこの株式へ「投資する」という選択は，

「確率50%で賞金が20000円，確率50%で賞金が0円のくじ」

を手にすることと同じであると考えられる．一方，「投資しない」という選択は，

「確率100%で賞金が10000円のくじ」

と考えればよい．この場合，どちらのくじもその期待値は同じである．

ある投資家の効用関数が$u(x) = \sqrt{x}$であるとき（すなわち，x円から得られる効用が$\sqrt{x}$であるとき），「投資する」ことから得られる期待効用は

$$0.5 \times \sqrt{20000} + 0.5 \times \sqrt{0} = 50\sqrt{2}$$

であり，「投資しない」場合の（期待）効用は

$$1 \times \sqrt{10000} = 100$$

である．$50\sqrt{2} < 100$ より，投資家は投資しないことを選択する．

投資家の効用関数が $u(x) = x^2$ であるとき，「投資する」ことから得られる期待効用は

$$0.5 \times (20000)^2 + 0.5 \times 0 = 2 \text{億円}$$

であり，「投資しない」場合の（期待）効用は

$$1 \times (10000)^2 = 1 \text{億円}$$

であるから，この場合，投資家は投資することを選択する． □

例6.12で見たように，リスクのある選択対象はある種のくじとして考えることができる．くじに対する期待効用は，不確実性下での意思決定のモデルとして幅広く応用されている．

確率優位　確率10%で10万円が当たるくじAと，確率10%で100万円が当たるくじBであれば，もらえる金額が多いほどうれしいと感じる人ならば，AよりもBを好むと考えられる．このことを，期待効用を用いて説明しよう．効用関数を $u(x)$ とすると，くじAの期待効用は

$$0.9 \times u(0) + 0.1 \times u(10\text{万})$$

である．くじBの期待効用は

$$0.9 \times u(0) + 0.1 \times u(100\text{万})$$

である．これより，$u(10\text{万}) < u(100\text{万})$ であれば，AよりもBのほうが期待効用は高くなる．すなわち，どのような効用関数であっても，それが増加関数であるかぎり，AよりもBのほうが好まれる．このとき，くじBはくじAに対して **1次の確率優位**（first-order stochastic dominance）にあるという．

1次確率優位の関係は，くじの賞金の分布関数の性質として表すことができる．くじA, Bの賞金額の分布関数をそれぞれ $F(x), G(x)$ とする．

$$F(x) = \begin{cases} 0 & x < 0 \\ 0.9 & 0 \leq x < 10\text{万} \\ 1 & x \geq 10\text{万} \end{cases}, \quad G(x) = \begin{cases} 0 & x < 0 \\ 0.9 & 0 \leq x < 100\text{万} \\ 1 & x \geq 100\text{万} \end{cases}$$

このとき，どのような x に対しても

コラム 6-3　アレのパラドックス

次の2つのくじ A, B のどちらを好むだろうか.
　　A：確実に（確率100%で）1億円貰える.
　　B：確率10%で5億円, 89%で1億円貰えるが, 1%で何も貰えない.

くじ A では確実に1億円という大金を手にすることができる. 一方, くじ B ではより大きな金額を手にする可能性もあるが, 何も手にすることができない可能性もある. せっかくの大金を手にするチャンスをふいにするのを嫌い, B よりも A を好む人が多いようである.

では, 次の2つのくじ C と D では, どちらを好むだろうか.
　　C：確率11%で1億円貰えるが, 89%で何も貰えない.
　　D：確率10%で5億円貰えるが, 90%で何も貰えない.

この場合, どちらも何も貰えない（「ハズレ」）確率はほぼ同じだから, 貰える金額が大きい D のほうを好む人が多い.

ところが,「A と B なら A を好み, C と D なら D を好む」という選好は期待効用では表現できない. $u(x)$ を効用関数とすると（単位：x 億円）,「B よりも A を好む」ならば
$$u(1) > 0.1 \times u(5) + 0.89 \times u(1) + 0.01 \times u(0)$$
であるから,
$$0.11 \times u(1) > 0.1 \times u(5) + 0.01 \times u(0)$$
が成り立つ. 一方,「C よりも D を好む」ならば
$$0.11 \times u(1) + 0.89 \times u(0) < 0.1 \times u(5) + 0.9 \times u(0)$$
であるが, これは
$$0.11 \times u(1) < 0.1 \times u(5) + 0.01 \times u(0)$$
を意味し,「B よりも A を好む」ことと矛盾するのである.

$$G(x) \leqq F(x)$$
かつ，10万 $\leqq x <$ 100万のときは
$$G(x) < F(x)$$
が成立している．

この関係は一般にも成立する．すなわち，2つのくじの関する1次確率優位の関係は，その賞金額の分布関数の値の大小関係として表される．

定理6.3 2つのくじ A, B の賞金の分布関数をそれぞれ $F(x), G(x)$ とする．くじ A がくじ B よりも1次の確率優位にあるための必要十分条件は，どのような x に対しても
$$F(x) \leqq G(x)$$
が成立し，さらにある x について
$$F(x) < G(x)$$
が成り立つことである．

この定理の意味するところは次のようなものである．くじ A, B において x 円以上当たる確率はそれぞれ $1-F(x), 1-G(x)$ である．どのような x についても $F(x) \leqq G(x)$ であれば
$$1-F(x) \geqq 1-G(x)$$
が成り立つ．すなわち，どのような x であっても，x 円以上貰える確率は B よりも A のほうが高い．これにより，どのような効用関数をもつ人であっても，B よりも A を好むのである．

例6.13 確率20%で5万円が当たるくじ A と，確率10%で5万円が当たるくじ B がある．A は B に対して1次確率優位にある．実際，どのような効用関数 $u(x)$ であっても，増加関数であるなら
$$(0.2 \times u(50000) + 0.8 \times u(0)) - (0.1 \times u(50000) + 0.9 \times u(0))$$
$$= 0.1 \times (u(50000) - u(0)) > 0$$
が成り立つ．一方，くじ A, B の分布関数をそれぞれ $F(x), G(x)$ とすると

$$F(x)=\begin{cases} 0 & x<0 \\ 0.8 & 0\leq x<50000, \\ 1 & x\geq 50000 \end{cases} \quad G(x)=\begin{cases} 0 & x<0 \\ 0.9 & 0\leq x<50000 \\ 1 & x\geq 50000 \end{cases}$$

である．どのような x に対しても $F(x)\leq G(x)$ であり，$0\leq x<5$ 万であれば $F(x)<G(x)$ が成り立つ． □

練習問題

問題6.1

例6.1において，選ばれた生徒が2組であるとき，女子生徒である条件付き確率を求めなさい．

問題6.2

サイコロを2回投げる．1回目に出る目の数を X_1，2回目に出る目の数を X_2 とする．$X_1 \leq 4$ となる事象を A，$X_1 \cdot X_2$ が奇数となる事象を B，$X_1 - X_2 \geq 2$ となる事象を C とする．このとき

(1) 事象 A, B, C の起こる確率をそれぞれ求めなさい．
(2) 事象 A と B は独立であるか判定しなさい．
(3) 事象 A と C は独立であるか判定しなさい．

問題6.3

ある銘柄の株価が現在10000円である．1年後の株価 X は確率変数で，その分布は次の表で与えられている．

X	14400円	10000円	3600円
確率	p	$\dfrac{1-p}{2}$	$\dfrac{1-p}{2}$

投資家の効用関数は $\sqrt{x}$ で，期待効用を最大にするように行動する．

(1) $p = 1/2$ のとき，X の期待値を求めなさい．
(2) $p = 1/2$ のとき，この株に投資したときに得られる投資家の期待効用を求めなさい．投資家はこの株式に投資するだろうか．
(3) $p = 2/3$ のとき，X の期待値を求めなさい．
(4) $p = 2/3$ のとき，この株に投資したときに得られる期待効用を求めなさい．投資家はこの株式に投資するだろうか．

問題6.4

次の3つのくじに関する，以下の文章の正誤を答えなさい．

A：確率20%で10万円が当たる

B：確率10%で10万円，確率5％で15万円が当たる

C：確率5％で15万円が当たる

(1) A は B より1次の確率優位にない．

(2) B は A より1次の確率優位にある．

(3) B は C より1次の確率優位にある．

(4) A は C より1次の確率優位にない．

第7章

固有値と2次形式

　本章では，行列の固有値および固有ベクトルの定義とその意味について解説する．2次正方行列は座標平面上の点を別の点に移す変換として見ることができる．正方行列で表すことができる写像を1次変換という．1次変換の性質はそれを表す行列の固有値および固有ベクトルで特徴づけることができる．

　2次関数 $f(x)=ax^2$ を多変数関数に一般化したものを2次形式という．2次形式も正方行列を用いて表すことができる．2次形式の定性的な性質である定符号性について説明し，それと固有値との関係について述べる．最後に，線形差分方程式への応用についても述べる．なお，本章ではベクトルと行列はボールド体（太字）を用いる．

前提とする知識：行列の定義・演算

7.1　1次変換と行列

1次変換　座標平面上の点 (x_1, x_2) に対して，同じ平面上の点 (y_1, y_2) を定める対応を変換といい，

$$f:(x_1, x_2) \mapsto (y_1, y_2)$$

と表す．記号 $\mapsto$ は元（この場合は点）の間の対応を示している．

例7.1　座標平面上の点 (x_1, x_2) に対して，以下の対応はいずれも変換である．
（ⅰ）x_1 軸に対称な点 $(x_1, -x_2)$ を対応させる．（線対称移動）
（ⅱ）原点に対称な点 $(-x_1, -x_2)$ を対応させる．（点対称移動）
（ⅲ）原点を中心に θ だけ回転させた点を対応させる．（回転移動）　　□

変換 $f:(x_1, x_2) \mapsto (y_1, y_2)$ が定数 a, b, c, d によって

$$y_1 = ax_1 + bx_2$$
$$y_2 = cx_1 + dx_2$$

のように1次式で表されるとき，f を **1次変換**（linear transformation）という．

1次変換 f は行列 $A = \begin{pmatrix} a & b \\ c & d \end{pmatrix}$ を用いて

$$\begin{pmatrix} y_1 \\ y_2 \end{pmatrix} = \begin{pmatrix} a & b \\ c & d \end{pmatrix} \begin{pmatrix} x_1 \\ x_2 \end{pmatrix}$$

と表すことができる．逆に，任意の2次正方行列 A について，$\boldsymbol{y} = A\boldsymbol{x}$ は1次変換となる（$\boldsymbol{x}, \boldsymbol{y}$ は2次元列ベクトル）．

例7.2　例7.1の変換はいずれも1次変換である．それぞれ

（ⅰ）の変換（線対称移動）を表す行列：$\begin{pmatrix} 1 & 0 \\ 0 & -1 \end{pmatrix}$

（ⅱ）の変換（点対称移動）を表す行列：$\begin{pmatrix} -1 & 0 \\ 0 & -1 \end{pmatrix}$

(iii)の回転移動を表す行列：$\begin{pmatrix} \cos\theta & -\sin\theta \\ \sin\theta & \cos\theta \end{pmatrix}$ によって表現される． □

線形写像 2つの線形空間 $\mathbb{R}^n$ と $\mathbb{R}^m$ を想定し，$\mathbb{R}^n$ を定義域とし，$\mathbb{R}^m$ を値域とする関数を f とする．このとき，任意の $a \in \mathbb{R}$ そして任意の $\boldsymbol{x}, \boldsymbol{y} \in \mathbb{R}^n$ に対して，

$$f(\alpha\boldsymbol{x}) = \alpha f(\boldsymbol{x}) \tag{7-1}$$

$$f(\boldsymbol{x}+\boldsymbol{y}) = f(\boldsymbol{x}) + f(\boldsymbol{y}) \tag{7-2}$$

が成立するとき，f を**線形写像** (linear mapping) であるという．**写像**は「関数」の一般的な呼称である．

いま，f を $\mathbb{R}^n$ を定義域とし，$\mathbb{R}^m$ を値域とする線形写像であるとする．このとき，n 個の $\mathbb{R}^n$ の点

$$\boldsymbol{e}^1 = \begin{pmatrix} 1 \\ 0 \\ \vdots \\ 0 \end{pmatrix}, \boldsymbol{e}^2 = \begin{pmatrix} 0 \\ 1 \\ \vdots \\ 0 \end{pmatrix}, \cdots, \boldsymbol{e}^n = \begin{pmatrix} 0 \\ 0 \\ \vdots \\ 1 \end{pmatrix}$$

を取り上げて，

$$f(\boldsymbol{e}^i) = \begin{pmatrix} a_{1i} \\ a_{2i} \\ \vdots \\ a_{mi} \end{pmatrix}, \quad i = 1, 2, \cdots, n$$

とする．$f(\boldsymbol{e}^i)$ を第 i 列とするような m 行 n 列の行列を $\boldsymbol{A}$ と書く．いま，任意の $\boldsymbol{x} = (x_1, x_2, \cdots, x_n)^\mathrm{T} \in \mathbb{R}^n$ について，

$$\boldsymbol{x} = x_1 \boldsymbol{e}^1 + x_2 \boldsymbol{e}^2 + \cdots + x_n \boldsymbol{e}^n$$

であることから，線形写像の定義によって，

$$\begin{aligned}
f(\boldsymbol{x}) &= f(x_1\boldsymbol{e}^1 + x_2\boldsymbol{e}^2 + \cdots + x_n\boldsymbol{e}^n) \\
&= f(x_1\boldsymbol{e}^1 + (x_2\boldsymbol{e}^2 + \cdots + x_n\boldsymbol{e}^n)) \\
&= f(x_1\boldsymbol{e}^1) + f(x_2\boldsymbol{e}^2 + (x_3\boldsymbol{e}^3 + \cdots + x_n\boldsymbol{e}^n)) \\
&= f(\boldsymbol{e}^1)x_1 + f(x_2\boldsymbol{e}^2) + f(x_3\boldsymbol{e}^3 + \cdots + x_n\boldsymbol{e}^n) \\
&\quad \vdots \\
&= f(\boldsymbol{e}^1)x_1 + f(\boldsymbol{e}^2)x_2 + \cdots + f(\boldsymbol{e}^n)x_n
\end{aligned}$$

$$= \begin{pmatrix} a_{11} & a_{12} & \cdots & a_{1n} \\ a_{21} & a_{22} & \cdots & a_{2n} \\ \vdots & \vdots & & \vdots \\ a_{m1} & a_{m2} & \cdots & a_{mn} \end{pmatrix} \begin{pmatrix} x_1 \\ x_2 \\ \vdots \\ x_n \end{pmatrix} = \bm{Ax}$$

となる．最後の式を見ると，m 行 n 列の行列 $\bm{A}$ によって線形写像 f が表されることになる．すなわち，$m \times n$ 行列は，$\mathbb{R}^n$ から $\mathbb{R}^m$ への線形写像を表現している．

7.2 固有値

固有値と固有ベクトル 正方行列 $\bm{A}$ に対して，ある数 α と $\bm{0}$ でないベクトル $\bm{x}$ について

$$\bm{Ax} = \alpha \bm{x} \tag{7-3}$$

が成り立つとき，α を $\bm{A}$ の**固有値**（eigen value），$\bm{x}$ を固有値 α に対する $\bm{A}$ の**固有ベクトル**（eigen vector）という．

1つの固有値に対して固有ベクトルは必ずしも1つではない．(7-3) 式から明らかなように，$\bm{x}, \bm{y}$ が同じ固有値に対する固有ベクトルであるとき，$\bm{x} + \bm{y}, k\bm{x}$ も同じ固有値に対する固有ベクトルである（k は任意の数）．

例7.3 $\bm{A} = \begin{pmatrix} 4 & 2 \\ 1 & 3 \end{pmatrix}$ のとき，固有値は $\alpha = 2, 5$ である（固有値の具体的な求め方は次頁以降で説明する）．

$\alpha = 2$ に対する固有ベクトルの1つは $(1, -1)^\mathrm{T}$ である．実際，

$$\begin{pmatrix} 4 & 2 \\ 1 & 3 \end{pmatrix} \begin{pmatrix} 1 \\ -1 \end{pmatrix} = \begin{pmatrix} 4 \times 1 + 2 \times (-1) \\ 1 \times 1 + 3 \times (-1) \end{pmatrix} = \begin{pmatrix} 2 \\ -2 \end{pmatrix} = 2 \begin{pmatrix} 1 \\ -1 \end{pmatrix}.$$

$\alpha = 5$ に対する固有ベクトルの1つは $(2, 1)^\mathrm{T}$ である．実際，

$$\begin{pmatrix} 4 & 2 \\ 1 & 3 \end{pmatrix} \begin{pmatrix} 2 \\ 1 \end{pmatrix} = \begin{pmatrix} 4 \times 2 + 2 \times 1 \\ 1 \times 2 + 3 \times 1 \end{pmatrix} = \begin{pmatrix} 10 \\ 5 \end{pmatrix} = 5 \begin{pmatrix} 2 \\ 1 \end{pmatrix}.$$

となり，(7-3) の関係が成り立っている． □

例7.3において，固有ベクトル $(1,-1)^{\mathrm{T}}$ と $(2,1)^{\mathrm{T}}$ は1次独立である（1次独立については第5章5.5節を参照せよ）．このことは一般に成立する．実際，2次正方行列 $\boldsymbol{A}$ の相異なる固有値を α, β とし，固有ベクトルをそれぞれ $\boldsymbol{x}, \boldsymbol{y}$ とする．$\boldsymbol{x}$ と $\boldsymbol{y}$ が1次独立でないなら（つまり1次従属なら），ある0でない実数 k を用いて $\boldsymbol{x}=k\boldsymbol{y}$ と表すことができる．このとき

$$\alpha\boldsymbol{x}=\boldsymbol{A}\boldsymbol{x}=\boldsymbol{A}k\boldsymbol{y}=k\beta\boldsymbol{y}=\beta\boldsymbol{x} \quad \Rightarrow \quad \alpha=\beta$$

となり，$\alpha \neq \beta$ であることに反する（記号「$\Rightarrow$」については第2章2.4節のコラムを参照せよ）．よって，$\boldsymbol{x}$ と $\boldsymbol{y}$ は1次独立でなければならない．3次以上の正方行列についても同様に議論できる．以上より，次の定理を得る．

定理7.1 相異なる固有値に対する固有ベクトルは1次独立である．

2次正方行列 $\boldsymbol{A}$ の相異なる固有値が α, β であり，固有ベクトルがそれぞれ $(p,q)^{\mathrm{T}}, (r,s)^{\mathrm{T}}$ であるとき，固有ベクトルを並べて得られる行列を $\boldsymbol{P}$ とする．

$$\boldsymbol{P} = \begin{pmatrix} p & r \\ q & s \end{pmatrix}.$$

定理7.1より，固有ベクトルは1次独立であるから，定理5.5(iii)より，$\det \boldsymbol{P} \neq 0$，すなわち $\boldsymbol{P}$ は逆行列をもつことがわかる．

固有値・固有ベクトルの意味 1次変換 f が正方行列 $\boldsymbol{A}$ で表現されるとき，f の性質は $\boldsymbol{A}$ の固有値および固有ベクトルによって特徴づけられる．

2次正方行列 $\boldsymbol{A}$ の相異なる固有値を α, β，その固有ベクトルをそれぞれ $\boldsymbol{x}, \boldsymbol{y}$ とする．定理7.1より，$\boldsymbol{x}, \boldsymbol{y}$ は1次独立であるから，任意の2次元ベクトル $\boldsymbol{z}$ は，ある実数 a, b を用いて $\boldsymbol{z}=a\boldsymbol{x}+b\boldsymbol{y}$ と表すことができる．このとき

$$\boldsymbol{A}\boldsymbol{z}=\boldsymbol{A}(a\boldsymbol{x}+b\boldsymbol{y})=a\boldsymbol{A}\boldsymbol{x}+b\boldsymbol{A}\boldsymbol{y}=a\alpha\boldsymbol{x}+b\beta\boldsymbol{y}$$

と書ける．すなわち，$\boldsymbol{A}$ はベクトル $\boldsymbol{x}$ を α 倍，ベクトル $\boldsymbol{y}$ を β 倍するように作用する．つまり，1次変換 f は，**固有ベクトルを固有値倍するような変換**である．

例7.4 $A = \begin{pmatrix} 2 & 0 \\ 0 & 3 \end{pmatrix}$ とする（対角行列）．任意の 2 次元ベクトル $\boldsymbol{x} = (x_1, x_2)^{\mathrm{T}}$ について

$$A\boldsymbol{x} = \begin{pmatrix} 2 & 0 \\ 0 & 3 \end{pmatrix} \begin{pmatrix} x_1 \\ x_2 \end{pmatrix} = \begin{pmatrix} 2x_1 \\ 3x_2 \end{pmatrix}$$

である．つまり対角行列による変換 $A\boldsymbol{x}$ は第 1 座標を 2 倍し，第 2 座標を 3 倍するような 1 次変換である．

一方，A の固有値は 2 と 3 であり，$\boldsymbol{e}^1 = (1,0)^{\mathrm{T}}, \boldsymbol{e}^2 = (0,1)^{\mathrm{T}}$ は固有ベクトルである（各自で確認せよ）．$\boldsymbol{x} = x_1 \boldsymbol{e}^1 + x_2 \boldsymbol{e}^2$ と表せるから

$$A\boldsymbol{x} = \begin{pmatrix} 2x_1 \\ 3x_2 \end{pmatrix} = 2x_1 \begin{pmatrix} 1 \\ 0 \end{pmatrix} + 3x_2 \begin{pmatrix} 0 \\ 1 \end{pmatrix}$$

すなわち，$A\boldsymbol{x} = 2x_1 \boldsymbol{e}^1 + 3x_2 \boldsymbol{e}^2$ が成り立つ． □

固有方程式 $A = \begin{pmatrix} a & b \\ c & d \end{pmatrix}$ のとき，(7-3) 式の $A\boldsymbol{x} = \alpha \boldsymbol{x}$ は次のように変形できる．

$$\begin{pmatrix} \alpha - a & -b \\ -c & \alpha - d \end{pmatrix} \begin{pmatrix} x_1 \\ x_2 \end{pmatrix} = \begin{pmatrix} 0 \\ 0 \end{pmatrix}$$

つまり，α が A の固有値であることは，連立方程式

$$\begin{aligned} (\alpha - a)x_1 \quad &- bx_2 = 0 \\ -cx_1 + (\alpha - d)x_2 &= 0 \end{aligned}$$

が $x_1 = x_2 = 0$ <u>以外</u>の解をもつことと同じである（定理5.5(i)を参照せよ）．このことは

$$\det \begin{pmatrix} \alpha - a & -b \\ -c & \alpha - d \end{pmatrix} = 0$$

であることと同じである．ここで，行列式の定義から

$$\det \begin{pmatrix} \alpha - a & -b \\ -c & \alpha - d \end{pmatrix} = \alpha^2 - (a+d)\alpha + ad - bc$$

が得られる．この式を**特性多項式**（characteristic polynomial）または**固有多項式**という．α が A の固有値であることは，α が次の方程式の解であることと同じ（同値）である．

$$\alpha^2-(a+d)\alpha+ad-bc=0 \qquad (7-4)$$

(7-4) 式を A の**特性方程式**(characteristic equation) または**固有方程式**といい,その解(根)を**特性根**(characteristic root) という.すなわち,固有値と特性根は一致する.

例7.5 $A=\begin{pmatrix}4 & 2 \\ 1 & 3\end{pmatrix}$ のとき,特性多項式は $\det\begin{pmatrix}4-\alpha & 2 \\ 1 & 3-\alpha\end{pmatrix}=\alpha^2-7\alpha+10$ だから特性方程式は

$$\alpha^2-7\alpha+10=0$$

である.特性根は $\alpha=2,5$ である. □

一般に A を n 次正方行列とする.対応する (7-3) 式は次のようになる.

$$(A-\alpha E_n)\boldsymbol{x}=\boldsymbol{0}$$

ここで,E_n は n 次単位行列,すなわち対角要素が 1 で非対角要素は 0 であるような行列である.A の特性多項式は $f_A(\alpha)=\det(A-\alpha E_n)$ であり,これは α の n 次多項式である.特性方程式は

$$\det(A-\alpha E_n)=0$$

である.この方程式の特性根が A の固有値である.特性方程式は α についての n 次方程式なので,重複度(重解)も含めて n 個の根(解)をもつ.つまり固有値は高々 n 個である.

対称行列の固有値 2次正方行列 $A=\begin{pmatrix}a & b \\ c & d\end{pmatrix}$ が対称行列であるとき(つまり $b=c$ のとき),特性方程式は

$$\alpha^2-(a+d)\alpha+ad-b^2=0$$

である.この 2 次方程式の判別式は

$$(a+d)^2-4(ad-b^2)=(a-d)^2+4b^2\geqq 0$$

であるから,必ず実数解をもつ.つまり,A の固有値はすべて実数であることがわかる.この性質は 2 次以上の対称行列に対しても成立する.

定理7.2 n 次対称行列の固有値はすべて実数である.

例7.6 2次の対称行列 $A=\begin{pmatrix} 2 & 1 \\ 1 & 2 \end{pmatrix}$ の特性方程式は
$$\alpha^2-4\alpha+3=0$$
であるから，固有値は $\alpha=1,3$ である．

ここで，$(\sqrt{2}/2, \sqrt{2}/2)^{\mathrm{T}}$ は固有値 1 に対応する固有ベクトルであり，$(-\sqrt{2}/2, \sqrt{2}/2)^{\mathrm{T}}$ は固有値 3 に対応する固有ベクトルである（各自で確認せよ）．（なお，x が固有ベクトルであれば，kx も同じ固有値に対応する固有ベクトルである．ベクトルの長さを 1 になるように調整してある．） □

行列の対角化　$A=\begin{pmatrix} a & b \\ c & d \end{pmatrix}$ が相異なる固有値 α, β をもち，その固有ベクトルがそれぞれ $x=(p,q)^{\mathrm{T}}, y=(r,s)^{\mathrm{T}}$ であるとする．このとき，$Ax=\alpha x$，$Ay=\beta y$ が成立している．これら2つをまとめて書くと，次のようになる（各自で確認せよ）．
$$\begin{pmatrix} a & b \\ c & d \end{pmatrix}\begin{pmatrix} p & r \\ q & s \end{pmatrix}=\begin{pmatrix} p & r \\ q & s \end{pmatrix}\begin{pmatrix} \alpha & 0 \\ 0 & \beta \end{pmatrix}.$$

ここで $P=\begin{pmatrix} p & r \\ q & s \end{pmatrix}$ とおくと，P は逆行列をもつので（なぜか？　各自で確認せよ），上式は次のように書き換えることができる．
$$P^{-1}AP=\begin{pmatrix} \alpha & 0 \\ 0 & \beta \end{pmatrix}.$$

このような過程を **行列の対角化** という．

例7.7 $A=\begin{pmatrix} 4 & 2 \\ 1 & 3 \end{pmatrix}$ の固有値 2, 5 の固有ベクトルは，それぞれ $(1,-1)^{\mathrm{T}}, (2,1)^{\mathrm{T}}$ である．

$P=\begin{pmatrix} 1 & 2 \\ -1 & 1 \end{pmatrix}$ とすると，$\det P=3\neq 0$ であるから，P は逆行列をもつ．実際 $P^{-1}=\dfrac{1}{3}\begin{pmatrix} 1 & -2 \\ 1 & 1 \end{pmatrix}$ である．このとき

$$P^{-1}AP = \frac{1}{3}\begin{pmatrix} 1 & -2 \\ 1 & 1 \end{pmatrix}\begin{pmatrix} 4 & 2 \\ 1 & 3 \end{pmatrix}\begin{pmatrix} 1 & 2 \\ -1 & 1 \end{pmatrix} = \begin{pmatrix} 2 & 0 \\ 0 & 5 \end{pmatrix}$$

が成立する. □

A が対称行列の場合, P は特別な性質をもつように選ぶことができる. これを次の例で確認しよう.

例7.8 対称行列 $A = \begin{pmatrix} 2 & 1 \\ 1 & 2 \end{pmatrix}$ の固有値 3, 1 に対して, ノルム (ベクトルの長さ) を1に規格化した固有ベクトルを, それぞれ $(-\sqrt{2}/2, \sqrt{2}/2)^{\mathrm{T}}$ と $(\sqrt{2}/2, \sqrt{2}/2)^{\mathrm{T}}$ とする. $P = \begin{pmatrix} \sqrt{2}/2 & -\sqrt{2}/2 \\ \sqrt{2}/2 & \sqrt{2}/2 \end{pmatrix}$ とすると, $P^{-1} = \begin{pmatrix} \sqrt{2}/2 & \sqrt{2}/2 \\ -\sqrt{2}/2 & \sqrt{2}/2 \end{pmatrix}$ である. このとき

$$P^{-1}AP = \begin{pmatrix} 3 & 0 \\ 0 & 1 \end{pmatrix}$$

である. □

例7.8において, P の逆行列 P^{-1} は P の転置行列 P^{T} である. この性質は一般に成立する. すなわち, A が対称行列であるなら, $P^{-1} = P^{\mathrm{T}}$ となるように定めることができる (P を**直交行列**という). 以上を定理としてまとめておこう.

定理7.3 (対角化) n 次正方行列 A が異なる n 個の実固有値 $\alpha_1, \cdots, \alpha_n$ をもつとき, ある n 次正方行列 P が存在して,

$$P^{-1}AP = \begin{pmatrix} \alpha_1 & \cdots & 0 \\ \vdots & \ddots & \vdots \\ 0 & \cdots & \alpha_n \end{pmatrix}$$

と対角化することができる. ここで, P は A の固有ベクトルを各列において

得られる行列である．さらに，A が対称行列であるなら，$P^{-1}=P^{\mathrm{T}}$ となるように P を定めることができる．

固有値が重根を含む場合，定理7.3は成り立たない．$A=\begin{pmatrix} a & b \\ c & d \end{pmatrix}$ がただ１つの固有値 α をもつとき，ある行列 P によって対角化できたとすると

$$A=P\begin{pmatrix} \alpha & 0 \\ 0 & \alpha \end{pmatrix}P^{-1}=\alpha P\begin{pmatrix} 1 & 0 \\ 0 & 1 \end{pmatrix}P^{-1}=\alpha\begin{pmatrix} 1 & 0 \\ 0 & 1 \end{pmatrix}=\begin{pmatrix} \alpha & 0 \\ 0 & \alpha \end{pmatrix}$$

が成り立つ．つまり，A が対角化可能となるのは，$A=\begin{pmatrix} \alpha & 0 \\ 0 & \alpha \end{pmatrix}$ の場合に限られる．

7.3　2次形式

2次形式　2次の項だけからなる多項式を **2次形式**（quadratic form）という．1変数の場合の2次形式は ax^2 である（ただし $a\neq 0$）．2変数の2次形式は $ax_1^2+2bx_1x_2+cx_2^2$ というかたちである．対称行列 $A=\begin{pmatrix} a & b \\ b & c \end{pmatrix}$ を使って，2次形式 $ax_1^2+2bx_1x_2+cx_2^2$ は $\boldsymbol{x}^{\mathrm{T}}A\boldsymbol{x}$ と表すことができる．

$$\boldsymbol{x}^{\mathrm{T}}A\boldsymbol{x}=(x_1,x_2)\begin{pmatrix} a & b \\ b & c \end{pmatrix}\begin{pmatrix} x_1 \\ x_2 \end{pmatrix}=ax_1^2+2bx_1x_2+cx_2^2$$

逆に，どのような対称行列 $A=\begin{pmatrix} a & b \\ b & c \end{pmatrix}$ についても，$\boldsymbol{x}^{\mathrm{T}}A\boldsymbol{x}$ は2次形式になる．すなわち，2変数の2次形式は2次対称行列と1対1に対応する．ここで，b を $b/2$ に置き換えると，2次形式は $ax_1^2+bx_1x_2+cx_2^2$ のかたちとなる．

一般に，n 変数の2次形式は次のようなものである．

$$\sum_{i,j=1}^{n}a_{ij}x_ix_j \quad \text{ただし} \quad \sum_{i,j=1}^{n}a_{ij}x_ix_j=\sum_{i=1}^{n}\left(\sum_{j=1}^{n}a_{ij}x_ix_j\right)$$

n 変数の 2 次形式は n 次対称行列によって表現できる．

正値・負値定符号　1 変数の 2 次形式 ax^2 は，$a>0$ ならば，0 でないどのような x に対しても正の値をとる．逆に $a<0$ ならば，0 でないどのような x に対しても ax^2 は負の値をとる．つまり，2 次形式の値の符号（正負）は a の値の正負によって完全に定まる．

このような性質を 2 変数以上のケースに拡張することを考える．すなわち，2 次形式の係数と 2 次形式のとる値の符号との関係について考察する．

定義7.1　2 次形式 $\boldsymbol{x}^\mathrm{T} \boldsymbol{A} \boldsymbol{x}$ について，
（ⅰ）$\boldsymbol{0}$ でないどのような $\boldsymbol{x}$ でも，$\boldsymbol{x}^\mathrm{T} \boldsymbol{A} \boldsymbol{x} > 0$ となる場合，$\boldsymbol{A}$ は**正値定符号**（positive definite）であるという．
（ⅱ）$\boldsymbol{0}$ でないどのような $\boldsymbol{x}$ でも，$\boldsymbol{x}^\mathrm{T} \boldsymbol{A} \boldsymbol{x} < 0$ となる場合，$\boldsymbol{A}$ は**負値定符号**（negative definite）であるという．
（ⅲ）どのような $\boldsymbol{x}$ でも，$\boldsymbol{x}^\mathrm{T} \boldsymbol{A} \boldsymbol{x} \geqq 0$ となる場合，$\boldsymbol{A}$ は**半正値定符号**（positive semidefinite）であるという．
（ⅳ）どのような $\boldsymbol{x}$ でも，$\boldsymbol{x}^\mathrm{T} \boldsymbol{A} \boldsymbol{x} \leqq 0$ となる場合，$\boldsymbol{A}$ は**半負値定符号**（negative semidefinite）であるという．
（ⅰ）～（ⅳ）のいずれでもない場合は**不定**（indefinite）という．

例7.9　上の定義を例で確認しておこう．
（ⅰ）$f(x_1, x_2) = x_1^2 + x_2^2 = (x_1, x_2) \begin{pmatrix} 1 & 0 \\ 0 & 1 \end{pmatrix} \begin{pmatrix} x_1 \\ x_2 \end{pmatrix}$ は正値定符号である．
（ⅱ）$f(x_1, x_2) = -x_1^2 - x_2^2 = -(x_1^2 + x_2^2) = (x_1, x_2) \begin{pmatrix} -1 & 0 \\ 0 & -1 \end{pmatrix} \begin{pmatrix} x_1 \\ x_2 \end{pmatrix}$ は負値定符号である．
（ⅲ）$f(x_1, x_2) = (x_1 - x_2)^2 = (x_1, x_2) \begin{pmatrix} 1 & -1 \\ -1 & 1 \end{pmatrix} \begin{pmatrix} x_1 \\ x_2 \end{pmatrix}$ は半正値定符号であるが，正値定符号ではない．なぜなら，$x_1 = x_2$ を満たす (x_1, x_2) について $f(x_1, x_2) = 0$ となるからである．

(iv) $f(x_1, x_2) = -(x_1 - x_2)^2 = (x_1, x_2)\begin{pmatrix} -1 & 1 \\ 1 & -1 \end{pmatrix}\begin{pmatrix} x_1 \\ x_2 \end{pmatrix}$ は半負値定符号であるが, 負値定符号ではない. □

2変数2次形式 $\boldsymbol{x}^\mathrm{T}\boldsymbol{A}\boldsymbol{x} = ax_1^2 + 2bx_1x_2 + cx_2^2$ の定符号性の判定方法を考えよう.

まず, $a = 0$ ならば, $\boldsymbol{x} = (x_1, 0)^\mathrm{T}$ のとき $\boldsymbol{x}^\mathrm{T}\boldsymbol{A}\boldsymbol{x} = 0$ となるので, 正値定符号にも負値定符号にもなり得ないことに注意しよう ($(x_1, 0)\begin{pmatrix} 0 & b \\ b & c \end{pmatrix}\begin{pmatrix} x_1 \\ 0 \end{pmatrix} = 0$ から).

$a \neq 0$ として, 上式を次のように書き換える.

$$ax_1^2 + 2bx_1x_2 + cx_2^2 = a\left(x_1 + \frac{b}{a}x_2\right)^2 + \frac{ac - b^2}{a}x_2^2$$

$\boldsymbol{x} = (x_1, x_2)^\mathrm{T} \neq \boldsymbol{0}$ のとき, 右辺の2乗の項は同時には0にならない. したがって, $\boldsymbol{x}^\mathrm{T}\boldsymbol{A}\boldsymbol{x}$ が正値定符号であることと, $a > 0$, $ac - b^2 > 0$ であること(2乗の項の係数が正)は同じであることがわかる. 同様に, $\boldsymbol{x}^\mathrm{T}\boldsymbol{A}\boldsymbol{x}$ が負値定符号であることと, $a < 0$, $ac - b^2 > 0$ であることは同じである. またどのような $\boldsymbol{x}$ であっても, $a > 0$, $ac - b^2 \geqq 0$ ならば半正値定符号であり, $a < 0$, $ac - b^2 \geqq 0$ ならば半負値定符号である. ここで $ac - b^2$ は行列 $\boldsymbol{A}$ の行列式である.

以上の議論より, 次の判定条件を得る(半正値定符号・半負値定符号の判定については, 各自で証明を試みられたい).

定理7.4 $\boldsymbol{A} = \begin{pmatrix} a & b \\ b & c \end{pmatrix}$ として, 2次形式 $\boldsymbol{x}^\mathrm{T}\boldsymbol{A}\boldsymbol{x}$ $(= ax_1^2 + 2bx_1x_2 + cx_2^2)$ について,

(i) $\boldsymbol{A}$ が正値定符号であるための必要十分条件は, $a > 0$ かつ $\det \boldsymbol{A} = ac - b^2 > 0$ が成立することである.

(ii) $\boldsymbol{A}$ が負値定符号であるための必要十分条件は, $a < 0$ かつ $\det \boldsymbol{A} = ac - b^2 > 0$ が成立することである.

(iii) $\boldsymbol{A}$ が半正値定符号であるための必要十分条件は, $a \geqq 0, c \geqq 0, \det \boldsymbol{A} = ac - b^2 \geqq 0$ が成立することである.

(iv) A が半負値定符号であるための必要十分条件は，$a\leqq 0, c\leqq 0, \det A = ac-b^2 \geqq 0$ が成立することである．

例7.10 定理7.4を例で確認しよう．
(i) $x_1^2+x_2^2 = \boldsymbol{x}^{\mathrm{T}}\begin{pmatrix} 1 & 0 \\ 0 & 1 \end{pmatrix}\boldsymbol{x}$ に対して，$1>0, 1\times 1 - 0\times 0 = 1 > 0$ である．
(ii) $-x_1^2-x_2^2 = \boldsymbol{x}^{\mathrm{T}}\begin{pmatrix} -1 & 0 \\ 0 & -1 \end{pmatrix}\boldsymbol{x}$ に対して，$-1<0, (-1)\times(-1) - 0\times 0 = 1 > 0$ である．
(iii) $(x_1-x_2)^2 = x_1^2-2x_1x_2+x_2^2 = \boldsymbol{x}^{\mathrm{T}}\begin{pmatrix} 1 & -1 \\ -1 & 1 \end{pmatrix}\boldsymbol{x}$ に対して，$1>0, 1\times 1 - (-1)\times(-1) = 0$ である．
(iv) $-(x_1-x_2)^2 = -x_1^2+2x_1x_2-x_2^2 = \boldsymbol{x}^{\mathrm{T}}\begin{pmatrix} -1 & 1 \\ 1 & -1 \end{pmatrix}\boldsymbol{x}$ に対して，$-1<0, (-1)\times(-1) - 1\times 1 = 0$ である． □

固有値と定符号性 2次形式 $\boldsymbol{x}^{\mathrm{T}}A\boldsymbol{x}$ において，A は対称行列であるから，その固有値はすべて実数である．それらがすべて異なるとき，ある行列 P に対して $P^{\mathrm{T}}AP$ は対角行列で，その対角要素は A の固有値とすることができる（定理7.3）．この対角行列を $\tilde{A}$ とすると，$\boldsymbol{x}^{\mathrm{T}}A\boldsymbol{x}$ の定符号性と $\boldsymbol{x}^{\mathrm{T}}\tilde{A}\boldsymbol{x}$ のそれは一致する（なぜか？ 問題7.5(3)を見よ）．これより，次のことがわかる．

定理7.5 n 次対称行列 A が相異なる n 個の実固有値をもつとする．
(i) 2次形式 $\boldsymbol{x}^{\mathrm{T}}A\boldsymbol{x}$ が正値定符号であるための必要十分条件は，A のすべての固有値が正となることである．
(ii) $\boldsymbol{x}^{\mathrm{T}}A\boldsymbol{x}$ が負値定符号であるための必要十分条件は，A のすべての固有値が負となることである．
(iii) $\boldsymbol{x}^{\mathrm{T}}A\boldsymbol{x}$ が半正値定符号であるための必要十分条件は，A のすべての固有値が非負となることである．
(iv) $\boldsymbol{x}^{\mathrm{T}}A\boldsymbol{x}$ が半負値定符号であるための必要十分条件は，A のすべての固有値が非正となることである．

7.4 差分方程式

1階差分方程式 1変数関数 $f(x)$ に対して

$$y_{t+1} = f(y_t), \quad t = 0, 1, 2, \cdots \tag{7-5}$$

で定義される方程式を**1階差分方程式**（first-order difference equation）という．y_0 を所与として，(7-5) 式を満たす数列

$$y_0, y_1, \cdots, y_t, \cdots$$

を差分方程式の解といい，その解を求めることを差分方程式を解くという．$y^* = f(y^*)$ を満たす点 y^* を**均衡点**あるいは**平衡点**（equilibrium point）という．明らかに，定数列 $y_t = y^*$ は (7-5) 式の解である．これを**定常解**（stationary solution）という．

最も基本的なケースとして，線形の差分方程式を考える．

$$y_{t+1} = a y_t + b \quad (a, b \text{ は定数}) \tag{7-6}$$

$b = 0$ のときは**同次**（homogeneous）であるといい，$b \neq 0$ のときは**非同次**（nonhomogeneous）であるという．$a \neq 1$ のとき，均衡点は $y^* = b/(1-a)$ である．

差分方程式 (7-6) の解は，初期条件 y_0 を所与として，次のような逐次代入によって得ることができる．

$$\begin{aligned} y_1 &= a y_0 + b \\ y_2 &= a y_1 + b = a^2 y_0 + b + ab \\ y_3 &= a y_2 + b = a^3 y_0 + b + ab + a^2 b \\ &\vdots \end{aligned}$$

これより，解の一般項は

$$y_t = a^t y_0 + b + ab + a^2 b + \cdots + a^{t-1} b$$

と表されることがわかる．右辺第2項以降は初項が b で公比が a の等比数列の和である．以上を定理としてまとめておく．

定理7.6 初期値 y_0 を所与として，差分方程式 (7-6) の解の一般項は

図7.1　1階差分方程式の解

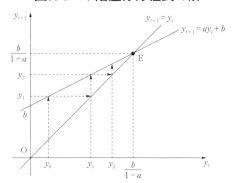

$$y_t = \begin{cases} a^t y_0 + \dfrac{(1-a^t)b}{1-a} = a^t\left(y_0 - \dfrac{b}{1-a}\right) + \dfrac{b}{1-a} & (a \neq 1\text{のとき}) \\ y_0 + bt & (a=1\text{のとき}) \end{cases} \quad (7\text{-}7)$$

で与えられる．

図7.1では，$0<a<1, b>0$ のときの (7-6) の解の挙動が描かれている．初期値 y_0 が与えられると，図にあるように45度線 $y_{t+1}=y_t$ を経由して，$y_1, y_2, \cdots$ が逐次決定されていく．図において，解 $y_0, y_1, y_2, \cdots$ は均衡点 $y^*=b/(1-a)$ に収束する．実際，(7-7) より，$|a|<1$ ならば，$t \to \infty$ のとき解 y_t は $b/(1-a)$ に収束することがわかる．

定理7.7　$|a|<1$ のとき，差分方程式 (7-6) の解は，初期値によらず，均衡点 $y^*=b/(1-a)$ に収束する．

例7.11　(1) 差分方程式 $y_{t+1}=(1/2)y_t+1$ の均衡点は $y^*=(1/2)y^*+1$ より $y^*=2$ である．この方程式の解の一般項は

$$y_t = \frac{1}{2^t}(y_0 - 2) + 2$$

である．$t \to \infty$ のとき，y_0 によらず，y_t は均衡点 2 に収束する．
(2) 差分方程式 $y_{t+1}=2y_t-1$ の均衡点は $y^*=2y^*-1$ より $y^*=1$ である．この

方程式の解の一般項は

$$y_t = 2^t(y_0 - 1) + 1$$

である．解の挙動は初期値 y_0 に依存する．

（ⅰ）$y_0 = 1$ ならば，$y_t = 1$ が定常解となる．

（ⅱ）$y_0 \neq 1$ ならば，$t \to \infty$ のとき，y_t は $\pm\infty$ に発散する．

(3) 差分方程式 $y_{t+1} = -y_t + 2$ の均衡点は $y^* = -y^* + 2$ より $y^* = 1$ である．この方程式の解の一般項は

$$y_t = (-1)^t(y_0 - 1) + 1$$

である．解の挙動は初期値 y_0 に依存する．

（ⅰ）$y_0 = 1$ のとき，$y_t = 1$ が定常解となる．

（ⅱ）$y_0 \neq 1$ のとき

$$y_t = \begin{cases} y_0 & (t : 偶数) \\ -y_0 + 2 & (t : 奇数) \end{cases}$$

すなわち，y_t は均衡点の周りを振動する． □

連立差分方程式 次のような連立の1階線形差分方程式を考える．

$$\begin{cases} y_{t+1} = a_{11} y_t + a_{12} z_t + b_1 \\ z_{t+1} = a_{21} y_t + a_{22} z_t + b_2 \end{cases}, \quad t = 0, 1, 2, \cdots.$$

ただし，$a_{11}, a_{12}, a_{21}, a_{22}, b_1, b_2$ はいずれも定数である．ここで

$$\boldsymbol{x}_t = \begin{pmatrix} y_t \\ z_t \end{pmatrix}, \quad \boldsymbol{A} = \begin{pmatrix} a_{11} & a_{12} \\ a_{21} & a_{22} \end{pmatrix}, \quad \boldsymbol{b} = \begin{pmatrix} b_1 \\ b_2 \end{pmatrix}$$

とおくと，上式は次のように書くことができる．

$$\boldsymbol{x}_{t+1} = \boldsymbol{A}\boldsymbol{x}_t + \boldsymbol{b}, \quad t = 0, 1, 2, \cdots. \tag{7-8}$$

方程式 (7-8) に対して

$$\boldsymbol{x}^* = \boldsymbol{A}\boldsymbol{x}^* + \boldsymbol{b}$$

を満たす $\boldsymbol{x}^* = (y^*, z^*)^\mathrm{T}$ を**均衡点**あるいは**平衡点**という．明らかに，$\boldsymbol{x}_t = \boldsymbol{x}^* \ (t = 0, 1, \cdots)$ は (7-8) の解である．この解を**定常解**という．(7-8) は，$\boldsymbol{b} = \boldsymbol{0}$ のときは**同次**，$\boldsymbol{b} \neq \boldsymbol{0}$ のときは**非同次**であるという．

まず，同次のケース（$\boldsymbol{b} = \boldsymbol{0}$）における (7-8) の解を求める．初期条件

$\boldsymbol{x}_0 = (y_0, z_0)^\mathrm{T}$ が与えられると，逐次代入により (7-8) の解を得ることができる．

$$\boldsymbol{x}_1 = \boldsymbol{A}\boldsymbol{x}_0$$
$$\boldsymbol{x}_2 = \boldsymbol{A}\boldsymbol{x}_1 = \boldsymbol{A}^2\boldsymbol{x}_0$$
$$\boldsymbol{x}_3 = \boldsymbol{A}\boldsymbol{x}_2 = \boldsymbol{A}^3\boldsymbol{x}_0$$
$$\vdots$$

すなわち，(7-8) の解の一般項は

$$\boldsymbol{x}_t = \boldsymbol{A}^t \boldsymbol{x}_0 \tag{7-9}$$

と表される．

ここで，行列 $\boldsymbol{A}$ が相異なる 2 つの実固有値 α, β を持てば，定理7.3より

$$\begin{pmatrix} \alpha & 0 \\ 0 & \beta \end{pmatrix} = \boldsymbol{P}^{-1} \boldsymbol{A} \boldsymbol{P}$$

すなわち

$$\boldsymbol{A} = \boldsymbol{P} \begin{pmatrix} \alpha & 0 \\ 0 & \beta \end{pmatrix} \boldsymbol{P}^{-1}$$

が成り立つような行列 $\boldsymbol{P}$ が存在する．これより

$$\boldsymbol{A}^2 = \boldsymbol{A}\boldsymbol{A}$$
$$= \boldsymbol{P} \begin{pmatrix} \alpha & 0 \\ 0 & \beta \end{pmatrix} \boldsymbol{P}^{-1} \boldsymbol{P} \begin{pmatrix} \alpha & 0 \\ 0 & \beta \end{pmatrix} \boldsymbol{P}^{-1}$$
$$= \boldsymbol{P} \begin{pmatrix} \alpha^2 & 0 \\ 0 & \beta^2 \end{pmatrix} \boldsymbol{P}^{-1}$$

$$\boldsymbol{A}^3 = \boldsymbol{A}^2 \boldsymbol{A}$$
$$= \boldsymbol{P} \begin{pmatrix} \alpha^2 & 0 \\ 0 & \beta^2 \end{pmatrix} \boldsymbol{P}^{-1} \boldsymbol{P} \begin{pmatrix} \alpha & 0 \\ 0 & \beta \end{pmatrix} \boldsymbol{P}^{-1}$$
$$= \boldsymbol{P} \begin{pmatrix} \alpha^3 & 0 \\ 0 & \beta^3 \end{pmatrix} \boldsymbol{P}^{-1}$$

である．これを繰り返すことにより

$$\boldsymbol{A}^t = \boldsymbol{P} \begin{pmatrix} \alpha^t & 0 \\ 0 & \beta^t \end{pmatrix} \boldsymbol{P}^{-1}$$

を得る．これを (7-9) 式に代入すると，(7-8) の解の一般項を得ることが

できる．さらに，$|\alpha|<1, |\beta|<1$ であれば，$t\to\infty$ のとき，α^t, β^t はともに 0 に収束するので，解 $\boldsymbol{x}_t$ は $\boldsymbol{0}$ に収束することがわかる．

定理7.8 連立差分方程式 (7-8) において，$\boldsymbol{b}=\boldsymbol{0}$ であるとする．$\boldsymbol{A}$ は相異なる実固有値 α, β をもつとする．このとき，初期条件 $\boldsymbol{x}_0$ を所与として，(7-8) の解は

$$\boldsymbol{x}_t = \boldsymbol{P}\begin{pmatrix} \alpha^t & 0 \\ 0 & \beta^t \end{pmatrix}\boldsymbol{P}^{-1}\boldsymbol{x}_0, \quad t=1,2,\cdots$$

と表される．さらに，$|\alpha|<1, |\beta|<1$ ならば，初期値によらず，解 $\boldsymbol{x}_t$ は，$t\to\infty$ のとき，$\boldsymbol{0}$ に収束する．

次に，非同次（$\boldsymbol{b}\neq\boldsymbol{0}$）のケースを考える．議論を簡単にするために，均衡点 $\boldsymbol{x}^*$ が存在することを仮定する．まず

$$\tilde{\boldsymbol{x}}_t = \boldsymbol{x}_t - \boldsymbol{x}^* = \begin{pmatrix} y_t - y^* \\ z_t - z^* \end{pmatrix}$$

とおいて，次のような連立同次差分方程式を考える．

$$\tilde{\boldsymbol{x}}_{t+1} = \boldsymbol{A}\tilde{\boldsymbol{x}}_t, \quad t=0,1,2,\cdots \tag{7-10}$$

このとき，$\boldsymbol{x}_t (t=0,1,\cdots)$ が (7-8) を満たすことと (7-10) を満たすことは同じである．なぜなら

$$\tilde{\boldsymbol{x}}_{t+1} = \boldsymbol{A}\tilde{\boldsymbol{x}}_t$$
$$\boldsymbol{x}_{t+1} - \boldsymbol{x}^* = \boldsymbol{A}(\boldsymbol{x}_t - \boldsymbol{x}^*)$$
$$\boldsymbol{x}_{t+1} - \boldsymbol{x}^* = \boldsymbol{A}\boldsymbol{x}_t - \boldsymbol{A}\boldsymbol{x}^*$$
$$\boldsymbol{x}_{t+1} = \boldsymbol{A}\boldsymbol{x}_t + \boldsymbol{b}$$

が成り立つからである．すなわち，非同次連立差分方程式 (7-8) を解くことは，同次連立差分方程式 (7-10) を解くことに帰着する．したがって，定理7.8を (7-10) に適用すれば，次の結果が得られる．

定理7.9 連立差分方程式 (7-8) において，均衡点 $\boldsymbol{x}^*$ が存在し，行列 $\boldsymbol{A}$ は相異なる実固有値 α, β をもつとする．このとき，初期条件 $\boldsymbol{x}_0$ を所与として，(7-8) の解は

$$\boldsymbol{x}_t = \boldsymbol{P} \begin{pmatrix} \alpha^t & 0 \\ 0 & \beta^t \end{pmatrix} \boldsymbol{P}^{-1}(\boldsymbol{x}_0 - \boldsymbol{x}^*) + \boldsymbol{x}^* \quad (t=1,2,\cdots)$$

と表される.さらに,$|\alpha|<1, |\beta|<1$ ならば,初期点によらず,解 $\boldsymbol{x}_t$ は,$t\to\infty$ のとき,均衡点 $\boldsymbol{x}^*$ に収束する.

一般には,均衡点は存在しないこともあり,行列 $\boldsymbol{A}$ は相異なる実固有値をもつとは限らない.このようなケースの取扱いについては,より上級の書物を参照されたい.

2階差分方程式　2変数関数 $f(x_1, x_2)$ に対して

$$y_{t+2} = f(y_{t+1}, y_t), \quad t=0,1,2,\cdots \tag{7-11}$$

で定義される方程式を **2階差分方程式** (second-order difference equation) という.2階差分方程式においては,初期条件として y_0 と y_1 を与えないと解が定まらないことに注意しよう.

(7-11) の特殊ケースとして,線形差分方程式

$$y_{t+2} = ay_{t+1} + by_t + c, \quad t=0,1,\cdots \tag{7-12}$$

を考える (a, b, c は定数).$c=0$ のときは**同次**,$c\ne 0$ のときは**非同次**であるという.

$$y^* = ay^* + by^* + c$$

を満たす y^* を**均衡点**あるいは**平衡点**という.明らかに,$y_t = y^*$ ($t=0,1,\cdots$) は (7-12) の解である.この解を**定常解**という.以下では,$a+b\ne 1$ を仮定する.この条件は (7-12) が定常解をもつことを保証する.

まず $c=0$ として,次のような連立差分方程式を考える.

$$\begin{cases} y_{t+2} = ay_{t+1} + by_t \\ y_{t+1} = y_{t+1} \end{cases}$$

ここで

$$\boldsymbol{y}_t = \begin{pmatrix} y_{t+1} \\ y_t \end{pmatrix}, \quad \boldsymbol{A} = \begin{pmatrix} a & b \\ 1 & 0 \end{pmatrix}$$

とおくと,上の連立式は次のように書くことができる.

$$\boldsymbol{y}_{t+1} = \boldsymbol{A}\boldsymbol{y}_t \tag{7-13}$$

ここで行列 A が相異なる2つの実固有値 α, β を持つとする．定理7.8より，初期条件 $\boldsymbol{y}_0 = (y_1, y_0)^\mathrm{T}$ を所与とすると，(7-13) の解は

$$\boldsymbol{y}_t = \boldsymbol{P} \begin{pmatrix} \alpha^t & 0 \\ 0 & \beta^t \end{pmatrix} \boldsymbol{P}^{-1} \boldsymbol{y}_0 \tag{7-14}$$

と表すことができる．ここで

$$\boldsymbol{P} = \begin{pmatrix} p & r \\ q & s \end{pmatrix}$$

とおくと

$$\boldsymbol{P}^{-1} = \frac{1}{ps-rq} \begin{pmatrix} s & -r \\ -q & p \end{pmatrix}$$

であるから，(7-14) 式に代入して計算すると

$$y_{t+1} = \frac{p(ry_0 - sy_1)}{ps-rq} \alpha^t + \frac{r(py_0 - qy_1)}{ps-rq} \beta^t$$

を得る．よって，$c=0$ のとき，(7-12) の解は，ある2つの定数 M, N を用いて

$$y_t = M\alpha^{t-1} + N\beta^{t-1} \tag{7-15}$$

という形で表されることがわかる．

(7-15) を用いて，$c \neq 0$ のケースを解くことができる．まず

$$\tilde{y}_t = y_t - y^*$$

とおいて，次のような同次差分方程式を考える．

$$\tilde{y}_{t+2} = a\tilde{y}_{t+1} + b\tilde{y}_t \tag{7-16}$$

このとき，$y_t \, (t=0, 1, \cdots)$ が (7-12) の解であることと，$\tilde{y}_t \, (t=1, 2, \cdots)$ が (7-16) の解であることとは同じである．実際

$$\tilde{y}_{t+2} = a\tilde{y}_{t+1} + b\tilde{y}_t$$
$$y_{t+2} - y^* = a(y_{t+1} - y^*) + b(y_t - y^*)$$
$$y_{t+2} = ay_{t+1} + by_t + c$$

が成り立つ．つまり，(7-12) を解くことは (7-16) を解くことに帰着する．(7-15) より，(7-16) の解は

$$\tilde{y}_t = M\alpha^{t-1} + N\beta^{t-1}$$

と書ける．よって，(7-12) の解の一般項は

$$y_t = M\alpha^{t-1} + N\beta^{t-1} + y^* \tag{7-17}$$

と表すことができる．

　行列 A の固有値がただ1つである場合や複素数である場合については，より上級の書物を参照されたい．

練習問題

問題7.1

次の行列の固有値を求めなさい.

(1) $\begin{pmatrix} 4 & -1 \\ 2 & 1 \end{pmatrix}$　　(2) $\begin{pmatrix} 3 & 4 \\ 0 & 5 \end{pmatrix}$

問題7.2

行列 $\begin{pmatrix} a & b \\ 0 & c \end{pmatrix}$ の固有値は a と c であることを示しなさい.

問題7.3

α を行列 A の固有値とし, x と y を α に対する固有ベクトルとする. このとき, $ax+by$ も α に対する固有ベクトルであることを示しなさい (ただし, a, b は実数).

問題7.4

次の2次形式の定符号性を判定しなさい.

(1) $2x_1^2+3x_2^2$　　(2) $x_1^2-x_2^2$　　(3) $x_1^2+4x_1x_2+4x_2^2$　　(4) $(x_1+x_2)^2$

問題7.5

$A=\begin{pmatrix} 2 & 1 \\ 1 & 2 \end{pmatrix}$ として, 2次形式 $x^\mathrm{T}Ax$ を考える.

(1) A の固有値を求めなさい.
(2) A を対角化した行列 $\tilde{A}$ を求めなさい.
(3) A と $\tilde{A}$ との定符号性は一致することを示しなさい.

問題7.6

1階線形差分方程式 $y_{t+1}=-\dfrac{1}{3}y_t+4$ を考える.

(1) 均衡点を求めなさい.
(2) この方程式の解の一般項を初期値 y_0 の式として表しなさい.

(3) この方程式の解は，$t \to \infty$ のとき均衡点に収束することを確認しなさい．

問題7.7
連立1階線形差分方程式系
$$\begin{cases} y_{t+1} = \dfrac{5}{4} y_t - \dfrac{3}{4} z_t \\ z_{t+1} = -\dfrac{3}{4} y_t - \dfrac{5}{4} z_t \end{cases} \quad t = 0, 1, 2, \cdots$$
を考える．

(1) 均衡点を求めなさい．

(2) 係数行列 $\begin{pmatrix} 5/4 & -3/4 \\ -3/4 & 5/4 \end{pmatrix}$ の固有値を求めなさい．

(3) 初期条件が $y_0 = z_0$ を満たすとき，この方程式の解は，$t \to \infty$ のとき均衡点に収束することを確認しなさい．

問題7.8
2階線形差分方程式
$$y_{t+2} = \frac{5}{6} y_{t+1} - \frac{1}{6} y_t + 1$$
を考える．

(1) 均衡点を求めなさい．

(2) 行列 $\begin{pmatrix} 5/6 & -1/6 \\ 1 & 0 \end{pmatrix}$ の固有値を求めなさい．

(3) この方程式の解の一般項を初期条件 y_0, y_1 の式として表しなさい．

第8章

解析学（1）

　本章では，第2章の内容を発展させた内容を紹介する．それらの応用範囲は広く，それ故に経済学ではおおいに用いられているものである．

　第1は関数の連続性についてである．経済学における均衡概念は需要と供給の一致によって与えられている．もし需要関数や供給関数が連続でなければ，「需要と供給の一致」は保証されるとは限らない．経済学では，需要と供給の連続性が重要なテーマとなるのである．ところが，高等学校の数学では，関数の連続性は未定義であった．「連続性の定義」では，解析学における「収束」という基礎概念が必要となる．

　第2は微分法を用いた関数展開と極限への応用である．典型的には，テイラーの定理とロピタルの定理である．これらは学部上級の経済学においても頻繁に利用される．

前提とする知識：微分可能性（第2章），極限

8.1 数列の収束と極限

数列のゼロへの収束　次の数列

$$1, \frac{1}{2}, \frac{1}{3}, \cdots, \frac{1}{n}, \cdots \tag{8-1}$$

は限りなく0に近づいていくと考えられる．言い換えると「0に収束する」わけである．本章では，この数列が収束することを前提にして議論を組み立てる．

数列 (8-1) は0へ収束することを解説してみよう．さて，次の原理

アルキメデスの原理（Archimedean rule）：どのような正の実数 K にも，$K < m$ を成立させる自然数 m が存在する

という事実を受け入れることは容易であろう．直観的にも，どのような正の実数も整数部分と小数部分の和で表わされ，その整数部分よりも大きな自然数はもとの実数より大きいからである．

いま，ε（イプシロンと読む，ギリシャ語）を小さな正の数とすると，$1/\varepsilon$ は正の実数である．アルキメデスの原理より，ある自然数 m があって，

$$\frac{1}{\varepsilon} < m$$

を満たす．逆数をとれば，上の不等式は

$$0 < \frac{1}{m} < \varepsilon$$

となる．したがって，

$$0 < \cdots < \frac{1}{m+k} < \cdots < \frac{1}{m+1} < \frac{1}{m} < \varepsilon$$

となっている．開区間 $]0, \varepsilon[$ の中に，数列 (8-1) の $1/m$ 以降の無数の項が入っており，ε よりも大きな項は有限個となっている．この状況は図8.1に描かれている．この事実を見れば，

事実1：小さな正の数 ε は数列 (8-1) の収束先ではない

ということである．

では，負の数が数列 (8-1) の収束先であると考えることはできるだろうか．

図8.1 数列1/n ($n=1,2,\cdots$) の収束

そこで，絶対値の小さな負の数 $-\varepsilon$ を取り上げてみる．もちろん $\varepsilon>0$ である．上の議論と同じにようにして，

$$-\varepsilon < -\frac{1}{m}$$

となる自然数 m が存在する．数列 $1, 1/2, \cdots, 1/n, \cdots$ の任意の h 番目の項を取り上げても，

$$-\varepsilon < -\frac{1}{m} < 0 < \frac{1}{h}$$

である．これは，

　事実2：負の数 $-\varepsilon$ は数列（8-1）の収束先ではない

ことを意味している．

　事実1と2によって，数列（8-1）の収束先が存在するなら，それは0であることがわかる．本書では，この数列が収束することを前提にしているので，

$$\text{数列 } 1, \frac{1}{2}, \frac{1}{3}, \cdots, \frac{1}{n}, \cdots \text{ は 0 に収束する}$$

ことになる．また，「数列 $-1, -1/2, \cdots, -1/n, \cdots$ は0に収束する」についても同様の議論から了解可能であろう．

　次に一般的に表現された数列 a_n ($n=1,2,\cdots$) が

$$-\frac{1}{n} \leqq a_n \leqq \frac{1}{n}, \quad n=1,2,\cdots \tag{8-2}$$

を満たしているとする．（8-2）式の左右両端の2つの数列 $-1, -1/2, \cdots, -1/n, \cdots$ と $1, 1/2, \cdots, 1/n, \cdots$ は，ともに0に収束する．したがって，数列 $a_1, a_2, \cdots, a_n, \cdots$ も0に収束することになろう．

　上の（8-2）式では数列 a_n の番号「n」が両端の $-1/n, 1/n$ に呼応してい

る．これが (8-2) において a_n ($n=1,2,\cdots$) を 0 に収束させた理由である．
しかし，「0 に収束する一般の数列」にこのような呼応関係の成立を要求する
必要があるだろうか．例えば，

$$a_n = \frac{1}{\sqrt{n}}, \quad n=1,2,\cdots$$

の場合には，$1/n < 1/\sqrt{n}$ ($n=2,3,\cdots$) であるので，(8-2) 式は成立しない．
しかし，数列自体は 0 に収束すると思われる．実際，n の関数 $n_0(n) = n^2$ を用
いると，

$$m > n_0(n) \text{ を満たす任意の } m \text{ について } -\frac{1}{n} \leq \frac{1}{\sqrt{m}} \leq \frac{1}{n}$$

が成立する．この場合も，n が無限に大きくなれば，両端の $-1/n$ と $1/n$ が 0
に収束するので，$a_n = 1/\sqrt{n}$ ($n=2,3,\cdots$) は 0 に収束することがわかる．

以上の考え方を用いて，「数列の収束」をさらに一段階深い内容に書き換え
ることができる．ある列 a_n ($n=1,2,\cdots$) において，

　　任意の自然数 n について次が満たされる．
　　自然数 n に応じて番号 n_0 が存在して，　　　　　　　　　　　　　　(8-3)
　　$m > n_0$ ならば $-1/n \leq a_m \leq 1/n$ となる．

を満たすとする．ここで，n_0 は n が変わればそれに依存して選ばれる番号で
ある．(8-3) 式が成立するなら，n を大きくすると，両端の $-1/n, 1/n$ が 0
に近づくので，同様に数列 a_n ($n=1,2,\cdots$) は 0 に収束する．

数列のある値への収束　(8-3) 式より，実数列 a_n ($n=1,2,\cdots$) について，

　　任意の自然数 n について以下が成立する．
　　自然数 n に応じて番号 n_0 が存在して，　　　　　　　　　　　　　　(8-4)
　　$m > n_0$ ならば $-1/n \leq a_m - a \leq 1/n$ となる．

であれば，この数列は a に収束する．逆に，

　　(8-4) 式が実数列 a_n ($n=1,2,\cdots$) が a に収束することの定義である

と考えてよいのである．

(8-4) 式の a_m に関する不等式は $|a_m - a| < 1/n$ と等号をはずして表現して
も本質は変わらない．多くの数学の本において，数列 a_n ($n=1,2,\cdots$) がある

数 a に収束することは，次のように定義される．

収束の一般的な定義 任意の正の数 ε に対して，ある番号（自然数）n_0 が存在して，$n > n_0$ を満たす任意の n について，
$$|a_n - a| < \varepsilon$$
が成り立つとき，数列 $a_n\,(n=1,2,\cdots)$ は a に収束する．

この定義は，洗練されているが，多少とも複雑である．しかし，そのエッセンスは，(8-3) 式と (8-4) 式およびそれ以前の説明（特に事実1）を読み直すと把握できよう．次の内容は明らかであろう．

いつも同じ値 a を取る数列 $a_n\,(n=1,2,\cdots)$ **は a に収束する．**

アルキメデスの原理は，通常は次のように書かれる．

ε と a が与えられた正数ならば，（ε がいかに小さく，a がいかに大きくても）$\varepsilon n > a$ となるような自然数 n が必ず存在する．

この表現が160頁で示したアルキメデスの原理と同値であることは自明である．

次に収束に関する次の性質を証明なしで紹介しておこう．

定理8.1 3種類の数列，$a_n, b_n, c_n\,(n=1,2,\cdots)$ がそれぞれ実数，a, b, c に収束するとする．このとき，

(ⅰ) 数列 $a_n + b_n\,(n=1,2,\cdots)$ は $a+b$ に収束する．

(ⅱ) 数列 $a_n \times b_n\,(n=1,2,\cdots)$ は $a \times b$ に収束する．

(ⅲ) r を実数とするとき，数列 $ra_n\,(n=1,2,\cdots)$ は ra に収束する．

(ⅳ) $b_n \neq 0\,(n=1,2,\cdots)$ かつ $b \neq 0$ であれば，数列 $a_n/b_n\,(n=1,2,\cdots)$ は a/b に収束する．

(ⅴ) $b=c$ かつ $b_n \leqq a_n \leqq c_n\,(n=1,2,\cdots)$ であれば，$a=b$ である．

(ⅰ), (ⅱ) の解説は必要ないだろう．(ⅲ) は (ⅱ) の一部である．(ⅳ) において重要なことは，分母に入っている数列 $b_n\,(n=1,2,\cdots)$ は決して 0 ではなく，0 にも収束しないことである．(ⅴ) の解説は次のようである．まず，数列 $b_n - b,\ c_n - b\,(n=1,2,\cdots)$ は 0 に収束する．(8-4) 式より，各自然数 n に対して，ある番号 n_0, n_0' があり $m \geqq n_0$ かつ $m \geqq n_0'$ ならば，$-1/n$

$< b_m - b, c_m - b < 1/n$ となるので,

$$-\frac{1}{n} < b_m - b \leq a_m - b \leq c_m - b < \frac{1}{n}$$

が得られる.これより,(v)が成立することがわかる.

数列 $a_n (n=1, 2, \cdots)$ がある数 a に収束するとき,

$$\lim_{n \to \infty} a_n = a, \quad a_n \to a \ (n \to \infty \ のとき),$$

あるいは

$n \to \infty$ のとき $a_n \to a$

と書き,a を数列 $a_n (n=1, 2, \cdots)$ の**極限**とよぶ.上の式中の ∞ は「無限大」を表す記号で,「$n \to \infty$」は「n が無限に大きくなること」を表している.「$a_n \to a \ (n \to \infty \ のとき)$」は「$n$ が大きくなるにつれて,a_n が a に近づくこと」を表現している.

第2章2.2節の微分の公式は定理8.1を暗黙裡に用いていたのである.

少し上級の議論 いま数列 $a_n (n=1, 2, \cdots)$ において,

$$a_1 \geq a_2 \geq \cdots \geq a_n \geq \cdots$$

ならば,この数列は**単調非増加**であるという.「数列が**単調非減少**であること」は逆向きの不等式で同様に定義される.また,ある実数 r について

$$a_n \geq r, \quad n=1, 2, \cdots$$

であれば,この数列を**下に有界**であるという.「数列が**上に有界**であること」も逆向きの不等式で同様に定義される.

さて,$a_n (n=1, 2, \cdots)$ を下に有界で単調非増加な数列とし,次の実数の集合を定義する.

$$B = \{r \in \mathbb{R} \mid a_n \geq r, \ n=1, 2, \cdots\}$$

集合 B は数列 $a_n (n=1, 2, \cdots)$ のどの項よりも大きくない実数の集まりである.さらに,$A = \{r \in \mathbb{R} \mid r \notin B\}$ とする.次の性質は明らかである.

(i) $A \cup B = \mathbb{R}, \quad A \cap B = \phi, \quad A \neq \phi$ かつ $B \neq \phi$
(ii) $[r \in A \ かつ \ r' \in B]$ ならば $r > r'$
(iii) $[r \in A \ かつ \ r' > r]$ ならば $r' \in A$

(iv) $[r\in B$ かつ $r>r']$ ならば $r'\in B$

つまり，A, B は2つで実数全体を覆う区間で，共通部分がなく，A のほうが B の上方にあるということである．ということは，

A に最小値がある，あるいは，B に最大値がある

のいずれか一方が成立する．直観的には，A の最小値あるいは B の最大値は集合 A, B の境界点である．

A の最小値あるいは B の最大値を a とする．いま，自然数 n を任意に選び，実数 $a+1/n$ に着目する．a が A の最小値である場合には，$a+1/n$ は A の最小値ではないから，ある番号 $\bar{n}$ があって，$a+1/n > a_{\bar{n}}$ である．よって，$m \geq \bar{n}$ なら，$a+1/n > a_{\bar{n}} \geq a_m (\geq a > a-1/n)$ である．一方，a が B の最大値であれば，$a+1/n$ は B に含まれないので，A の要素である．A に最小値がないので，ある番号 n^* があって，$a+1/n > a_{n^*}$ である．したがって，$m \geq n^*$ ならば，$a+1/n > a_{n^*} \geq a_m (\geq a > a-1/n)$ となる．

以上の推論をまとめてみよう．任意の自然数 n に対して $\bar{n}$ と n^* のどちらか適切なほうを n_0 とすると，

$$m \geq n_0 \quad \text{ならば} \quad a+\frac{1}{n} > a_m > a-\frac{1}{n}$$

が成立することになる．以上によって，(8-4) 式を参照すれば，

下に有界で単調非増加な数列は収束する

ことが判明した．

次に，数列 $a_n (n=1, 2, \cdots)$ を単調非減少，かつ，上に有界とする．数列 $-a_n (n=1, 2, \cdots)$ は単調減少かつ下に有界となるので，ある実数 $-b$ に収束することは既に得られている．定理8.1の (iii) を用いて，$-a_n \times (-1)$ $(n=1, 2, \cdots)$ を考えれば，この数列は $(-b) \times (-1) = b$ に収束する．したがって，

上に有界な単調非減少の数列は収束する

も成立する．

関数の連続性 数列の収束が定義されると，関数の連続性を明瞭なものにできる．いま，実数値関数 f が実数の集合 $\mathbb{R}$ 上で定義されているとする．

関数 f が $\bar{x}$ において**連続** (continuous) であるとは，$\bar{x}$ に収束する**任意の数列** $x_n\,(n=1,2,\cdots)$ について，これによって作られる数列 $f(x_n)\,(n=1,2,\cdots)$ が $f(\bar{x})$ に収束することである．

さらに，定義域のどの点においても連続である関数を「連続」であるという．

図8.2を見てみよう．図には，途切れがある．直観的にも明らかに $\bar{x}$ において不連続な関数が図示されている．この図で特徴的なことは，$\bar{x}$ に右から近づくような数列，例えば，

$$x_n = \bar{x} + \frac{1}{n}, \quad n=1,2,\cdots$$

をとってみると，これによる数列 $f(x_n)\,(n=1,2,\cdots)$ は b に近づき，$b \neq f(\bar{x})$ となっている．これが不連続性の特徴である．上の連続関数の定義は，このような途切れが発生しないことを連続性の定義としている．

ここで重要なことは，例えば図8.2におけるように，ある数列，例えば左から $\bar{x}$ に収束する数列 $x_n = \bar{x} - 1/n\,(n=1,2,\cdots)$ によって得られる関数列 $f(x_n)\,(n=1,2,\cdots)$ については「$n\to\infty$ のとき $f(x_n)\to f(\bar{x})$」が成立しているという点である．つまり，定義において，$\bar{x}$ に収束する<u>任意の数列</u> $x_n\,(n=1,2,\cdots)$ について $f(x_n)\,(n=1,2,\cdots)$ の $f(\bar{x})$ への収束性を要求していることが重要なのである．

この連続性の定義を用いると，すぐさまいくつかの連続関数を示すことができる．例えば，

$$f(x)=x$$

という関数が連続であることは自明である．また，a を実定数，n を自然数とすると，定理8.1の（ii），（iii）を用いると，

$$f(x)=ax, \quad f(x)=x^n$$

は連続関数となる．これらと定理8.1の（i）を何回か用いて，$a_0,\cdots,a_n$ を実定数とすれば，

$$f(x)=a_0 x^n + a_1 x^{n-1} + \cdots + a_n$$

は連続関数となる．

図8.2　不連続な関数

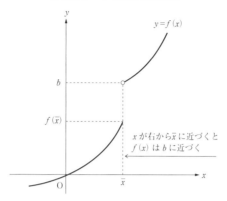

また，微分可能な関数が連続であることは，微分の定義から明らかとなる．逆に，連続な関数が必ずしも微分可能ではないことも明らかであろう．

8.2　テイラーの定理

この節の目標は，テイラー展開定理を紹介することである．そのために，次の事実から出発する．

定理8.2（平均値定理）　関数 $f(x)$ を実数の閉区間 $[a, b]$ $(a<b)$ で定義される実数値連続関数で開区間 $]a, b[$ で微分可能とする．このとき等式

$$f'(c) = \frac{f(b)-f(a)}{b-a}, \quad a<c<b$$

を成立させる実数 c が存在する．

この定理を，図8.3を用いて解説しよう．図の曲線が $y=f(x)$ のグラフである．点 A, B は曲線上の点 $(a, f(a)), (b, f(b))$ である．いま，線分 AB に平行な直線を描き，特に，曲線と接する直線 ℓ を探してみる．ℓ とグラフとの接点を C とする．C の x 座標を c とする．もし，$y=f(x)$ のグラフが線分 AB の下方に出ている部分があれば，$a<c<b$ である．また，AB の上方に出ている

図8.3 平均値定理

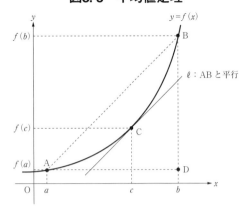

場合も，$a<c<b$ である．最後にグラフが線分 AB と一致すれば，AB 自身が接線と重なり，C の位置は AB 上にあればどこでもよい．図の点 $C(c, f(c))$ における接線が ℓ である．こうして，

$$f'(c) = 線分のABの傾き = \frac{f(b)-f(a)}{b-a}, \quad a<c<b$$

が成立する．これは平均値定理である． □

次に，平均値定理における「b を $a+h$ に置き換える」と，$a<c<b$ であるから，ある θ ($0<\theta<1$)（シータと読む，ギリシャ文字）が存在して，

$$c = a + \theta h, \quad つまり \quad \theta = (c-a)/(b-a)$$

である．すると，平均値定理は $f(b) = f(a) + (b-a)f'(c)$ と書き変えられるので，最終的に

$$f(a+h) = f(a) + h f'(a+\theta h) \tag{8-5}$$

と変形できる．

(8-5) 式は，$f(a+h)$ が微分によって，$f(a)$ と $hf'(\cdot)$ に展開されることを示している．そうすると，f が高次微分可能なら，もっと展開できるだろうと予想できる．実際，f が 2 回微分可能であれば，任意の a, h に対して，ある数 θ が存在して，

$$f(a+h) = f(a) + \frac{h}{1!}f'(a) + \frac{h^2}{2!}f''(a+\theta h) \tag{8-6}$$

が成立する．これが発展形である．これを**テイラー展開**という．ここで，$1!=1, 2!=2\times 1$ である．

テイラー展開 (8-6) の解説　テイラー展開の解説をしておこう．$f(x)$ を 2 回微分可能な関数とする．いま，t を変数とする関数

$$F(t) = f(a+h) - \left\{ f(t) + \frac{a+h-t}{1!}f'(t) + \frac{(a+h-t)^2}{2!}A \right\}$$

を定義する．ここで，

$$A = \frac{2!}{h^2}\left\{ f(a+h) - \left[f(a) + \frac{h}{1!}f'(a) \right] \right\}$$

としておく．(8-5) より，ある $\theta\,(0<\theta<1)$ が存在して，

$$F(a+h) = F(a) + hF'(a+\theta h)$$

となる．このとき，

$$\begin{aligned}F(a) &= f(a+h) - f(a) - hf'(a) \\ &\quad - \frac{h^2}{2!}\frac{2!}{h^2}\left\{ f(a+h) - \left[f(a) + \frac{h}{1!}f'(a) \right] \right\} \\ &= 0\end{aligned}$$

$$F(a+h) = f(a+h) - f(a+h) = 0$$

が成立している．実は，$F(a)=0$ となるように，上で A を定義していたのである．したがって，

$$hF'(a+\theta h) = 0$$

である．$h\neq 0$ としておけば，$F'(a+\theta h)=0$ が成立する．次に，

$$\begin{aligned}F'(t) &= -f'(t) - (-f'(t) + (a+h-t)f''(t)) + (a+h-t)A \\ &= (a+h-t)(A - f''(t))\end{aligned}$$

であることから，

$$\begin{aligned}0 &= F'(a+\theta h) \\ &= h(1-\theta)\left(\frac{2!}{h^2}\left\{ f(a+h) - \left[f(a) + \frac{h}{1!}f'(a) \right] \right\} - f''(a+\theta h) \right)\end{aligned}$$

となる．したがって，大きな括弧（ ）の中は0となる．つまり，

$$f(a+h) = f(a) + \frac{h}{1!}f'(a) + \frac{h^2}{2!}f''(a+\theta h)$$

が得られる．$h=0$ のときには，(8-6) 式の成立は自明である．

関数 f が n 回微分可能なら，(8-6) の展開をより深くすることができる．すなわち，任意の実数 a, h に対してある $\theta (0<\theta<1)$ が存在して，

$$f(a+h) = f(a) + \frac{h}{1!}f'(a) + \cdots + \frac{h^n}{n!}f^{(n)}(a+\theta h) \tag{8-7}$$

を満たす．ここで，$f^{(n)}$ は f の n 次導関数であり，$n!$ は「n の階乗」と読み

$$n! = n \times (n-1) \times \cdots \times 1$$

で定義される．ただし，$0!=1$ と約束する．通常，(8-7) を**テイラー展開定理**という．

(8-7) の面白さは，値 $f(a+h)$ が微分を用いると，$f^{(k)}(a)$ と $h^k/k!$ の積の k に関する和に分解でき，最後の項を除けば，h に関する多項式になっていることである．さらに，関数 f が無限回微分可能であれば，

$$f(a+h) = f(a) + \frac{h}{1!}f'(a) + \cdots + \frac{h^n}{n!}f^{(n)}(a) + \cdots \tag{8-8}$$

と展開できることになる．関数 $f(x)$ が多項式であれば，無限回微分可能で，しかも何回か微分を施すと0になる．そのような場合には，上式の右辺は有限個の和で終わり，展開は完結する．特に $a=0$，$h=x$ としたときの (8-8) 式を**マクローリン展開**とよぶ．

導関数の連続性　関数 $f(x)$ が微分可能であるとき「導関数 $f'(x)$ は連続であるか」という問題がある．実は，この問題への解答は否定的である．第2章のコラム2-1で学んだように<u>否定の成立を示す場合には，1つの例外を提示するだけでよい</u>．次の関数がその例である．

$$f(x) = \begin{cases} x^2 \sin \dfrac{1}{x}, & x \neq 0 \text{ のとき} \\ 0, & x = 0 \text{ のとき}. \end{cases} \tag{8-9}$$

上で定義された関数が，$x \neq 0$ のときに微分可能であることは合成関数の微分

からわかる．$x=0$ における微分可能性だけが問題である．ここで，

$$\frac{f(0+h)-f(0)}{h}=\frac{h^2\sin\frac{1}{h}}{h}=h\sin\frac{1}{h}$$

である．$h\neq 0$ なら $-1\leq \sin 1/h \leq 1$ であるから，h を 0 に近づけると，その近づき方に依存せず，上式の最右辺は 0 に近づく．したがって，$f(x)$ は $x=0$ においても微分可能であり，$f'(0)=0$ である．したがって，導関数は，

$$f'(x)=\begin{cases} 2x\sin\dfrac{1}{x}-\cos\dfrac{1}{x}, & x\neq 0 \text{のとき} \\ 0, & x=0 \text{のとき．} \end{cases}$$

となる．導関数 f' において，$x\neq 0$ のまま $x\to 0$ とすると，$f'(x)$ の極限は -1 から 1 まで様々な値の可能性がある．たとえば，$x_n=1/(2n\pi)$ $(n=1,2,\cdots)$ のようにして，x_n を 0 に近づけると，$\cos(1/x_n)=\cos 2n\pi=1$ かつ，$\sin(1/x_n)=\sin 2n\pi=0$ であるから，$f'(x_n)$ は -1 に近づく．一方，$x_n=1/((2n+1)\pi)$ $(n=1,2,\cdots)$ のような近づけ方をすれば，$f'(x_n)$ は 1 に近づく．つまり，

　　上で定義された関数 (8-9) は微分可能ではあるが，

　　その導関数は $x=0$ において連続ではない

という例が得られたことになる．

8.3　微分法の応用

　以上で，収束の概念が明らかになった．これを利用して，これまで第 2 章で見てきた微分可能性をいま一度説明しよう．さらに，微分法の応用であるロピタルの定理を紹介する．

微分可能性　いま，実数を定義域とする実数値関数 $f(x)$ を $\bar{x}$ において微分可能とする．第 2 章で紹介した微分を復習すると，(2-1) 式にあるように，微分 $f'(\bar{x})$ は

$$f'(\bar{x})=\lim_{h\to 0}\frac{f(\bar{x}+h)-f(\bar{x})}{h}$$

と定義された．しかも，定義2.1では，上に加えて，
（ⅰ）h は 0 でなく 0 に近づいていくとき，
（ⅱ）その近づき方に依存せず（どのような近づき方であっても），平均変化率 $(f(\bar{x}+h)-f(\bar{x}))/h$ がある同一の値 $f'(\bar{x})$ に近づいていくとき，

微分可能であるとされていた．この（ⅰ）と（ⅱ）は次のような意味である．すなわち，

（ⅰ′）0 に収束する数列 $h_n(n=1,2,\cdots)$ を任意に選んで，
（ⅱ′）それによって作られる数列，

$$\frac{f(\bar{x}+h_n)-f(\bar{x})}{h_n}, \quad n=1,2,\cdots$$

が $f'(\bar{x})$ に近づく．しかも，収束先 $f'(\bar{x})$ は数列 $h_n(n=1,2,\cdots)$ の選び方によらず同一の値である．

ということである．また，今ひとつの定義，(2-29)式には，

関数 $f(x)$ が $\bar{x}$ において微分可能であれば，ある数 a そして，ある関数 $o(\bar{x},h)$ が存在して，

$$\begin{cases} f(\bar{x}+h)=f(\bar{x})+ah+o(\bar{x},h) \\ h\to 0 \text{ ならば } o(\bar{x},h)/|h|\to 0 \end{cases}$$

が成立する

と書かれている．この場合においても，$h\to 0$ は「0 に収束する任意の数列」を意味し，さらに，どの数列 $h_n(n=1,2,\cdots)$ を選んでも，それからできる数列 $o(\bar{x},h_n)/|h_n|$ $(n=1,2,\cdots)$ が 0 に収束することを要求しているのである．

ロピタルの定理　まず，次のコーシーの平均値定理を見ておく．

定理8.3（コーシーの平均値定理）　実数値関数 $f(x),g(x)$ が実数の開区間 $]a,b[$ $(a<b)$ において微分可能で，閉区間 $[a,b]$ で連続であるとする．$f(a)\neq f(b)$ かつ開区間 $]a,b[$ に含まれる x において $f'(x)$ と $g'(x)$ が同時に 0 にならないとすれば，ある c $(a<c<b)$ が存在して，

$$\frac{g(b)-g(a)}{f(b)-f(a)}=\frac{g'(c)}{f'(c)}$$

を成立させる．(定理8.2の平均値定理は $f(x)=x$ の場合である)

実数の区間 $]a,b[$ $(a<b)$ において微分可能で，$[a,b]$ で連続なもう1つの関数 $h(x)$ を選んでおく．次の関数，

$$z(x)=\det\begin{pmatrix} f(x) & g(x) & h(x) \\ f(a) & g(a) & h(a) \\ f(b) & g(b) & h(b) \end{pmatrix}$$

を定義する (第5章問題5.5を参照せよ)．$z(x)$ は開区間 $]a,b[$ において微分可能で，$[a,b]$ で連続である．しかも，

$$z(a)=z(b)=0$$

となる．2つの行が同一の行列の行列式は 0 になるからである．すると，平均値定理によって，ある c $(a<c<b)$ が存在して，

$$z'(c)=0$$

となる．ここで，$z(x)$ の定義の右辺に注目して，行列式を第1行で余因子展開する．それに微分作業を施して，ふたたび行列式に戻せば，

$$z'(x)=\det\begin{pmatrix} f'(x) & g'(x) & h'(x) \\ f(a) & g(a) & h(a) \\ f(b) & g(b) & h(b) \end{pmatrix}$$

が得られる．ここで，$h(x)=1$ という関数を想定すれば，

$$0=z'(c)=\det\begin{pmatrix} f'(c) & g'(c) & 0 \\ f(a) & g(a) & 1 \\ f(b) & g(b) & 1 \end{pmatrix}$$

$$=g'(c)(f(b)-f(a))+f'(c)(g(a)-g(b))$$

となる．$f'(c)=0$ とすれば，$f(a)\neq f(b)$ なので，$g'(c)=0$ となる．これは $f'(x)$ と $g'(x)$ が同時に 0 にならないとした仮定に反するので，$f'(c)\neq 0$ である．したがって，

$$\frac{g(b)-g(a)}{f(b)-f(a)}=\frac{g'(c)}{f'(c)}, \quad a<c<b$$

が得られる．(定理8.2の平均値定理は $f(x)=x$ の場合である) □

実数値関数 $f(x), g(x)$ を実数の区間 $]a,b[$ において微分可能で，$[a,b]$ で連

続であるとする．しかも，
$$f(a)=g(b)=0, \quad a<x<b \text{ ならば } f(x)\neq 0$$
が成立しているとしよう．このとき，$\lim_{x\to a} g'(x)/f'(x)$ が存在すると仮定する．このように仮定するときには，a に近い任意の x について $f'(x)\neq 0$ が仮定されている．コーシーの平均値定理を用いて，
$$\frac{g(x)}{f(x)}=\frac{g(x)-g(a)}{f(x)-f(a)}=\frac{g'(c)}{f'(c)}, \quad a<c<x$$
である．c は x に依存して決まり，x よりも a に近いので，x が 0 に近づけば c も 0 に近づく．したがって，
$$\lim_{x\to a}\frac{g(x)}{f(x)}=\lim_{c\to a}\frac{g'(c)}{f'(c)}=\lim_{x\to a}\frac{g'(x)}{f'(x)}$$
が成立する．右辺の極限値が存在するから，左辺の極限値も存在する．以上を定理にまとめると，次のようになる．

定理8.4（ロピタルの定理（L'Hôpital's rule））　実数値関数 $f(x), g(x)$ を実数の区間 $]a,b[$ $(a<b)$ において微分可能で，$[a,b]$ で連続であるとする．さらに，
$$f(a)=g(a)=0, \quad a<x<b \text{ ならば } f(x)\neq 0$$
であるとする．このとき，$\lim_{x\to a} g'(x)/f'(x)$ が存在すれば，
$$\lim_{x\to a}\frac{g(x)}{f(x)}=\lim_{x\to a}\frac{g'(x)}{f'(x)}$$
が成立する．

この定理によれば，例えば，$f(x)=(\sin x)/x$ のように，$x=0$ での値を確定できないような関数でも，
$$\lim_{x\to 0}\frac{\sin x}{x}=\lim_{x\to 0}\frac{\cos x}{1}=1$$
であるから，極限の存在を示すことができる．

ロピタルの定理は $f(a)=g(a)=0$ となり，極限において 0/0 の形となり，極限を確定できないと感じられる場合（不定形とよぶ）でも $\lim_{x\to a} g(x)/f(x)$ が存在することを示している．　　　　　　　　　　　　　　　□

8.3 微分法の応用　175

次に，∞/∞ の形となるケースに，極限が存在する場合があるかを考えてみよう．つまり，実数値関数 $f(x), g(x)$ を実数の区間 $]a, \infty[$ において微分可能で，$[a, \infty[$ で連続であるとする．このとき，

$$\lim_{x \to \infty} f(x) = \lim_{x \to \infty} g(x) = \infty$$

であるとする．このとき，

$$\lim_{x \to \infty} \frac{g'(x)}{f'(x)} \text{ が存在すれば } \lim_{x \to \infty} \frac{g(x)}{f(x)} = \lim_{x \to \infty} \frac{g'(x)}{f'(x)}$$

が成立する．これもロピタルの定理と呼ばれる．これも0/0形のものと同様な解説が可能であるが，前のようには必ずしも簡単ではない．ここでは，解説抜きですますことにしよう．

級数　数列 $a_n (n = 1, 2, \cdots)$ があるとき，その総和

$$a_1 + a_2 + \cdots + a_n + \cdots$$

を**無限級数**（infinite series）とよび，

$$\sum_{n=1}^{\infty} a_n$$

と表す．級数がある実数値になる（収束する）であろうか．それは，新たな数列

$$s_m = a_1 + a_2 + \cdots + a_m, \quad m = 1, 2, \cdots$$

を作り，

$$\sum_{n=1}^{\infty} a_n = \lim_{m \to \infty} s_m$$

を考えればよい．

例えば，マクロ経済学では，c を $0 < c < 1$ を満たす限界消費性向として，

$$1 + c + c^2 + \cdots + c^{n-1} + \cdots$$

という級数がよく用いられる．これは，$s_n = 1 + c + c^2 + \cdots + c^{n-1}$ とすれば，$c \times s_n = c + c^2 + \cdots + c^n$ であるから，引き算を行って，

$$(1-c)s_n = 1 - c^n \quad \text{だから} \quad s_n = \frac{1-c^n}{1-c}$$

コラム 8-1　なくならないどら焼き

　1つの大きなどら焼きがあるとする．とても美味しいのだが，食べるとすぐになくなってしまう．小さな子供たちにはこれは不満らしい．そこで，無限に楽しんでもらえる食べ方を紹介する．

ステップ1　まず，半分を心置きなく食べてもらう．
ステップ2　残りの半分の半分も心置きなく食べてもらう．
⋮
ステップn　残っている$1/2^{n-1}$の半分を食べてもらう．
⋮

これはお話としては無限に続けることができる．もっとも，子供たちに満足してもらえるかはわからないが⋯．以上を，式で表せば，

$$1 = \frac{1}{2} + \frac{1}{2^2} + \cdots + \frac{1}{2^n} + \cdots$$

となる．この等号は，半分（1/2）だから成立することではない．例えば，3分の1ずつ食べていけば，

$$\underset{\text{1回目に食べる量}}{\frac{1}{3}} + \underset{\text{2回目に食べる量}}{\left(1-\frac{1}{3}\right)\times\frac{1}{3}} = \frac{5}{9} > \frac{1}{2}$$

であるから，2回食べると，残りはもとの半分以下になる．すると，4回食べるともとの4分の1以下になり，半分ずつ食べるのと同じように，最終的にはなくなってしまう．

　この論法を進めて，$1/2,\ldots,1/(m-1)$ずつ食べる場合にも，残りは無限に小さくなるとする．次に$1/m$ずつ食べる場合を考えよう．$1/m+(1-1/m)(1/m)>1/(m-1)$だから，2回で$1/(m-1)$以上を食べる．つまり，2回分で$1/(m-1)$の場合の1回分より多くを食べる事になる．したがって，これまでと同様に，いつまでも食べ続けることはできるが，どら焼きは無限に小さくなる．

となる．さらに，$0<c<1$ より，$c=1/(1+h)$，$h>0$ となる h がある（つまり $h=-1+1/c$）．そして，不等式

$$(1+h)^n \geq 1+nh \quad \text{だから} \quad c^n \leq \frac{1}{1+nh}$$

が得られる．$n\to\infty$ のとき $1/(1+nh)\to 0$ であるから，

$$\lim_{n\to\infty} c^n = 0$$

となる．このようにして，

$$1+c+c^2+\cdots+c^{n-1}+\cdots = \lim_{n\to\infty}\frac{1-c^n}{1-c} = \frac{1}{1-c}$$

が得られる．

テイラー級数　テイラー展開 (8-8) 式の意味を考えておこう．(8-8) 式の右辺は，級数(きゅうすう)になっている．特に，テイラー展開で得られる級数を**テイラー級数**と呼ぶ．第2章で学んだ自然対数の底 e を用いた指数関数 $f(x)=e^x$ を取り上げよう．この関数が，無限回微分可能であることもすでに知られている．そこで，マクローリン展開を用いて，

$$\begin{aligned}e^x = e^{0+x} &= e^0 + \frac{x}{1!}e^0 + \cdots + \frac{x^n}{n!}e^0 + \cdots \\ &= 1 + \frac{x}{1!} + \cdots + \frac{x^n}{n!} + \cdots\end{aligned} \quad (8\text{-}10)$$

となる．ここでは，(8-8) 式における a を 0，h を x としていることに注意が必要である．定数を変数としているように見えるかも知れない．しかし，任意の正の数 h に対して，(8-8) を e^{0+h} について適用できるので，h を変数 x で置き換えて表現することが可能である．

自然対数の底 e は，ほぼ2.71828の値を取る有限値である．したがって，x が与えられると，(8-10) 式の左辺は有限値である．つまり，右辺は無数の項の和（無限和）となっているが，有限値になることがわかる．さらに，$x=1$ として右辺を適当な項まで加えれば，自然対数の底 e の近似値が得られる．ためしに，右辺を第5項まで計算すると，

$$1 + \frac{1}{1!} + \frac{1^2}{2!} + \frac{1^3}{3!} + \frac{1^4}{4!} = 2.708$$

となり，精度の高い e の近似値になっている．

また，$f(x) = \sin x$ とすれば，第2章の結果から，これは無限回微分可能である．したがって，$\sin x$ は

$$\sin x = \sin(0+x) = \sin 0 + \frac{x}{1!}\cos 0 - \frac{x^2}{2!}\sin 0 - \frac{x^3}{3!}\cos 0 + \cdots$$
$$= \frac{x}{1!} - \frac{x^3}{3!} + \cdots + (-1)^n \frac{x^{2n+1}}{(2n+1)!} + \cdots \quad (8\text{-}11)$$

と展開される．同様にして，関数 $\cos x$ についても，

$$\cos x = \cos(0+x) = \cos 0 - \frac{x}{1!}\sin 0 - \frac{x^2}{2!}\cos 0 + \frac{x^3}{3!}\sin 0 + \cdots$$
$$= 1 - \frac{x^2}{2!} + \frac{x^4}{4!} - \cdots + (-1)^n \frac{x^{2n}}{(2n)!} + \cdots \quad (8\text{-}12)$$

と展開される．$\sin x, \cos x$ が x のべき乗の和に展開できるという以上の結果は，重要な意味を持っている．つまり，第1章で紹介された三角関数は，円の弧の長さで角度を測り，図形に依存する形で定義された．そのため，例えば $f(x) = x^2$ のように「はっきりとした数式」で定義されなかったのである．一方，ここで得られている (8-11), (8-12) 式は無限の項の和になっている．解析学では，(8-11), (8-12) 式によって関数 $\sin, \cos$ の定義とすることが多い．

(8-10) 式の興味深い応用例を紹介しておこう．それは複素数の演算である．虚数 i $(i^2 = -1)$ が発見されて，その演算をどう定義するかは解決すべき問題であった．そのなかでもべき乗に複素数が入る数をどう定義するべきかが問題であった．つまり，a, x, y を実数とするとき，

$$a^{y+xi}$$

をどのように定義するかである．いま，簡単のために $a > 0$ としておく．虚数を含む演算は通常のべき乗の演算の自然な拡張となることが望ましいので，

$$a^{y+xi} = a^y \times a^{xi}$$

と考えればよい（指数法則）．a^y は従来から知られているものである．問題は a^{xi} の部分ある．ここで，$a = e^{\log a}$ から，$a^{xi} = e^{(\log a)xi}$ であるので，e^{xi} の形の数が定義できれば，目的にかなうことになる．そこで，(8-10) 式の登場とな

コラム 8-2　級数の演算順序の変更は「ビミョー？」

　オイラーの公式 (8-13) を導くときに，e^{ix} からできる級数の演算順序を変えていることに，「これはイイの？」と感じた方がいるだろう．大変スジがよい，よいセンスを持っていると褒めるべきだろう．これらは，実数部分からなる級数と虚数部分のそれにそれぞれ値が存在するので，演算順序を変更することができたのである．

　一方，次の級数
$$1+(-2)+3+(-4)+\cdots+(-1)^{n-1}n+\cdots$$
を取り上げてみよう．奇数はプラスに，偶数はマイナスの符号が付けられた級数である．合計を s とし，「級数の演算の順序を変えて」書き換えると，
$$\begin{aligned}s&=(1+3+\cdots+(2n+1)+\cdots)-(2+\cdots+2n+\cdots)\\&=(1+3+\cdots+(2n+1)+\cdots)-2(1+\cdots+n+\cdots)\\&=-(1+3+\cdots+(2n+1)+\cdots)-2(2+\cdots+2n+\cdots)\end{aligned}$$
となり $s=-\infty$ となるようにみえる．ところが次の変形
$$\begin{aligned}s&=(1+(2+1)+\cdots+(2n+1)+\cdots)-(2+\cdots+2n+\cdots)\\&=(1+1+\cdots)+(2+4+\cdots+2n+\cdots)-(2+\cdots+2n+\cdots)\\&=1+1+\cdots\end{aligned}$$
を見ると，$s=\infty$ のようでもある．

　このような異常事態が発生したのは，自然数の奇数の和や自然数の偶数の和があるものとして，級数の演算の順序を変えたためである．

　有限個の和であれば，演算の順序を変えることには問題は発生しない．しかし，無限個の和を考察するとき，演算の順序を変えることには慎重になる必要がある．

　格言：無限級数で演算順序を変えることは微妙である．

る．つまり，

$$e^{xi} = 1 + \frac{xi}{1!} + \frac{(xi)^2}{2!} + \frac{(xi)^3}{3!} + \cdots$$
$$= 1 + \frac{x}{1!}i - \frac{x^2}{2!} - \frac{x^3}{3!}i + \frac{x^4}{4!} + \cdots$$

と定義すればよいのである．この右辺で，虚数がついていない項と虚数 i がついている項を取り出すと，(8-12) と (8-11) によって，

$$1 - \frac{x^2}{2!} + \frac{x^4}{4!} + \cdots = \cos x$$
$$\frac{x}{1!}i - \frac{x^3}{3!}i + \frac{x^5}{5!} - \cdots = i\sin x$$

であることがわかる．つまり，

$$e^{xi} = \cos x + i \sin x \tag{8-13}$$

となる．これを**オイラーの公式**（Euler's formula）という．特に，$x = \pi$ とおくと，$e^{\pi i} = -1$ という円周率と虚数を関係づける一見不思議な等式が成り立つ．

練習問題

問題8.1

2つの正の有理数 a_1, b_1 を，$(a_1)^2 \leq 2 \leq (b_1)^2$ を満たすようにできる（例えば，$a_1=1, b_1=2$）．$n \geq 2$ について，次のように，a_n, b_n を決める．

$$\left(\frac{a_{n-1}+b_{n-1}}{2}\right)^2 \leq 2 \text{ ならば } a_n = \frac{a_{n-1}+b_{n-1}}{2}, b_n = b_{n-1}$$

$$\left(\frac{a_{n-1}+b_{n-1}}{2}\right)^2 > 2 \text{ ならば } a_n = a_{n-1}, b_n = \frac{a_{n-1}+b_{n-1}}{2}$$

このようにして，数列 a_n, b_n $(n=1, 2, \cdots)$ を作る．このとき，

(1) a_n $(n=1, 2, \cdots)$ は上に有界な単調増加の数列であることを確かめなさい．

(2) b_n $(n=1, 2, \cdots)$ は下に有界な単調減少の数列であることを確かめなさい．

(3) $b_n - a_n$ $(n=1, 2, \cdots)$ は0に収束することを確かめなさい．

(4) a_n $(n=1, 2, \cdots)$ は $\sqrt{2}$ に収束することを確かめなさい．

問題8.2

費用関数 $c = C(q)$ を連続で，微分可能であるとする．ただし，q, c はそれぞれ生産量と費用を表す．さらに，固定費用は0 ($C(0)=0$) とする．限界費用 $C'(q)$ について，

（ⅰ）任意の生産水準 $q > 0$ において，$C'(q) > 0$ であり，

（ⅱ）$\lim_{q \to 0} C'(q) = 0$ かつ $\lim_{q \to \infty} C'(q) = \infty$ が成立し，

（ⅲ）限界費用逓増，つまり，$C'(q)$ が増加関数である

とする．また財価格を p で正の一定値とする．このとき次の問に答えなさい．

(1) 費用曲線と直線 $y = pq$ の交点を原点 $(0, 0)$ と $(\bar{q}, \bar{c})$ であるとする．ただし，$\bar{q} > 0$ である．このとき，$C'(q) = p$ を満たす解 q^* $(0 < q^* < \bar{q})$ が存在することを論証しなさい．

(2) 前問の q^* が利潤 $pq - C(q)$ を最大化することを図によって示しなさい．

問題8.3

α を $0 < \alpha < 1$ を満たす定数，ρ を $\rho \geq -1$ を満たす定数とする．定義域を $\mathbb{R}_+^2$

（2次元の非負の領域）とする CES 関数
$$F(K,L) = (\alpha K^{-\rho} + (1-\alpha)L^{-\rho})^{-1/\rho}$$
は $\rho \to 0$ のとき，コブ・ダグラス型に近づき，$\rho \to \infty$ のとき，レオンチェフ型になることを示しなさい．

問題8.4

α, β を正の定数とする．関数 $u(x_1, x_2) = x_1^\alpha x_2^\beta$ を $\mathbb{R}_+^2$ で定義された効用関数とするとき，

(1) $u(x_1, x_2) = c$ となる無差別曲線を関数形で求めなさい（ただし c は定数）．

(2) 上で得られた関数に微分作業をして，限界代替率と一致することを確かめなさい．

問題8.5

利子率 r%の複利の預金があるとする．n 年で元利合計が 2 倍になるとき，r が十分小さいと，$r \times n \fallingdotseq 70$ となることを確かめなさい（70の法則と呼ばれる．ヒント：$\log 2 = 0.693$）．

問題8.6

n を自然数とし，a を正の定数とする．関数 $f(x) = x^n e^{-ax}$ について，

(1) $n=1$ のとき，$\lim_{x \to \infty} f(x) = 0$ が成立することを示しなさい（ヒント：$f(x) = x/e^{ax}$）．

(2) $n > 1$ のとき，$\lim_{x \to \infty} f(x) = 0$ が成立することを示しなさい．

第9章

解析学（2）

　本章では，経済学において最も利用頻度が高い3種類のテーマを紹介する．そのひとつは，9.1節で取り上げる2変数のテイラー展開定理である．その際に，微分の組（勾配ベクトル）の図形的な意味を説明する．いまひとつは9.2節の陰関数定理である．最後のものは9.3節で取り上げる微分方程式である．
前提とする知識：微分法（第2章，第8章），積分法（第4章），行列と行列式（第5章）

9.1 2変数関数の微分

この節では，2変数関数の微分を解説する．一般的な多変数関数の微分は2変数関数のそれと本質的な差はなく，同時に，2変数関数での表現はあまり複雑ではない．そこで取り扱う関数 f は2次元の平面 $\mathbb{R}^2$ を定義域とし，実数の集合 $\mathbb{R}$ を値域とする．このような関数 f を，定義域と値域を示して，

$$f: \mathbb{R}^2 \to \mathbb{R}$$

と書くのが通常である．矢印 → は関数 f が左の集合 $\mathbb{R}^2$ の点を右の集合 $\mathbb{R}$ に送る（移す）ことを表している．これまでに用いていた「近づく」という意味の記号「→」ではない．定義域の点と値域の値とを明示する場合には，

$$f: (x_1, x_2) \in \mathbb{R}^2 \mapsto y \in \mathbb{R}$$

と書く．これは第2章での説明の繰り返しである．

ただし，関数 f の定義域は $\mathbb{R}^2$ の部分集合でもよいが，表現の容易さのために，定義域を2次元平面の $\mathbb{R}^2$ としている．

定義9.1（2変数関数の微分可能性） 関数 f が<u>点 $(\bar{x}_1, \bar{x}_2)$</u> において<u>微分可能である</u>とは，ある数 a_1, a_2 と関数 $o(h_1, h_2)$ が存在して，次の2つの性質を満たすことである．

（Ⅰ）任意の数 h_1, h_2 に対して，

$$f(\bar{x}_1 + h_1, \bar{x}_2 + h_2) = f(\bar{x}_1, \bar{x}_2) + a_1 h_1 + a_2 h_2 + o(h_1, h_2)$$

が成立する．

（Ⅱ）(h_1, h_2) が原点 $(0, 0)$ に近づく，すなわち，それらの距離 $\|(h_1, h_2)\|$ が正値のまま 0 に近づくとき，

$$\frac{o(h_1, h_2)}{\|(h_1, h_2)\|} \to 0$$

が成立する．

ここで，$\|(h_1, h_2)\|$ はベクトル (h_1, h_2) のノルムである（ノルムについては，第5章5.1節を参照）．上の定義における a_1, a_2 を f の点 $(\bar{x}_1, \bar{x}_2)$ における**微分**

という．また，関数 $o(h_1, h_2)$ は $(\bar{x}_1, \bar{x}_2)$ にも依存しており，正確に表せば，$o(h_1, h_2, \bar{x}_1, \bar{x}_2)$ と書く必要があるが，明示せずに書いている．

いま，条件（Ⅰ）において，$h_1 \neq 0, h_2 = 0$ とすれば，

$$\frac{f(\bar{x}_1 + h_1, \bar{x}_2) - f(\bar{x}_1, \bar{x}_2)}{h_1} = a_1 + \frac{o(h_1, 0)}{h_1}$$

$$= a_1 + \frac{o(h_1, 0)}{\|(h_1, 0)\|} \frac{\|(h_1, 0)\|}{h_1}$$

である．$\|(h_1, 0)\|/h_1 = \pm 1$ であり，かつ，（Ⅱ）が成立することから，$h_1 \to 0$ とすれば，上式の右辺第2項は0に収束する．したがって，

$$\frac{\partial f}{\partial x_1}(\bar{x}_1, \bar{x}_2) = \lim_{h_1 \to 0} \frac{f(\bar{x}_1 + h_1, \bar{x}_2) - f(\bar{x}_1, \bar{x}_2)}{h_1} = a_1$$

であることがわかる．同様の関係

$$\frac{\partial f}{\partial x_2}(\bar{x}_1, \bar{x}_2) = \lim_{h_2 \to 0} \frac{f(\bar{x}_1, \bar{x}_2 + h_2) - f(\bar{x}_1, \bar{x}_2)}{h_2} = a_2$$

も明らかである．

これらの2つの等式を見れば，

微分 a_i は f を x_i だけの関数と見て偏微分を施して得られる．すなわち，f がある点で微分可能であれば，その点において偏微分可能である

ことがわかる．上の内容の逆，すなわち「f がある点で偏微分可能であれば，f は微分可能である」は必ずしも成立しないことに注意が必要である．

全微分　2変数関数の微分可能性は (2-29) 式ときわめてよく似た形式で定義されている．$o(h_1, h_2)$ は図2.6にある剰余部分である．いま，$(\bar{x}_1, \bar{x}_2)$ が $(\bar{x}_1 + h_1, \bar{x}_2 + h_2)$ に変化したとき，関数 f の値の変化分

$$f(\bar{x}_1 + h_1, \bar{x}_2 + h_2) - f(\bar{x}_1, \bar{x}_2)$$

は，剰余 $o(h_1, h_2)$ を取り除くと，（Ⅰ）より

$$a_1 h_1 + a_2 h_2$$

となる．これを微分の主要部分とよぶ．これは (x_1, x_2) の増加分 (h_1, h_2) に対する，剰余を無視した f の比例的増加分 Δy である．そこで，

$$\begin{cases} y-\bar{y}=\varDelta y, & \bar{y}=f(\bar{x}_1,\bar{x}_2) \\ h_1=x_1-\bar{x}_1 \\ h_2=x_2-\bar{x}_2 \end{cases}$$

と書き改めれば，主要部分は

$$y-\bar{y}=a_1(x_1-\bar{x}_1)+a_2(x_2-\bar{x}_2) \tag{9-1}$$

となる．この式は3次元空間上の点 $(\bar{x}_1,\bar{x}_2,\bar{y})$ を通る平面を表している．つまり，$y=f(x_1,x_2)$ が表す曲面を，その曲面上の点 $(\bar{x}_1,\bar{x}_2,\bar{y})$ において「ある平面」によって近似するなら，その近似が微分の主要部分であるということになる．通常，(9-1) 式は曲面 $y=f(x_1,x_2)$ に点 $(\bar{x}_1,\bar{x}_2,\bar{y})$ において接する平面を表す．このような意味で，(9-1) 式が表す平面は**接平面**（tangent space）とよばれる．微分によって，接平面のパラメータ a_1,a_2 が与えられることになる．

微分の主要部分を取り出し，(9-1) 式の $y-\bar{y}, x_1-\bar{x}_1, x_2-\bar{x}_2$ をそれぞれ，$\mathrm{d}y, \mathrm{d}x_1, \mathrm{d}x_2$ と書き直すと，

$$\mathrm{d}y = \frac{\partial f}{\partial x_1}(\bar{x}_1,\bar{x}_2)\mathrm{d}x_1 + \frac{\partial f}{\partial x_2}(\bar{x}_1,\bar{x}_2)\mathrm{d}x_2$$

となる．これを**全微分**（total differentiation）とよぶ．

偏導関数 これまで，ある点における微分可能性を述べてきた．関数 $f(x_1,x_2)$ が定義域のあらゆる点において微分可能であるとき，単に**微分可能**であるという．関数 $f(x_1,x_2)$ が微分可能であるとき，

定義域の各 (x_1,x_2) に対して，偏微分 $\dfrac{\partial f}{\partial x_i}(x_1,x_2)$ $(i=1,2)$ を対応させることができる．

これを関数と考えるとき，それを**偏導関数**とよぶ．偏導関数が再び微分可能であるなら，2次の偏導関数

$$\frac{\partial}{\partial x_j}\frac{\partial f}{\partial x_i}(x_1,x_2) \quad i,j=1,2$$

を考えることができる．上の記号法よりはむしろ，

$$\frac{\partial^2 f}{\partial x_j \partial x_i}(x_1,x_2) \quad \text{あるいは} \quad f_{ij}(x_1,x_2), \quad i,j=1,2$$

が通常用いられる表記法である．それぞれの記法における i と j の順序（x_i で

偏導関数を求めた後で，x_j で偏微分操作をしていること）に注意をせよ．経済学では $f_{ij}(x_1, x_2)$ と書く場合が多い．とくに，$i=j$ の場合には，

$$\frac{\partial^2 f}{\partial x_i^2}(x_1, x_2) \quad \text{あるいは} \quad f_{ii}(x_1, x_2), \quad i=1, 2$$

と書かれる．

微分の順序 多変数の微分を考察するとき，微分の順序によって結果が異なるか，という疑問がある．つまり，2回微分可能な関数 $f(x_1, x_2)$ があるとき，

$$f_{12}(x_1, x_2) = \frac{\partial^2 f}{\partial x_2 \partial x_1}(x_1, x_2) \quad \text{と} \quad f_{21}(x_1, x_2) = \frac{\partial^2 f}{\partial x_1 \partial x_2}(x_1, x_2)$$

が一致するかどうかである．これについては次の定理が知られている．

定理9.1 関数 $f(x_1, x_2)$ において，f_{12} と f_{21} が存在し連続であれば，

$$f_{12}(x_1, x_2) = f_{21}(x_1, x_2)$$

が成立する．

この定理を一般化したものに，シュワルツの定理とヤングの定理がある．シュワルツの定理は，f_{12} と f_{21} のどちらか一方が連続であれば，上の定理の内容が成立することを示している．ヤングの定理は4つの2次導関数 $f_{11}, f_{12}, f_{21}, f_{22}$ が存在すれば，上の定理が成立するという内容である．これらの内容は経済学では頻繁に用いられるが，証明は必ずしも単純ではない．本書ではなぜ成立するかを考察せず，これらが成立することだけを述べるにとどめる．

合成関数の微分 いまひとつ，2変数関数の微分で経済学において頻繁に用いられるものは合成関数の微分である．いま，微分可能関数 $f(y_1, y_2), g_1(x), g_2(x)$ があり，これらから合成関数を次のように

$$\phi(x) = f(g_1(x), g_2(x))$$

を定義する（ϕ はアルファベットの f に対応するギリシャ文字でファイと読む）．ここで，合成関数の微分，$d\phi/dx$ を考察しよう．いま，$y_1 = g_1(x)$,

$y_2 = g_2(x)$ とし,

$$a_1 = \frac{\partial f}{\partial y_1}(y_1, y_2), \quad a_2 = \frac{\partial f}{\partial y_2}(y_1, y_2), \quad b_1 = g_1'(x), b_2 = g_2'(x)$$

とする. さらに, f, g_1, g_2 は微分可能であるから, q_1, q_2, h を任意の実数とすると, o, o_1, o_2 が存在して,

$$f(y_1+q_1, y_2+q_2) = f(y_1, y_2) + a_1 q_1 + a_2 q_2 + o(q_1, q_2)$$
$$g_1(x+h) = g_1(x) + b_1 h + o_1(h)$$
$$g_2(x+h) = g_2(x) + b_2 h + o_2(h)$$

となる. o, o_1, o_2 は定義9.1の（Ⅱ）または（2-28）を満たす. 次に着目する.

$$\frac{\phi(x+h) - \phi(x)}{h} = \frac{f(g_1(x+h), g_2(x+h)) - f(g_1(x), g_2(x))}{h}$$
$$= \frac{f(y_1 + (g_1(x+h) - y_1), y_2 + (g_2(x+h) - y_2)) - f(y_1, y_2)}{h}$$
$$= a_1 \frac{g_1(x+h) - y_1}{h} + a_2 \frac{g_2(x+h) - y_2}{h}$$
$$+ \frac{o(g_1(x+h) - y_1, g_2(x+h) - y_2)}{h}$$

上の式で, $h \to 0$ とすれば, 最後に得られている式の右辺第1項は $a_1 \times b_1$ に, 第2項は $a_2 \times b_2$ に近づいていく. 問題は, 第3項がどうなるかである. $g_1(x+h) = g_1(x)$ かつ $g_2(x+h) = g_2(x)$ であれば, 第3項は0である. そうでなければ, 第3項は

$$\frac{o(g_1(x+h) - y_1, g_2(x+h) - y_2)}{\|(g_1(x+h) - y_1, g_2(x+h) - y_2)\|} \cdot \frac{\|(g_1(x+h) - y_1, g_2(x+h) - y_2)\|}{h}$$

と書き直せる. この積の左半分を A, 右半分を B と書けば,

$$B = \frac{\|(b_1 h + o_1(h), b_2 h + o_2(h))\|}{h}$$
$$= \frac{|h|}{h} \left\| \left(b_1 + \frac{o_1(h)}{h}, b_2 + \frac{o_2(h)}{h} \right) \right\|$$

であるから, $h \to 0$ のとき, B は $\pm\|(b_1, b_2)\|$ の値に近づく.

一方, 左半分 A は, $\Delta y_1 = g_1(x+h) - y_1, \Delta y_2 = g_2(x+h) - y_2$ とすれば,

$$A = \frac{o(\Delta y_1, \Delta y_2)}{\|(\Delta y_1, \Delta y_2)\|}$$

である．関数 g_1 は連続でもあるから，$h \to 0$ のとき，$\Delta y_1 = g_1(x+h) - g_1(x)$ は 0 に近づく．Δy_2 についても同様である．したがって，(2-28) によって，$h \to 0$ のとき，左半分 A は 0 に収束する．

以上によって，

$$h \to 0 \text{ であれば } \frac{o(g_1(x+h) - y_1, g_2(x+h) - y_2)}{h} \to 0$$

であることがわかった．この結果は，(2-29) を見ると，ϕ は微分可能であり，微分は $(a_1 b_1, a_2 b_2)$ であることになる．すなわち，

$$\begin{aligned}\frac{d\phi(x)}{dx} &= \frac{df(g_1(x), g_2(x))}{dx} \\ &= \frac{\partial f}{\partial y_1}(g_1(x), g_2(x)) \times g_1'(x) + \frac{\partial f}{\partial y_2}(g_1(x), g_2(x)) \times g_2'(x)\end{aligned} \quad (9\text{-}2)$$

が成立する．

3つの微分可能関数 $f(y_1, y_2), g_1(x_1, x_2), g_2(x_1, x_2)$ によって合成関数

$$\phi(x_1, x_2) = f(g_1(x_1, x_2), g_2(x_1, x_2))$$

が作られるとき，同様の手続きによって，

$$\frac{\partial f(g_1(x_1, x_2), g_2(x_1, x_2))}{\partial x_i} = \frac{\partial f}{\partial y_1}\frac{\partial g_1}{\partial x_i} + \frac{\partial f}{\partial y_2}\frac{\partial g_2}{\partial x_i}, \quad i = 1, 2 \quad (9\text{-}3)$$

が成立する．(9-2) と (9-3) 式は合成関数の微分として知られる公式である．

同次関数　効用関数や生産関数だけでなく，経済学には同次関数が頻出する．生産関数を1次同次であると仮定することが多いし，需要関数や供給関数は0次同次関数となる．ここでは，それらを総称した「同次関数」について解説しておこう．2次元の非負の領域 $\mathbb{R}_+^2$ 上で定義された実数値関数 $f(x_1, x_2)$ が **m 次同次** (homogenous of degree m) であるとは，任意の正の数 t と $\mathbb{R}_+^2$ の任意の点 (x_1, x_2) に対して，

$$f(tx_1, tx_2) = t^m f(x_1, x_2) \quad (9\text{-}4)$$

が成立することである．(9-4) 式は恒等式であるから，両辺を x_1 で微分作業をしても等号は保存される．したがって，

$$t\frac{\partial f}{\partial x_1}(tx_1, tx_2) = t^m \frac{\partial f}{\partial x_1}(x_1, x_2)$$

である．両辺から，t を相殺すると，

$$\frac{\partial f}{\partial x_1}(tx_1, tx_2) = t^{m-1} \frac{\partial f}{\partial x_1}(x_1, x_2)$$

が成立する．$\partial f/\partial x_2$ にも同様のことが成立する．よって，

m 次同次関数の偏導関数は $m-1$ 次同次である

が得られる．さらに，(9-4) 式を t で微分すれば，

$$\frac{\partial f}{\partial x_1}(tx_1, tx_2) \times x_1 + \frac{\partial f}{\partial x_2}(tx_1, tx_2) \times x_2 = mt^{m-1}f(x_1, x_2)$$

となる．さらに，ここで $t=1$ とすれば，

$$\frac{\partial f}{\partial x_1}(x_1, x_2) \times x_1 + \frac{\partial f}{\partial x_2}(x_1, x_2) \times x_2 = mf(x_1, x_2) \tag{9-5}$$

となる．これを発見者の名前を冠して**オイラーの定理**（Euler's theorem）とよぶ．オイラーの定理は，とくに f が1次同次の生産関数であるときに，頻繁に用いられる．

テイラー展開 第8章では，1変数関数のテイラーの定理を学んだ．ここでは，多変数関数のテイラーの定理を紹介しよう．$f(x_1, x_2)$ を $\mathbb{R}^2$ 上で定義される2回微分可能な実数値関数とする．いま，$t \in \mathbb{R}$ に対して，

$$F(t) = f(x_1 + th_1, x_2 + th_2)$$

と定義する．

$F(t)$ は1変数の2回微分可能な関数である．第8章の1変数のテイラー展開を利用すると，ある実数 θ ($0 < \theta < 1$) が存在して，

$$F(1) = F(0) + F'(0) + \frac{1}{2!}F''(\theta)$$

であることがわかる．ここで，

$$F(1) = f(x_1+h_1, x_2+h_2)$$
$$F(0) = f(x_1, x_2)$$
$$F'(0) = h_1 \frac{\partial f}{\partial x_1}(x_1, x_2) + h_2 \frac{\partial f}{\partial x_2}(x_1, x_2) = \sum_{i=1}^{2} h_i \frac{\partial f}{\partial x_i}(x_1, x_2)$$
$$F''(\theta) = \sum_{i=1}^{2}\sum_{j=1}^{2} h_i h_j \frac{\partial^2 f}{\partial x_i \partial x_j}(x_1+\theta h_1, x_2+\theta h_2)$$

である．したがって，次の関係

$$f(x_1+h_1, x_2+h_2) = f(x_1, x_2) + \sum_{i=1}^{2} h_i \frac{\partial f}{\partial x_i}(x_1, x_2) \\ + \frac{1}{2!}\sum_{i=1}^{2}\sum_{j=1}^{2} h_i h_j \frac{\partial^2 f}{\partial x_i \partial x_j}(x_1+\theta h_1, x_2+\theta h_2) \tag{9-6}$$

が成り立つ．(9-6) 式が 2 変数関数のテイラー展開である．

f が n 回微分可能ならば，第 8 章の 1 変数関数の (8-7) 式と同様に，n 回までのテイラー展開が可能である．

勾配ベクトル　$\mathbb{R}^2$ を定義域とする実数値関数 $f(x_1, x_2)$ が $(\bar{x}_1, \bar{x}_2)$ において微分可能であるとき，微分の組

$$\left(\frac{\partial f}{\partial x_1}(\bar{x}_1, \bar{x}_2), \frac{\partial f}{\partial x_2}(\bar{x}_1, \bar{x}_2) \right)$$

を**勾配ベクトル**（gradient vector）とよぶ．勾配ベクトルが何を意味するかを考えよう．まず，次のような集合が表す曲線を考えよう．

$$\{(x_1, x_2) \in \mathbb{R}^2 \mid f(x_1, x_2) = f(\bar{x}_1, \bar{x}_2)\} \tag{9-7}$$

いま，方程式

$$f(x_1, x_2) = f(\bar{x}_1, \bar{x}_2)$$

を x_1 が与えられたときに未知数 x_2 を求める方程式だと考えてみよう．図9.1 を見てみよう．今問題にしている (9-7) 式の解の集合が，図の曲線 B のように右下がりであるとする．x_1 が与えられたときに，方程式の未知数として x_2 を求める問題は，図の点 A を求める問題となる．つまり，

各 x_1 に対して，それぞれ解 x_2 が得られる

ことになる．これを関数ととらえて，$x_2 = g(x_1)$ と表そう．つまり，描かれた

図9.1 勾配ベクトル

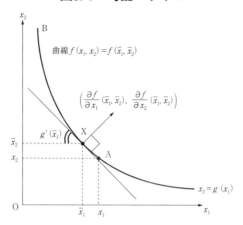

曲線 B は関数 $g(x_1)$ のグラフに一致する．

(9-7) 式が表す曲線 B が右下がり（正確には，単調）でない場合には，x_1 に対して 2 個以上の x_2 の解がある場合もある．より詳しい議論は次の節で行うこととし，ここでは，関数 $g(x_1)$ が得られ，かつ，微分可能であるとする．

以上の準備をもとに，点 X における接線を求めよう．曲線 B を $g(x_1)$ のグラフと見れば，接線は，傾きが $g'(\bar{x}_1)$ であり，点 $(\bar{x}_1, \bar{x}_2)$ を通る直線となる．したがって，接線は

$$x_2 - \bar{x}_2 = g'(\bar{x}_1) \times (x_1 - \bar{x}_1)$$

となる．一方，$f(x_1, g(x_1)) = f(\bar{x}_1, \bar{x}_2)$ が x_1 の恒等式になることから，

$$\frac{\partial f}{\partial x_1}(\bar{x}_1, \bar{x}_2) + \frac{\partial f}{\partial x_2}(\bar{x}_1, \bar{x}_2) \times g'(\bar{x}_1) = 0$$

を得る（微分ののち x_1 に $\bar{x}_1$ を代入）．$\frac{\partial f}{\partial x_2}(\bar{x}_1, \bar{x}_2) \neq 0$ なら，接線は

$$\frac{\partial f}{\partial x_1}(\bar{x}_1, \bar{x}_2) \times (x_1 - \bar{x}_1) + \frac{\partial f}{\partial x_2}(\bar{x}_1, \bar{x}_2) \times (x_2 - \bar{x}_2) = 0$$

と表わされる．とくに，

$$g'(\bar{x}_1) = -\frac{\dfrac{\partial f}{\partial x_1}(\bar{x}_1, \bar{x}_2)}{\dfrac{\partial f}{\partial x_2}(\bar{x}_1, \bar{x}_2)} \tag{9-8}$$

である．ここで，少し違った角度から3行上の式をながめると，接線の方程式の左辺が2つのベクトル，

$$\left(\frac{\partial f}{\partial x_1}(\bar{x}_1, \bar{x}_2), \frac{\partial f}{\partial x_2}(\bar{x}_1, \bar{x}_2)\right) \text{と} (x_1-\bar{x}_1, x_2-\bar{x}_2) \text{の内積}$$

となっていることに気づく．これは接線の方程式が，この2つのベクトルの内積が0であることを示している．つまり，

$$\left(\frac{\partial f}{\partial x_1}(\bar{x}_1, \bar{x}_2), \frac{\partial f}{\partial x_2}(\bar{x}_1, \bar{x}_2)\right) \text{と} (x_1-\bar{x}_1, x_2-\bar{x}_2) \text{は直交する}$$

ということである．

すなわち，図9.1で見られるように，偏微分の組が接線と直角になっている．勾配ベクトルは $\nabla f(\bar{x}_1, \bar{x}_2)$ と略記される．∇ は**ナブラ**（nabla）と読まれ，ギリシャ語で「ヘブライのたて琴」を意味する．∇ はたて琴の形からきたといわれている．

例9.1 合成関数の微分によって得られる (9-8) 式は経済学で頻繁に用いられる．その例を2つ紹介しておこう．ミクロ経済学では，限界代替率，技術的限界代替率という概念が用いられる．これらは (9-8) から直接的に得られる．(i) 最初に，図9.1の関数 $f(x_1, x_2)$ を効用関数 $u(x_1, x_2)$ だとすれば，曲線 $x_2 = g(x_1)$ は1つの無差別曲線である．無差別曲線上の点 X における接線の傾きを正値としたもの $-g'(\bar{x}_1)$ は第1財の第2財に対する限界代替率である．したがって，

$$限界代替率 = \frac{\dfrac{\partial u}{\partial x_1}(\bar{x}_1, \bar{x}_2)}{\dfrac{\partial u}{\partial x_2}(\bar{x}_1, \bar{x}_2)}$$

となる．すなわち，限界代替率は限界効用の比である．
(ii) 次に，図9.1の関数 $f(x_1, x_2)$ を生産関数 $F(x_1, x_2)$ だとすれば，曲線 $x_2 = g(x_1)$ は1つの等生産量曲線である．等生産量曲線上の点 X における接線の傾きを正値にしたもの $-g'(\bar{x}_1)$ は第1財の第2財に対する技術的限界代替率である．したがって

$$技術的限界代替率 = \frac{\frac{\partial F}{\partial x_1}(\bar{x}_1, \bar{x}_2)}{\frac{\partial F}{\partial x_2}(\bar{x}_1, \bar{x}_2)}$$

となる.すなわち,技術的限界代替率は限界生産性の比である. □

第1近似 テイラー展開定理（9-6）の右辺第3項は

$$\frac{1}{2!}\sum_{i=1}^{2}\sum_{j=1}^{2}h_i h_j \frac{\partial^2 f}{\partial x_i \partial x_j}(x_1+\theta h_1, x_2+\theta h_2)$$

である.この値は h_1 と h_2 が十分に小さい数ならば,ほとんどの場合,無視できるほどに小さな数となる.したがって,

$$f(x_1+h_1, x_2+h_2) \text{ は } f(x_1, x_2) + \sum_{i=1}^{2} h_i \frac{\partial f}{\partial x_i}(x_1, x_2) \text{ で近似される}$$

ことになる.これを $f(x_1+h_1, x_2+h_2)$ の**第1近似**とよぶ.もし関数 f が $n+1$ 回微分可能なら,第 n 近似を考えることも可能である.

いま,1変数の微分可能関数 $g(x)$ について,$g(x)=0$ を満たす解 x^* を求めたいとしよう.いま,$g'(x^*) \neq 0$ とする.そして

x^* はわからないが,それに近い値 $\hat{x}$ はわかっている

とする.ここでは,$g'(x^*) \neq 0$ であるので,x^* に近い値である $\hat{x}$ においても $g'(\hat{x}) \neq 0$ であると想定する.これを利用して,$\hat{x}$ よりも精度の高い近似値を求めよう.第1近似を用いて,

$$\begin{aligned} 0 = g(x^*) &= g(\hat{x} + x^* - \hat{x}) \\ &\fallingdotseq g(\hat{x}) + (x^* - \hat{x})g'(\hat{x}) \\ x^* - \hat{x} &\fallingdotseq -\frac{g(\hat{x})}{g'(\hat{x})} \\ x^* &\fallingdotseq \hat{x} - \frac{g(\hat{x})}{g'(\hat{x})} \end{aligned} \qquad (9\text{-}9)$$

となる.つまり,(9-9) 式の右辺によって,$\hat{x}$ より精度の高い,x^* の近似値 $(\hat{x} - g(\hat{x})/g'(\hat{x}))$ が得られる.もし,これ以上の精度の高い近似値が必要なら,この手続きを繰り返せばよい.このような近似手法を**ニュートン法**（Newton

図9.2

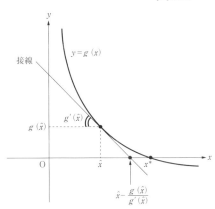

method）とよぶ．ニュートン法の図形的な意味は図9.2に示されている．

たとえば，ニュートン法を用いて $\sqrt{2}$ の近似値を求めてみよう．

$$g(x) = x^2 - 2, \quad \hat{x} = 1.5$$

とすれば，$g(x) = 0$ の正の解は $\sqrt{2}$ である．$g(\hat{x})/g'(\hat{x}) = (2.25-2)/3 = 0.0833$ であるから，

$$\hat{x} - \frac{g(\hat{x})}{g'(\hat{x})} = 1.5 - 0.0833 = 1.4167$$

となり，$\sqrt{2}$ の精度の高い近似値が得られている．

9.2 陰関数定理

5次元の空間 $\mathbb{R}^5$ 上で定義された実数値関数 $f^1(\cdot), f^2(\cdot)$ を微分可能とする．次のような連立方程式があるとしよう．

$$\begin{cases} f^1(y_1, y_2, x_1, x_2, x_3) = 0 \\ f^2(y_1, y_2, x_1, x_2, x_3) = 0 \end{cases} \tag{9-10}$$

（関数を区別する添字が上付きになっていることに注意されたい）
この連立方程式（9-10）において，

未知数は y_1, y_2 であり，x_1, x_2, x_3 は定数（パラメータ）である

と考えてみる．これは，連立方程式（9-10）によって

パラメータ x_1, x_2, x_3 を与えると，y_1, y_2 が解として得られる，と考えることができる．すなわち，y_1, y_2 が (x_1, x_2, x_3) の関数として得られる可能性を示している．つまり，(9-10) の背後に，関数が隠れている（陰関数がある）のである．

経済学で頻繁に用いられる**陰関数定理**（implicit function theorem）は次のように表現される．

定理9.2（陰関数定理） (9-10) が点 $(\bar{y}_1, \bar{y}_2, \bar{x}_1, \bar{x}_2, \bar{x}_3)$ において成立するとする．言い換えると，$\bar{x} = (\bar{x}_1, \bar{x}_2, \bar{x}_3)$ に対して連立方程式 (9-10) に解 $\bar{y} = (\bar{y}_1, \bar{y}_2)$ が存在すると仮定する．さらに，

$$J = \begin{pmatrix} f_1^1 & f_2^1 \\ f_1^2 & f_2^2 \end{pmatrix} \text{ と定義するとき} \qquad \det J \neq 0$$

ただし，$f_j^i = \dfrac{\partial f^i}{\partial y_j}(\bar{y}_1, \bar{y}_2, \bar{x}_1, \bar{x}_2, \bar{x}_3), \quad i, j = 1, 2$

と仮定する．このとき，次の2つの内容が成立する．

(i) $\bar{x}$ の ε 近傍 $N(\bar{x}, \varepsilon)$，$\varepsilon > 0$，$\bar{y}_1$ の δ_1 近傍 $V_1(\bar{y}_1, \delta_1)$，$\delta_1 > 0$，$\bar{y}_2$ の δ_2 近傍 $V_2(\bar{y}_2, \delta_2)$，$\delta_2 > 0$ が存在し，そして<u>2つの連続関数</u>

$$g_i : N(\bar{x}, \varepsilon) \to V_i(\bar{y}_i, \delta_i), \quad i = 1, 2$$

が存在して，$\bar{y}_1 = g_1(\bar{x}_1, \bar{x}_2, \bar{x}_3), \bar{y}_2 = g_2(\bar{x}_1, \bar{x}_2, \bar{x}_3)$ を満たし，任意の $(x_1, x_2, x_3) \in N(\bar{x}, \varepsilon)$ に対して，

$$f^1(g_1(x_1, x_2, x_3), g_2(x_1, x_2, x_3), x_1, x_2, x_3) = 0$$
$$f^2(g_1(x_1, x_2, x_3), g_2(x_1, x_2, x_3), x_1, x_2, x_3) = 0$$

を成立させる．

(ii) f^1, f^2 が k 回微分可能であれば，g_1, g_2 も k 回微分可能である．

行列 J は**ヤコビ行列**（Jacobi matrix），行列式 $\det J$ は**ヤコビアン**（Jacobian）とよばれる．

さらに，上で用いられた「近傍」は

$$N(\bar{x},\varepsilon)=\left\{x=(x_1,x_2,x_3)\left|\sqrt{\sum_{i=1}^{3}(x_i-\bar{x}_i)^2}<\varepsilon\right.\right\},$$
$$V_i(\bar{y}_i,\delta)=\{y_i\,|\,|y_i-\bar{y}_i|<\delta_i\},\quad i=1,2$$

と定義される．$N(\bar{x},\varepsilon)$ は $\bar{x}$ を中心とする半径 ε の開球である．

陰関数定理は，より一般の環境で成立する．つまり，上では未知数が y_1,y_2 の2つ，パラメータが x_1,x_2,x_3 の3つであった．一般に，方程式と未知数が n 個，パラメータが m 個であっても，同様の行列式の条件のもとで陰関数定理は成立する．

経済学で頻繁に使われるテクニック　陰関数定理によって得られた $g_1(x_1,x_2,x_3),g_2(x_1,x_2,x_3)$ がパラメータ x_j $(j=1,2,3)$ について微分可能となる十分条件が与えられた．この微分について考察しておこう．関数 $f^1(y_1,y_2,x_1,x_2,x_3),f^2(y_1,y_2,x_1,x_2,x_3)$ と $g_1(x_1,x_2,x_3),g_2(x_1,x_2,x_3)$ の間には，

$$f^1(g_1(x_1,x_2,x_3),g_2(x_1,x_2,x_3),x_1,x_2,x_3)=0,$$
$$f^2(g_1(x_1,x_2,x_3),g_2(x_1,x_2,x_3),x_1,x_2,x_3)=0$$

の関係がある．この等式は $N(\bar{x},\varepsilon)$ で恒等式だから，微分作業をしても等号は保存される．j を 1,2,3 のどれかとする．合成関数の微分 (9-3) によって，

$$f^1_1\frac{\partial g_1}{\partial x_j}+f^1_2\frac{\partial g_2}{\partial x_j}=-\frac{\partial f^1}{\partial x_j}$$
$$f^2_1\frac{\partial g_1}{\partial x_j}+f^2_2\frac{\partial g_2}{\partial x_j}=-\frac{\partial f^2}{\partial x_j}$$

となる．この等式を2つの未知数

$$\frac{\partial g_1}{\partial x_j},\quad \frac{\partial g_2}{\partial x_j}$$

からなる2本の連立方程式であると考えると，クラメールの公式を利用して，解くことができる．経済学では以上のテクニックを利用することが極めて多い．

陰関数定理がどのようにして成立するかの証明は本書では行わない．しかし，経済学では，初級の経済学から暗黙のうちに頻繁に用いられている．

たとえば，前節の (9-7) から勾配ベクトルを導出する際に，

　　方程式 $f(x_1,x_2)=f(\bar{x}_1,\bar{x}_2)$ から関数 $x_2=g(x_1)$ を得る

と説明した．そのとき，関数 $g(x_1)$ の存在や，微分可能性については議論をしなかった．これは，明示しなかったが，本来，$\partial f/\partial x_2(\bar{x}_1, \bar{x}_2) \neq 0$ という条件が満たされるときに，得られるものである．つまり，パラメータの数が1個の場合に陰関数定理を援用して，(9-8) が得られていたのである

同様に，9.1節で紹介した

限界代替率 無差別曲線から限界代替率を導出する際，

技術的限界代替率 等量線から技術的限界代替率を導出する際，

に陰関数定理が用いられている．

9.3 微分方程式

この節では，簡単な順に，1変数の線形の微分方程式，2変数の非線形微分方程式を学ぶ．

線形の微分方程式 α, β を定数とする．t の関数 $y(t)$ について

$$\frac{dy}{dt} = \alpha y + \beta \tag{9-11}$$

を満たす関数 y を求める問題を考えよう．初期条件 $y(0)$ が既知であれば，各 t での値 $y(t)$ が決まることになる．つまり，特定の関数 $y(t)$ を求める「方程式」となっている．その意味でこれを**微分方程式**という．関数 $y(t)$ を求めることを，微分方程式を解くという．微分方程式は，伝統的に dy/dt を $\dot{y}$ と表し，変数 t は「時間」を表すと解釈されることが多い．この場合 (9-11) 式は y の時間経路を表すと解釈され，その意味で，(9-11) 式は動学方程式（dynamic equation）ともよばれる．

定数 $\alpha = 0$ であれば，(9-11) は $\dot{y} = \beta$（定数）となり，

$$y = \beta t + y(0)$$

が解であり，容易に解ける．

次に，$\alpha \neq 0$ の場合を考察する．(9-11) 式を簡明に考察するために β をなくす工夫をする．そのために，k を定数として $\tilde{y}(t) = k$ という特別の関数が，(9-11) 式を満たすなら

$$0 = \alpha k + \beta \quad \text{したがって} \quad k = -\beta/\alpha$$

を得る．$\tilde{y}(t) = k$ は，微分方程式 (9-11) の**特殊解**とよばれる．そこで，$z(t) = y(t) - \tilde{y}(t)$ とすれば，

$$\dot{z} = \alpha z \tag{9-12}$$

となる．蛇足ではあるが，「線形の微分方程式」という言葉を用いるのは，(9-12) 式のほうが (9-11) 式よりも適切である．$z = 0$ であれば，微分方程式の解は $y(t) = k$ である．$z \neq 0$ とする．そこで，

$$\frac{d \log z(t)}{dt} = \frac{\dot{z}}{z} = \alpha$$

となることに着目する．この操作は，$z > 0$ と想定して行っている．$z < 0$ の場合には，$-z$ を新たに z と見なせば，符号は異なるが同様の作業ができる．したがって，

$$\log z = \alpha t + C \quad \text{つまり} \quad z = e^{C + \alpha t}$$

となる．$e^C = z(0) \ (= y(0) - k)$ であるから，

$$z = z(0) e^{\alpha t} \quad \text{したがって} \quad y = (y(0) - k) e^{\alpha t} + k \tag{9-13}$$

となる．これは解の必要条件として得られたが，逆に (9-13) 式が (9-11) 式を満たすことは明らかである．さらに，解法の中で出てきた $z = 0$ のケースも (9-13) 式の中に含まれていることがわかる．

2 変数の線形微分方程式 次に，$a_{ij} \ (i, j = 1, 2)$ を定数とする次の連立微分方程式

$$\dot{y}_1 = a_{11} y_1 + a_{12} y_2 \tag{9-14}$$

$$\dot{y}_2 = a_{21} y_1 + a_{22} y_2 \tag{9-15}$$

を考えよう．この微分方程式の初期条件，

$$y_1(0), \quad y_2(0)$$

はあらかじめ与えられているとする．

いま，係数からできる行列を

$$A = \begin{pmatrix} a_{11} & a_{12} \\ a_{21} & a_{22} \end{pmatrix}$$

とする．行列 A に第 7 章で学んだ行列の対角化を利用する．A が異なる固有

値 λ, μ を持ち,それぞれに付随する固有列ベクトルを x, y とする.

$$Ax = \lambda x, \quad Ay = \mu y$$

が成立している.x を第1列,y を第2列とする行列を P とすれば,

$$AP = P\begin{pmatrix} \lambda & 0 \\ 0 & \mu \end{pmatrix}$$

となる.定理7.1によって,x,y は1次独立である.定理5.5(ii) によって,det $P \neq 0$ である.したがって,定理5.2によって逆行列 P^{-1} が存在する.このようにして,

$$P^{-1}AP = \begin{pmatrix} \lambda & 0 \\ 0 & \mu \end{pmatrix}$$

を得る.

上を利用して変数 y_1,y_2 を次のように変換する.

$$\begin{pmatrix} y_1 \\ y_2 \end{pmatrix} = P\begin{pmatrix} z_1 \\ z_2 \end{pmatrix} \tag{9-16}$$

このようにして,(9-14) と (9-15) は

$$P\begin{pmatrix} \dot{z}_1 \\ \dot{z}_2 \end{pmatrix} = AP\begin{pmatrix} z_1 \\ z_2 \end{pmatrix} \quad \text{つまり} \quad \begin{pmatrix} \dot{z}_1 \\ \dot{z}_2 \end{pmatrix} = P^{-1}AP\begin{pmatrix} z_1 \\ z_2 \end{pmatrix}$$

となる.したがって,

$$\begin{pmatrix} \dot{z}_1 \\ \dot{z}_2 \end{pmatrix} = \begin{pmatrix} \lambda & 0 \\ 0 & \mu \end{pmatrix}\begin{pmatrix} z_1 \\ z_2 \end{pmatrix}$$

となる.このときには,(9-13) を利用して,

$$z_1 = z_1(0)e^{\lambda t}, \quad z_2 = z_2(0)e^{\mu t}$$

と解ける.ここで,(9-16) より,

$$\begin{pmatrix} z_1(0) \\ z_2(0) \end{pmatrix} = P^{-1}\begin{pmatrix} y_1(0) \\ y_2(0) \end{pmatrix}$$

である.解を (9-16) に代入して整理すれば,

$$y_1 = A_1 e^{\lambda t} + B_1 e^{\mu t}$$
$$y_2 = A_2 e^{\lambda t} + B_2 e^{\mu t}$$

が微分方程式の解となる.ここで,A_1,A_2,B_1,B_2 は初期条件や P から決まる定数である.

残されているケースは，$\lambda=\mu$ となる場合である．このケースは必ずしも簡単な議論ではないので，より上級の書物を参照されたい．ここでは解だけを示しておこう．

$$y_1 = C_1 e^{\lambda t} + D_1 t e^{\lambda t}$$
$$y_2 = C_2 e^{\lambda t} + D_2 t e^{\lambda t}$$

が得られる．ただし，C_1, C_2, D_1, D_2 は次の方程式によって決まる．

$$\begin{pmatrix} y_1(0) \\ y_2(0) \end{pmatrix} = \begin{pmatrix} C_1 \\ C_2 \end{pmatrix}$$

$$\begin{pmatrix} \dot{y}_1(0) \\ \dot{y}_2(0) \end{pmatrix} = A \begin{pmatrix} y_1(0) \\ y_2(0) \end{pmatrix} = \begin{pmatrix} \lambda C_1 + D_1 \\ \lambda C_2 + D_2 \end{pmatrix}$$

以上より，連立微分方程式 (9-14), (9-15) の解が得られた．これを定理としてまとめると次のようになる．

定理9.3 連立微分方程式 (9-14), (9-15) の解は，A の固有値を λ, μ とするとき，$\lambda \neq \mu$ の場合，
$$y_i = A_i e^{\lambda t} + B_i e^{\mu t}, \quad i = 1, 2$$
となる．さらに，$\lambda = \mu$ のときには
$$y_i = C_i e^{\lambda t} + D_i t e^{\lambda t}, \quad i = 1, 2$$
が解である．ここで，A_i, B_i, C_i, D_i $(i=1,2)$ は初期条件から決まる定数である．

注意9.1 経済学で用いる変数は基本的に実数で，複素数が直接に現れることは考えられない．そこで，特性方程式の解 λ, μ が複素数なら定理9.3の第一式に示されている解がどのようになるかを考えよう．λ, μ が複素数なら，$e^{\lambda t}$ について8.3節で紹介したオイラーの公式 (8-13) 式を用いた後，虚数部分がキャンセルされるように，係数 A, B が初期条件から定まる．このとき，A, B も複素数になりうることに注意せよ．

2変数非線形の微分方程式 $f^1(x_1, x_2), f^2(x_1, x_2)$ を $\mathbb{R}^2$ 上で微分可能な関数とする．さらに，t の微分可能な関数 $x_1(t), x_2(t)$ について，

$$\begin{cases} \dfrac{dx_1}{dt} = f^1(x_1, x_2) \\ \dfrac{dx_2}{dt} = f^2(x_1, x_2) \end{cases} \tag{9-17}$$

の関係があるとしよう.右辺にある x_1, x_2 は,正確には,$x_1(t), x_2(t)$ である.初期条件 $x_1(0), x_2(0)$ は与件である.

経済学では次のように利用される.x_1, x_2 をそれぞれ,第1財と第2財の価格とする.f^1 が第1財の超過需要関数(=需要−供給),f^2 が第2財の超過需要であれば,(9-17) は

ケース1 需要が供給を超過すれば,価格は上昇し,

ケース2 供給が需要を超過すれば,価格は下落する

ケース3 需要と供給が一致すれば,価格は変化しない

ということを表している.これは,経済学が想定している直観的な価格変動を表現するものである.いま,(x_1^*, x_2^*) を**定常解**(stationary solution),つまり,

$$f^1(x_1^*, x_2^*) = 0 \quad かつ \quad f^2(x_1^*, x_2^*) = 0$$

を満たすものとする.いま,動学経路 $(x_1(t), x_2(t))$ が出発点 $(x_1(0), x_2(0))$ の位置にかかわらず (x_1^*, x_2^*) に収束するならば,**安定的**(stable)であるという.

非線形微分方程式の線形近似 次に,(9-17) を (x_1^*, x_2^*) の近くで近似することを考えてみよう.いま,

$$y_1(t) = x_1(t) - x_1^*, \quad y_2(t) = x_2(t) - x_2^*$$

とする.$f^1(x_1^*, x_2^*) = f^2(x_1^*, x_2^*) = 0$ であるから,(9-17) 式は

$$\dot{y}_1 = f^1(x_1, x_2) - f^1(x_1^*, x_2^*)$$
$$\dot{y}_2 = f^2(x_1, x_2) - f^2(x_1^*, x_2^*)$$

となる.最初の等式は,9.1節で見た第1近似を利用すれば,

$$\dot{y}_1 = f^1(x_1, x_2) - f^1(x_1^*, x_2^*)$$
$$\fallingdotseq (x_1 - x_1^*) \dfrac{\partial f^1}{\partial x_1}(x_1^*, x_2^*) + (x_2 - x_2^*) \dfrac{\partial f^1}{\partial x_2}(x_1^*, x_2^*)$$

となる.同様にして,第2の等式は

$$\dot{y_2} = f^2(x_1, x_2) - f^2(x_1^*, x_2^*)$$
$$\fallingdotseq (x_1 - x_1^*)\frac{\partial f^2}{\partial x_1}(x_1^*, x_2^*) + (x_2 - x_2^*)\frac{\partial f^2}{\partial x_2}(x_1^*, x_2^*)$$

となる．そこで，

$$a_{11} = \frac{\partial f^1}{\partial x_1}(x_1^*, x_2^*),\ a_{12} = \frac{\partial f^1}{\partial x_2}(x_1^*, x_2^*)$$
$$a_{21} = \frac{\partial f^2}{\partial x_1}(x_1^*, x_2^*),\ a_{22} = \frac{\partial f^2}{\partial x_2}(x_1^*, x_2^*)$$

とすれば，微分方程式（9-17）式は

$$\begin{cases} \dot{y_1} = a_{11}y_1 + a_{12}y_2 \\ \dot{y_2} = a_{21}y_1 + a_{22}y_2 \end{cases} \tag{9-18}$$

という線形の微分方程式によって近似される．この解法についてはすでに学んでいる．定理9.3を参考にして，固有値を $\lambda, \mu\ (\lambda \neq \mu)$ とすれば，近似された動学経路は，A_1, A_2, B_1, B_2 を定数として，

$$\dot{y_1} = A_1 e^{\lambda t} + B_1 e^{\mu t}$$
$$\dot{y_2} = A_2 e^{\lambda t} + B_2 e^{\mu t}$$

となる．したがって，次の定理が成立する．

定理9.4（十分条件） 固有値が実数の場合は $\lambda < 0$，$\mu < 0$．固有値が複素数である場合には固有値の実数部分が負値となるとき，微分方程式（9-18）の動学経路が均衡に収束する．

　この定理で示された条件は近似された動学経路（9-18）が安定的であるための十分条件である．上の定理は，固有値が重根（$\lambda = \mu$）の場合にも成立する．なぜなら，$\lambda < 0$ であれば練習問題8.6によって

$$\lim_{t \to \infty} t e^{\lambda t} = 0$$

となるからである．

練習問題

問題9.1

次の問題に答えなさい.

(1) 関数 $u(x_1, x_2) = x_1^2 x_2^3$ が $(x_1, x_2) \in \mathbb{R}_+^2$ 上で定義されているとする. このとき, $2x_1 + 3x_2 = 5$, $x_1 \geq 0, x_2 \geq 0$ を満たす (x_1, x_2) の中で, $u(x_1, x_2)$ を最大にするものは,

$$\frac{\frac{\partial u}{\partial x_1}(x_1, x_2)}{2} = \frac{\frac{\partial u}{\partial x_2}(x_1, x_2)}{3}$$

を満たすことを論証しなさい.

(2) 直線 $2x + 3y = 5$ とベクトル $(2, 3)$ が直交することを確かめなさい.

(3) (1)の設定で, 最大化においては, ある $\lambda > 0$ が存在して,

$$\frac{\partial u}{\partial x_1}(x_1, x_2) = 2\lambda$$
$$\frac{\partial u}{\partial x_2}(x_1, x_2) = 3\lambda$$
$$2x_1 + 3x_2 = 5$$

が満たされることを示しなさい.

(4) (3)を用いて, (1)の最大化をもたらす (x_1, x_2) を求めなさい.

問題9.2

本文中(195頁)の $\sqrt{2}$ の近似手法について次の問に答えなさい.

(1) $\sqrt{2}$ の近似値を, ニュートン法を2回適用して求めなさい. ただし, $\bar{x} = 1$ とせよ.

(2) $\sqrt{2}$ の近似値を, ニュートン法を繰り返して求める場合, 近似の出発点 $\bar{x}$ は正値なら任意でよいかどうかを考えなさい.

問題9.3

次の問に答えなさい.

(1) 無差別曲線から限界代替率を導出するときに,陰関数定理がどのように使われているかを述べなさい.

(2) 等量線から技術的限界代替率を導出するときに,陰関数定理がどのように使われているかを述べなさい.

問題9.4

関数 f を $f(x,y,z)=y^2-x^2-x(y-z)$ で定義する.方程式 $f(x,y,z)=0$ を考える.ただし a を 0 でない定数とする.

(1) $x=y=z=a$ が解であることと $\dfrac{\partial f}{\partial y}(a,a,a) \neq 0$ を確認しなさい.

(2) 陰関数定理を利用して,方程式の解を $y(x,z)$ と表すとき,$\partial y/\partial x(a,a)$ と $\partial y/\partial z(a,a)$ を計算しなさい.

(3) $x=y=0$ が解であることを確認して,上の問 (1),(2) を繰り返すことができるかどうかを確かめなさい.

問題9.5

次の微分方程式を解きなさい.ただし,初期条件は適切に与えられているとする.y,z は t の関数であり,他の文字は定数を表す.

(1) $\dot{y} = \alpha y + t$,ただし $\alpha \neq 0$.

  ヒント:$y=z(t)+k_1 t+k_2$ として $k_1=\alpha k_2, \alpha k_1+1=0$ としてみよ.

(2) $\dot{y} = ty$,ただし y は負値にならないとする.

  ヒント:$(\log y)' = \dot{y}/y$ に着目.

(3) $t\dot{y} = \alpha y$,ただし $\alpha \neq 0$,かつ y は負値にならないとする.

  ヒント:$t \neq 0$ のとき $\dot{y}/y = \alpha/t$ に着目せよ.

(4) $t\dot{y} = \alpha y + \beta$,ただし $\alpha \neq 0$,かつ y は負値にならないとする.

  ヒント:$y=z(t)+k$ として k を適切に決めることを考えよ.

(5) $\ddot{y} - \dot{y} + y = 0$,ただし,$y(0)$ と $\dot{y}(0)$ は与えられている.

第10章

最適化理論

　ある関数の値を「できるだけ大きくする（最大にする）」あるいは「できるだけ小さくする（最小にする）」問題を最適化問題という．例えば，生産者が「利潤を最大する」あるいは「生産費用を最小にする」問題は，経済学に現れる最適化問題の典型である．

　本章では，最適化問題の解法および経済学への応用について学ぶ．

　前提とする知識：1変数の最適化，多変数の微分，2次形式

10.1 最適化問題とは

最適化とは 実数値関数 $f(x_1,\cdots,x_n)$ の値を最大にする，あるいは最小にすることを**最適化**（optimization）という．関数 $f(x_1,\cdots,x_n)$ の最大値および最小値は，それぞれ

$$\max f(x_1,\cdots,x_n), \quad \min f(x_1,\cdots,x_n)$$

という記号で表される．最大値 $\max f(x_1,\cdots,x_n)$ を求める問題を**最大化問題**といい，最小値 $\min f(x_1,\cdots,x_n)$ を求める問題を**最小化問題**という．最大化問題と最小化問題を合わせて最適化問題という．変数 $x_1,\cdots,x_n$ を**操作変数**（control variables）ということもある．最大化あるいは最小化の対象となる関数 $f(x_1,\cdots,x_n)$ のことを**目的関数**（objective function）という．$f(x_1,\cdots,x_n)$ を最小化することは $-f(x_1,\cdots,x_n)$ を最大化することと同じであるので，最大化問題と最小化問題との本質的な差はない．

問題の類型 目的関数 $f(x_1,\cdots,x_n)$ を最大化あるいは最小化するとき，操作変数の取りうる値の範囲に制約が付かない（すなわち定義域全体である）問題を，**制約のない最適化**（unconstrained optimization）という．操作変数に関して何らかの制約条件がつく場合，**制約付き最適化**（constrained optimization）という．制約条件は

$$g_1(x_1,\cdots,x_n)=0,$$
$$\vdots$$
$$g_m(x_1,\cdots,x_n)=0$$

のように，等式によって表現される場合と

$$g_1(x_1,\cdots,x_n)\leqq 0,$$
$$\vdots$$
$$g_m(x_1,\cdots,x_n)\leqq 0$$

のように，不等式により表現される場合がある．等式 $g_i(x_1,\cdots,x_n)=0$ は，

「$g_i(x_1,\cdots,x_n)\leqq 0$ かつ $-g_i(x_1,\cdots,x_n)\leqq 0$」

と，2つの不等式によって表現できるので，不等式制約のほうがより一般的で

ある.

　本章では, 目的関数 $f(x_1, \cdots, x_n)$ および制約条件を表す関数 $g_i(x_1, \cdots, x_n)$ の定義域は $\mathbb{R}^n$ 全体, もしくは $\mathbb{R}^n$ の各座標が正値である領域 $\mathbb{R}^n_{++}$ のいずれかであり, その定義域上で 2 回微分可能であるとする. また, ベクトルや行列は $\boldsymbol{x}, \boldsymbol{A}$ などの太字の書体で表す.

10.2 制約のない最適化

問題の定式化　この節では, 目的関数が n 変数の関数 $f(x_1, \cdots, x_n)$ で, 操作変数 $x_1, \cdots, x_n$ に制約のない最適化問題を考える. $f(x_1, \cdots, x_n)$ の定義域は $\mathbb{R}^n$ 全体である. $\boldsymbol{x} = (x_1, \cdots, x_n)$ を n 次元ベクトルとすると, この節で考えるのは

　　「$f(\boldsymbol{x})$ の値を最大または最小にする n 次元ベクトル $\boldsymbol{x}^*$ を求める」
問題である. すなわち,

　　「$f(\boldsymbol{x}^*) = \max f(\boldsymbol{x})$ または $f(\boldsymbol{x}^*) = \min f(\boldsymbol{x})$ となる $\boldsymbol{x}^*$ を求める」
問題である.

C^r 級関数　n 変数関数 $f(\boldsymbol{x})$ が r 回偏微分可能で, その r 次偏導関数がすべて連続であるとき, $f(\boldsymbol{x})$ は C^r 級であるという. 何回でも偏微分可能であるとき, C^∞ 級あるいは滑らか (smooth) であるという. 学部レベルの経済学で現れる具体的な関数のほとんどは C^∞ 級である.

1 階条件　$f(\boldsymbol{x})$ が $\boldsymbol{x}^*$ において最大となるとしよう. このとき, $f(\boldsymbol{x})$ のすべての変数に関する偏微分係数は 0 でなければならない. なぜなら, もしある変数 x_i について $\partial f/\partial x_i(\boldsymbol{x}^*) > 0$ であるなら, x_i の値を x_i^* から微小に増加させることにより $f(\boldsymbol{x})$ の値を増加させることができる. $\partial f/\partial x_i(\boldsymbol{x}^*) < 0$ であるなら, x_i の値を x_i^* より微小に減少させることにより $f(\boldsymbol{x})$ の値を増加させることができる. いずれにしても, $f(\boldsymbol{x}^*)$ が最大値であることに反する. よって, 次の定理を得る.

定理10.1（1階条件） 関数 $f(\boldsymbol{x})$ は C^1 級であるとする．$f(\boldsymbol{x}^*)$ が最大値あるいは最小値であるなら

$$\frac{\partial f}{\partial x_i}(\boldsymbol{x}^*)=0, \quad i=1,\cdots,n \tag{10-1}$$

が成り立つ．(10-1) 式を **1階条件**（first-order conditions）という．

(10-1) 式をベクトル表記すると

$$\nabla f(\boldsymbol{x}^*)=\left(\frac{\partial f}{\partial x_1}(\boldsymbol{x}^*),\cdots,\frac{\partial f}{\partial x_n}(\boldsymbol{x}^*)\right)=\boldsymbol{0}$$

である（右辺はゼロベクトルであることに注意）．すなわち，最大化点および最小化点における勾配ベクトルはゼロベクトルである．

定理3.1と同様，(10-1) 式は最適解であるための必要条件であって，十分条件ではない．

すなわち，(10-1) 式を満たす $\boldsymbol{x}^*$ は最適解であるとは限らない．

例10.1 2次形式 $f(x_1,x_2)=-x_1^2-x_2^2$ は，原点 $(0,0)$ で最大値 0 をとる．$\nabla f(x_1,x_2)=(-2x_1,-2x_2)$ より，$\nabla f(0,0)=(0,0)$ が成立している．一方，$f(x_1,x_2)=x_1^2-x_2^2$ のとき，$\nabla f(x_1,x_2)=(2x_1,-2x_2)$ より $\nabla f(0,0)=(0,0)$ が成立するが，$f(0,0)=0$ は最大値でも最小値でもない． □

ヘッセ行列 $f(\boldsymbol{x})$ の2次の偏微分係数を並べた n 次正方行列を**ヘッセ行列**（Hessian matrix）といい，$\boldsymbol{D}^2 f(\boldsymbol{x})$ と表す．

$$\boldsymbol{D}^2 f(\boldsymbol{x})=\begin{pmatrix} \frac{\partial^2 f}{\partial x_1^2}(\boldsymbol{x}) & \cdots & \frac{\partial^2 f}{\partial x_1 \partial x_n}(\boldsymbol{x}) \\ \vdots & \ddots & \vdots \\ \frac{\partial^2 f}{\partial x_n \partial x_1}(\boldsymbol{x}) & \cdots & \frac{\partial^2 f}{\partial x_n^2}(\boldsymbol{x}) \end{pmatrix}.$$

定理9.1より，$\boldsymbol{D}^2 f(\boldsymbol{x})$ は対称行列である．

例10.2 コブ・ダグラス型関数 $f(x_1,x_2)=\sqrt{x_1 x_2}$ の2次偏導関数は

$$\frac{\partial^2 f}{\partial x_1^2}(x_1, x_2) = -\frac{\sqrt{x_1 x_2}}{4x_1^2},$$

$$\frac{\partial^2 f}{\partial x_1 \partial x_2}(x_1, x_2) = \frac{\partial^2 f}{\partial x_2 \partial x_1}(x_1, x_2) = -\frac{\sqrt{x_1 x_2}}{4x_1 x_2},$$

$$\frac{\partial^2 f}{\partial x_2^2}(x_1, x_2) = -\frac{\sqrt{x_1 x_2}}{4x_2^2}$$

であるから，ヘッセ行列は

$$\boldsymbol{D}^2 f(\boldsymbol{x}) = \begin{pmatrix} -\dfrac{\sqrt{x_1 x_2}}{4x_1^2} & \dfrac{\sqrt{x_1 x_2}}{4x_1 x_2} \\ \dfrac{\sqrt{x_1 x_2}}{4x_1 x_2} & -\dfrac{\sqrt{x_1 x_2}}{4x_2^2} \end{pmatrix}$$

である． □

テイラーの定理 9.2節において，1変数のテイラーの定理から2変数のテイラーの定理を導いた．全く同様の方法で，一般の n 変数関数についてのテイラーの定理を導くことができる． $\boldsymbol{a} = (a_1, \cdots, a_n)$ と $\boldsymbol{h} = (h_1, \cdots, h_n)$ を任意に固定して，1変数関数 $F(t)$ を次のように定義する．

$$F(t) = f(\boldsymbol{a} + t\boldsymbol{h}) = f(a_1 + th_1, \cdots, a_n + th_n).$$

$F(t)$ に $t=0$ のまわりでテイラーの定理を適用すると，0 と 1 の間のある数 θ に対して

$$F(1) = F(0) + F'(0) + \frac{1}{2!} F''(\theta)$$

が成り立つ．ここで

$$F'(t) = \frac{\partial f}{\partial x_1}(\boldsymbol{a} + t\boldsymbol{h}) h_1 + \cdots + \frac{\partial f}{\partial x_n}(\boldsymbol{a} + t\boldsymbol{h}) h_n,$$

$$\begin{aligned} F''(t) = &\frac{\partial^2 f}{\partial x_1^2}(\boldsymbol{a} + t\boldsymbol{h}) h_1^2 + \cdots + \frac{\partial^2 f}{\partial x_1 \partial x_n}(\boldsymbol{a} + t\boldsymbol{h}) h_1 h_n \\ &+ \frac{\partial^2 f}{\partial x_2 \partial x_1}(\boldsymbol{a} + t\boldsymbol{h}) h_2 h_1 + \cdots + \frac{\partial^2 f}{\partial x_2 \partial x_n}(\boldsymbol{a} + t\boldsymbol{h}) h_2 h_n \\ &\qquad\qquad\qquad \vdots \\ &+ \frac{\partial^2 f}{\partial x_n \partial x_1}(\boldsymbol{a} + t\boldsymbol{h}) h_n h_1 + \cdots + \frac{\partial^2 f}{\partial x_n^2}(\boldsymbol{a} + t\boldsymbol{h}) h_n^2 \end{aligned}$$

である.$F'(t)$ は,勾配ベクトル $\nabla f(\boldsymbol{a}+t\boldsymbol{h})$ とベクトル $\boldsymbol{h}$ との内積である. $F''(t)$ は,n 変数 $h_1,\cdots,h_n$ に関する2次形式で,係数が $f(\boldsymbol{x})$ の2次偏微分係数である.これに注意して,等式 $F(1)=F(0)+F'(0)+F''(0)(\theta)/2$ を勾配ベクトルおよびヘッセ行列を用いて表現すると

$$f(\boldsymbol{a}+\boldsymbol{h})=f(\boldsymbol{a})+\nabla f(\boldsymbol{a})\boldsymbol{h}+\frac{1}{2}\boldsymbol{h}\boldsymbol{D}^2f(\boldsymbol{a}+\theta\boldsymbol{h})\boldsymbol{h}^{\mathrm{T}} \tag{10-2}$$

と簡明な式になる.これが n 変数関数の2次までの**テイラー展開**である.

2階条件 定理10.1は「最大値(最小値)」を「極値」に置き換えても正しい.定理3.2を多変数のケースに拡張して,極値の2階条件を導出しよう. $\nabla f(\boldsymbol{a})=0$ かつ $\boldsymbol{D}^2f(\boldsymbol{x})$ は負値定符号であるとしよう.$f(\boldsymbol{x})$ を $\boldsymbol{a}$ のまわりでテイラー展開すると,(10-2)式より

$$f(\boldsymbol{a}+\boldsymbol{h})=f(\boldsymbol{a})+\frac{1}{2}\boldsymbol{h}\boldsymbol{D}^2f(\boldsymbol{a}+\theta\boldsymbol{h})\boldsymbol{h}^{\mathrm{T}}$$

が成り立つ.$f(\boldsymbol{x})$ が C^2 級であるなら,$\|\boldsymbol{h}\|$ が十分小さい $\boldsymbol{h}$ に対して $\boldsymbol{D}^2f(\boldsymbol{a}+\theta\boldsymbol{h})$ も負値定符号となる.すなわち,$\boldsymbol{h}\boldsymbol{D}^2f(\boldsymbol{a}+\theta\boldsymbol{h})\boldsymbol{h}^{\mathrm{T}}<0$ である.これは,$f(\boldsymbol{a})$ が極大値であることを意味する.

定理10.2(2階条件) $f(\boldsymbol{x})$ を C^2 級とする.
(ⅰ) $\nabla f(\boldsymbol{a})=0$ かつ $\boldsymbol{D}^2f(\boldsymbol{a})$ が負値定符号であれば,$f(\boldsymbol{a})$ は極大値である.
(ⅱ) $\nabla f(\boldsymbol{b})=0$ かつ $\boldsymbol{D}^2f(\boldsymbol{b})$ が正値定符号であれば,$f(\boldsymbol{b})$ は極小値である.

定理10.2は,極大(極小)値であるための十分条件であって,最大(最小)値であるための十分条件ではないことに注意せよ.

例 10.3 $f(x_1,x_2)=x_1^3-x_2^2+6x_1x_2$ のとき,$\nabla f(x_1,x_2)=(3x_1^2+6x_2,-2x_2+6x_1)$ より,$\nabla f(x_1,x_2)=0 \Leftrightarrow (x_1,x_2)=(0,0)$ または $(-6,-18)$ である.ここで,$\boldsymbol{D}^2f(x_1,x_2)=\begin{pmatrix}6x_1 & 6 \\ 6 & -2\end{pmatrix}$ より,$\boldsymbol{D}^2f(-6,-18)$ は負値定符号であるので,$f(x_1,x_2)$ は $(-6,-18)$ 極大値108をとることがわかる(ただし,108は最大値ではない).一方,$\boldsymbol{D}^2f(0,0)$ は不定である. □

凹関数・凸関数 多変数の凹関数および凸関数も，1変数の場合と形式的には全く同様に定義される（定義3.2参照）．

定義10.1（凹関数・凸関数） n 変数関数 $f(\boldsymbol{x}) = f(x_1, \cdots, x_n)$ を考える．
（ⅰ）$f(\boldsymbol{x})$ が**凹関数**（concave function）であるとは，どのような n 次元ベクトル $\boldsymbol{a}, \boldsymbol{b}$ であっても，$0 \leq t \leq 1$ であるすべての t について
$$tf(\boldsymbol{a}) + (1-t)f(\boldsymbol{b}) \leq f(t\boldsymbol{a} + (1-t)\boldsymbol{b})$$
が成り立つ場合をいう．
（ⅱ）$f(\boldsymbol{x})$ が**凸関数**（convex function）であるとは，どのような n 次元ベクトル $\boldsymbol{a}, \boldsymbol{b}$ であっても，$0 \leq t \leq 1$ であるすべての t について
$$tf(\boldsymbol{a}) + (1-t)f(\boldsymbol{b}) \geq f(t\boldsymbol{a} + (1-t)\boldsymbol{b})$$
が成り立つ場合をいう．

2変数関数 $f(x_1, x_2)$ が凹関数であるとは，そのグラフが上に凸の曲面となるようなものである．$f(x_1, x_2)$ が凸関数とは，そのグラフが下に凸の曲面となるようなものである．

勾配ベクトル（1次の偏微分係数）を用いた凹関数・凸関数の特徴づけを与えよう．次の定理は，定理3.4を多変数関数に自然に拡張したものである．

定理10.3 関数 $f(\boldsymbol{x})$ は C^1 級であるとする．
（ⅰ）$f(\boldsymbol{x})$ が凹関数であるための必要十分条件は，どのような $\boldsymbol{a}, \boldsymbol{b}$ についても
$$f(\boldsymbol{b}) \leq f(\boldsymbol{a}) + \nabla f(\boldsymbol{a})(\boldsymbol{b} - \boldsymbol{a})$$
が成り立つことである．
（ⅱ）$f(\boldsymbol{x})$ が凸関数であるための必要十分条件は，どのような $\boldsymbol{a}, \boldsymbol{b}$ についても
$$f(\boldsymbol{b}) \geq f(\boldsymbol{a}) + \nabla f(\boldsymbol{a})(\boldsymbol{b} - \boldsymbol{a})$$
が成り立つことである．

この定理の図形（幾何学）的な意味は次のようなものである．$f(x_1, x_2)$ を C^1 級であるとし，$y=f(x_1, x_2)$ のグラフを S とする．S 上の点 $(a_1, a_2, f(a_1, a_2))$ における接平面の方程式は (9-1) 式によって，

$$y = f(a_1, a_2) + \frac{\partial f}{\partial x_1}(a_1, a_2)(x_1 - a_1) + \frac{\partial f}{\partial x_2}(a_1, a_2)(x_2 - a_2)$$

である．S が（y 座標の意味で）上に凸の曲面であるとは，S 全体が S 上のすべての点における接平面の（y 座標の意味で）「下側」に位置することにほかならない．すなわち，S が上に凸の曲面であるとは，どのような (a_1, a_2), (b_1, b_2) に対しても

$$f(b_1, b_2) \leqq f(a_1, a_2) + \frac{\partial f}{\partial x_1}(a_1, a_2)(b_1 - a_1) + \frac{\partial f}{\partial x_2}(a_1, a_2)(b_2 - a_2)$$

が成り立つということである．これをベクトル表記すると

$$f(\boldsymbol{b}) \leqq f(\boldsymbol{a}) + \nabla f(\boldsymbol{a})(\boldsymbol{b} - \boldsymbol{a})$$

となる．同様に，S が下に凸の曲面であるとは，どのような $\boldsymbol{a}, \boldsymbol{b}$ であっても

$$f(\boldsymbol{b}) \geqq f(\boldsymbol{a}) + \nabla f(\boldsymbol{a})(\boldsymbol{b} - \boldsymbol{a})$$

が成り立つことである．

定理3.4を，ヘッセ行列（2次の偏微分係数）を用いて多変数関数へ拡張したものが次の定理である．

定理10.4 関数 $f(\boldsymbol{x})$ を C^2 級であるとする．
（ⅰ）$f(\boldsymbol{x})$ が凹関数であるための必要十分条件は，すべての $\boldsymbol{x}$ について $\boldsymbol{D}^2 f(\boldsymbol{x})$ が半負値定符号となることである．
（ⅱ）$f(\boldsymbol{x})$ が凸関数であるための必要十分条件は，すべての $\boldsymbol{x}$ について $\boldsymbol{D}^2 f(\boldsymbol{x})$ が半正値定符号となることである．

この定理の成り立ちについて簡単に説明しておく．$f(\boldsymbol{x})$ にテイラーの定理を適用して得られる (10-2) 式に着目する．定理10.3より，$f(\boldsymbol{x})$ が凹関数であるとは，どのような $\boldsymbol{a}, \boldsymbol{h}$ であっても

$$f(\boldsymbol{a} + \boldsymbol{h}) \leqq f(\boldsymbol{a}) + \nabla f(\boldsymbol{a}) \boldsymbol{h}$$

が成り立つことと同じである．これは (10-2) 式において，どのような a, h であっても

$$hD^2 f(a+\theta h) h^{\mathrm{T}} \leq 0$$

であることと同じである．これは，どのような x であっても $D^2 f(x)$ が半負値定符号であることを意味する．

例10.4 2次形式 $f(x_1, x_2) = -x_1^2 - x_2^2$ に対して，そのヘッセ行列 $D^2 f(x) = \begin{pmatrix} -2 & 0 \\ 0 & -2 \end{pmatrix}$ は負値定符号だから $f(x_1, x_2)$ は凹関数である． □

凹計画法・凸計画法　目的関数が凹関数である最大化問題を**凹計画**（concave programming）という．また，目的関数が凸関数である最小化問題を**凸計画**（convex programming）という．

　凹計画および凸計画においては，定理10.1の逆が成立する．いま $f(x)$ が凹関数であり，$\nabla f(x^*) = 0$ であるとする．定理10.3より，どのような x についても

$$f(x) \leq f(x^*) + \nabla f(x^*)(x - x^*)$$

が成り立つ．$\nabla f(x^*) = 0$ より，$f(x) \leq f(x^*)$ であるから，$f(x^*)$ が最大値である．$f(x)$ が凸関数である場合も同様の議論が成り立つ．よって，以下の定理が得られる．

定理10.5（凹計画法・凸計画法）　$f(x)$ は C^1 級であるとする．
（ⅰ）$f(x)$ が凹関数であるとき，$f(x)$ が x^* において最大値をとるための必要十分条件は $\nabla f(x^*) = 0$ である．
（ⅱ）$f(x)$ が凸関数であるとき，$f(x)$ が x^* において最小値をとるための必要十分条件は $\nabla f(x^*) = 0$ である．

　定理10.5より，凹計画・凸計画問題において最適解を求めることは，連立方程式

$$\frac{\partial f}{\partial x_1}(\boldsymbol{x})=0, \cdots, \frac{\partial f}{\partial x_n}(\boldsymbol{x})=0$$

を解くことに帰着することがわかる．

例10.5 関数 $f(x_1,x_2)=-(x_1-1)^2-(x_2-2)^2$ は $(x_1,x_2)=(1,2)$ のとき最大値をとることは明らかである．ヘッセ行列 $\boldsymbol{D}^2 f(x)=\begin{pmatrix} -2 & 0 \\ 0 & -2 \end{pmatrix}$ は負値定符号であるから，関数 $f(x_1,x_2)$ は凹関数である．定理10.5より，関数 $f(x_1,x_2)$ の値を最大にする (x_1,x_2) は連立方程式

$$\frac{\partial f}{\partial x_1}(x_1,x_2)=-2x_1-2=0, \quad \frac{\partial f}{\partial x_2}(x_1,x_2)=-2x_2-4=0$$

の解と一致する．これを解くと $(x_1,x_2)=(1,2)$ である． □

利潤最大化：完全競争市場 ある生産者の生産関数を $y=f(x_1,x_2)$ とする（y は生産量，x_1,x_2 は要素投入量）．生産物の価格を p，要素価格を w_1,w_2 とする．この生産者の利潤は

$$\pi(x_1,x_2)=py-(w_1x_1+w_2x_2)=pf(x_1,x_2)-w_1x_1-w_2x_2$$

である．市場が完全競争であるとき，利潤最大化のための**必要条件**は

$$\frac{\partial \pi}{\partial x_1}(x_1^*,x_2^*)=0, \quad \frac{\partial \pi}{\partial x_2}(x_1^*,x_2^*)=0$$

すなわち

$$\frac{\partial f}{\partial x_1}(x_1^*,x_2^*)=\frac{w_1}{p}, \quad \frac{\partial f}{\partial x_2}(x_1^*,x_2^*)=\frac{w_2}{p}$$

である．これらの式の意味は

「利潤が最大化されているとき，各生産要素の限界生産性は実質要素価格に等しい」

ということである．これを**限界生産力原理**という．さらに

$$\boldsymbol{D}^2 \pi(x_1,x_2)=p\,\boldsymbol{D}^2 f(x_1,x_2)$$

であるから，$\boldsymbol{D}^2 f(x_1,x_2)$ が半負値定符号であるとき，$\boldsymbol{D}^2 \pi(x_1,x_2)$ も半負値定

符号である（$p>0$ であることに注意）．すなわち，生産関数 $f(x_1, x_2)$ が凹関数であるとき，利潤 $\pi(x_1, x_2)$ も凹関数となる．これより，生産関数が凹関数であるような利潤最大化問題は凹計画であることがわかる．このとき，定理10.5より，限界生産力原理は利潤最大化の必要十分条件となる．

利潤最大化問題の解 (x_1^*, x_2^*) は p, w_1, w_2 の関数である．これらを**要素需要関数**（factor demand function）といい，それぞれ $x_1(p, w_1, w_2)$, $x_2(p, w_1, w_2)$ と表す．また，要素需要関数を生産関数に代入して得られる関数を**供給関数**（supply function）といい，$y(p, w_1, w_2)$ と表す．

$$y(p, w_1, w_2) = f(x_1(p, w_1, w_2), x_2(p, w_1, w_2)).$$

供給関数は，価格 p, w_1, w_2 と，利潤を最大にする生産量 y との関係を表している．

例10.6 生産関数が $f(x_1, x_2) = \sqrt{x_1} + \sqrt{x_2}$（ただし，$x_1 > 0$, $x_2 > 0$）であるとき，利潤 $\pi(x_1, x_2)$ は次のように表される．

$$\pi(x_1, x_2) = p(\sqrt{x_1} + \sqrt{x_2}) - (w_1 x_1 + w_2 x_2).$$

利潤最大化の 1 階条件

$$\frac{\partial \pi}{\partial x_1}(x_1, x_2) = \frac{p}{2\sqrt{x_1}} - w_1 = 0$$

$$\frac{\partial \pi}{\partial x_2}(x_1, x_2) = \frac{p}{2\sqrt{x_2}} - w_1 = 0$$

を解いて

$$x_1 = \frac{p^2}{4w_1^2}, \quad x_2 = \frac{p^2}{4w_2^2}$$

を得る．

ここで生産関数のヘッセ行列を求めると

$$D^2 f(x_1, x_2) = \begin{pmatrix} -\sqrt{x_1}/(4x_1^2) & 0 \\ 0 & -\sqrt{x_2}/(4x_2^2) \end{pmatrix}$$

であるが，これは負値定符号行列である．よって，$f(x_1, x_2)$ は凹関数である．したがって，$(x_1, x_2) = (p^2/(4w_1^2), p^2/(4w_2^2))$ は利潤最大化問題の解，すなわち要素需要関数である．

要素需要関数を生産関数に代入すると

$$y = \sqrt{\frac{p^2}{4w_1^2}} + \sqrt{\frac{p^2}{4w_2^2}} = \frac{w_1 + w_2}{2w_1w_2}p$$

が得られる．これが供給関数である． □

10.3 等式制約つき最適化

問題の定式化 本節では，等式の制約条件がついた最適化問題と，その解法について考える．

できるだけ説明を簡単にするため，制約条件式が1つである最大化問題を主として議論する．目的関数を $f(x_1, \cdots, x_n)$ とし，制約条件を表す関数を $g(x_1, \cdots, x_n)$ とすると，本節で取り扱う問題は

「$g(x_1, \cdots, x_n) = 0$ を満たす $(x_1, \cdots, x_n)$ の中で，$f(x_1, \cdots, x_n)$ の値を最大にするものを求めよ」

と，定式化される．この問題を **MP** と略記する（Maximization Problem の略）．**MP** は次のような数式で表現される．

$$\max f(\boldsymbol{x}) \quad \text{sub.to} \quad g(\boldsymbol{x}) = 0$$

ここで，$\boldsymbol{x} = (x_1, \cdots, x_n)$ は n 次元ベクトルであり，sub.to は subject to の省略形で「次の制約の下で」という意味である（s.t. とも書く）．

効用最大化 まず，経済学における代表的な等式制約つき最適化問題である，効用最大化問題から議論を始める．財は2種類（第1財と第2財）あり，各財の消費量を x_1, x_2，各財の価格を p_1, p_2 とする（ただし $p_1 > 0$，$p_2 > 0$）．消費者の効用関数を $u(x_1, x_2)$，所得を m とする（ただし $m > 0$）．この消費者は各財の購入に所得を使い切るものとしよう．このとき，消費者の問題は，「予算制約式 $p_1 x_1 + p_2 x_2 = m$ を満たす (x_1, x_2) のうち，効用 $u(x_1, x_2)$ が最も高いものを選ぶ」ことである．これは次のように定式化される．

$$\max u(x_1, x_2) \quad \text{sub.to} \quad p_1 x_1 + p_2 x_2 = m \quad \textbf{(UMP1)}$$

UMP1 の解が満たすべき条件（必要条件）を考えてみよう．

まず予算制約式を次のように書き換える．

$$x_2 = -\frac{p_1}{p_2}x_1 + \frac{m}{p_2}.$$

これを効用関数に代入すると，次のような1変数関数 $U(x_1)$ が得られる．

$$U(x_1) = u\left(x_1, -\frac{p_1}{p_2}x_1 + \frac{m}{p_2}\right).$$

特に，効用関数が $u = x_1 x_2$ の場合には，

$$U(x_1) = x_1\left(-\frac{p_1}{p_2}x_1 + \frac{m}{p_2}\right) = -\frac{p_1}{p_2}x_1^2 + \frac{m}{p_2}x_1$$

となり，$U(x_1)$ は2次関数である．

もし (x_1^*, x_2^*)，$x_1^* > 0$，$x_2^* > 0$ が **UMP1** の解であるなら，$U(x_1)$ は $x_1 = x_1^*$ のとき最大値をとるので，定理3.1より

$$U'(x_1^*) = 0$$

が成立する．

ここで $U'(x_1)$ に合成関数の微分の公式を適用すると

$$U'(x_1^*) = \frac{\partial u}{\partial x_1}(x_1^*, x_2^*) - \frac{\partial u}{\partial x_2}(x_1^*, x_2^*)\frac{p_1}{p_2} = 0$$

となる．これより，次の関係式を得る．

$$\frac{\partial u}{\partial x_1}(x_1^*, x_2^*)\frac{1}{p_1} = \frac{\partial u}{\partial x_2}(x_1^*, x_2^*)\frac{1}{p_2}$$

ここで $\lambda^* = \frac{1}{p_1}\frac{\partial u}{\partial x_1}(x_1^*, x_2^*) = \frac{1}{p_2}\frac{\partial u}{\partial x_2}(x_1^*, x_2^*)$ とおくと，上式は次のように書き換えることができる．

$$\frac{\partial u}{\partial x_1}(x_1^*, x_2^*) = \lambda^* p_1, \quad \frac{\partial u}{\partial x_2}(x_1^*, x_2^*) = \lambda^* p_2$$

つまり，(x_1^*, x_2^*) が **UMP1** の解であるなら，ある数 λ^* に対して

$$\frac{\partial u}{\partial x_1}(x_1^*, x_2^*) = \lambda^* p_1 \tag{10-3}$$

$$\frac{\partial u}{\partial x_2}(x_1^*, x_2^*) = \lambda^* p_2 \tag{10-4}$$

$$p_1 x_1^* + p_2 x_2^* = m \tag{10-5}$$

が成立することがわかる．ここで，(10-3) および (10-4) の左辺は各財の

限界効用（marginal utility）であり，右辺は財価格を定数倍したものである．すなわち，「効用が最大化されているとき，各財の限界効用はそれぞれの価格の定数倍に等しくなっている」ということを意味している（ただし，倍率は共通の λ^* であることに注意）．

$p=(p_1, p_2)$, $\boldsymbol{x}^*=(x_1^*, x_2^*)$ として (10 - 3), (10 - 4), (10 - 5) 式をベクトル表示すると，次のようになる．

$$\nabla u(\boldsymbol{x}^*) = \lambda^* \boldsymbol{p} \tag{10-6}$$

$$\boldsymbol{p}\boldsymbol{x}^* = m \tag{10-7}$$

(10 - 6) より

> 「効用が最大化されているとき，効用関数の勾配ベクトルは価格ベクトルの定数倍と一致する」

ということがわかる．

1階条件 上述の効用最大化で議論した最適解の必要条件を導出する方法は，一般の MP に対しても有効である．このことを2変数のケースで確認しておこう．(x_1^*, x_2^*) が MP の解であるとする．ここで，$\partial g/\partial x_2(x_1^*, x_2^*) \neq 0$ であれば，陰関数定理（定理9.2）より，(x_1^*, x_2^*) の近傍では，制約条件 $g(x_1, x_2) = 0$ を満たす (x_1, x_2) は，ある関数 h によって $x_2 = h(x_1)$ と表すことができる．この関数関係を目的関数に代入すると，1変数関数 $F(x_1)$ が得られる．

$$F(x_1) = f(x_1, h(x_1)).$$

(x_1^*, x_2^*) が MP の解であるから，$F(x_1)$ の最大値は $F(x_1^*)$ である．1階条件より，

$$F'(x_1^*) = \frac{\partial f}{\partial x_1}(x_1^*, x_2^*) + \frac{\partial f}{\partial x_2}(x_1^*, x_2^*) h'(x_1^*) = 0$$

が成り立つ．さらに陰関数定理より

$$h'(x_1^*) = -\frac{\dfrac{\partial g}{\partial x_1}(x_1^*, x_2^*)}{\dfrac{\partial g}{\partial x_2}(x_1^*, x_2^*)}$$

が成り立つ．$\dfrac{\partial g}{\partial x_2}(x_1^*, x_2^*) \neq 0$ のとき，これを上式に代入して整理すると

図10.1　定理10.6（1階条件）の図解

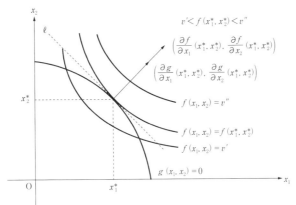

$$\frac{\dfrac{\partial f}{\partial x_1}(x_1^*, x_2^*)}{\dfrac{\partial g}{\partial x_1}(x_1^*, x_2^*)} = \frac{\dfrac{\partial f}{\partial x_2}(x_1^*, x_2^*)}{\dfrac{\partial g}{\partial x_2}(x_1^*, x_2^*)}$$

を得る．上式の両辺は等しいので，その値を λ^* とおくと

$$\frac{\partial f}{\partial x_i}(x_1^*, x_2^*) = \lambda^* \frac{\partial g}{\partial x_i}(x_1^*, x_2^*), \quad i = 1, 2$$

が得られる．$\dfrac{\partial g}{\partial x_1}(x_1^*, x_2^*) = 0$ の場合もこの等式は成立する．

以上の議論は一般の n 変数の場合でも同様に展開できる．よって，次の定理が成り立つことがわかる．

定理10.6（1階条件）　$\boldsymbol{x}^*$ が **MP** の解であり，

$$\nabla g(\boldsymbol{x}^*) \neq \boldsymbol{0} \tag{R}$$

が成立しているとする．このとき，

$$\nabla f(\boldsymbol{x}^*) = \lambda^* \nabla g(\boldsymbol{x}^*) \tag{10-8}$$

$$g(\boldsymbol{x}^*) = 0 \tag{10-9}$$

となるような，ある実数 λ^* が存在する．

定理10.6において，条件 **R** は方程式 $g(\boldsymbol{x}) = 0$ に陰関数定理を適用するために必要な条件である．(10-8) 式は，最適解においては，目的関数 f と制約条

件 g の勾配ベクトルは本質的に同じ向きを向いている，ということを意味している．

ラグランジュ乗数法　定理10.6を応用した **MP** の解の候補を見つける方法を紹介しよう．これは，制約つき最適化問題を，ある関数の制約のない最適化問題に変換するもので，**ラグランジュ乗数法**として知られている．以下にラグランジュ乗数法の手順を示しておこう．

Step 1：**MP** に対して，次のような $n+1$ 変数関数 L を作る．
$$L(\boldsymbol{x}, \lambda) = f(\boldsymbol{x}) - \lambda g(\boldsymbol{x}).$$
この関数 L を**ラグランジュ関数**（Lagrangean）といい，追加された変数 λ のことをラグランジュ乗数（Lagrange multiplier）という．

Step 2：ラグランジュ関数 L の極値問題を考えて，1階条件（定理10.1）を導出する．
$$\frac{\partial L}{\partial x_1}(\boldsymbol{x}, \lambda) = 0, \cdots, \frac{\partial L}{\partial x_n}(\boldsymbol{x}, \lambda) = 0, \frac{\partial L}{\partial \lambda}(\boldsymbol{x}, \lambda) = 0.$$
これは次のような連立方程式体系を表す．
$$\begin{cases} \dfrac{\partial f}{\partial x_1}(\boldsymbol{x}) = \lambda \dfrac{\partial g}{\partial x_1}(\boldsymbol{x}) \\ \quad\quad \vdots \\ \dfrac{\partial f}{\partial x_n}(\boldsymbol{x}) = \lambda \dfrac{\partial g}{\partial x_n}(\boldsymbol{x}) \\ \quad g(\boldsymbol{x}) = 0 \end{cases} \tag{10-10}$$

Step 3：連立方程式（10-10）の解 $(\boldsymbol{x}^*, \lambda^*) = (x_1^*, \cdots, x_n^*, \lambda^*)$ を求める．定理10.6より，$\nabla g(\boldsymbol{x}^*) \neq \boldsymbol{0}$ ならば，$\boldsymbol{x}^*$ は **MP** の解の<u>必要条件</u>（10-8），（10-9）を満たす．

例10.7　**UMP1**において，ラグランジュ関数 $L(x_1, x_2, \lambda)$ を次のように設定する．
$$L(x_1, x_2, \lambda) = u(x_1, x_2) - \lambda(p_1 x_1 + p_2 x_2 - m)$$
いま $L(x_1^*, x_2^*, \lambda^*)$ が関数 L の極値であるとすると，定理10.1より

$$\frac{\partial L}{\partial x_1}(x_1^*, x_2^*, \lambda^*) = 0, \quad \frac{\partial L}{\partial x_2}(x_1^*, x_2^*, \lambda^*) = 0, \quad \frac{\partial L}{\partial \lambda}(x_1^*, x_2^*, \lambda^*) = 0$$

が成立する．これは (10-3)，(10-4)，(10-5) 式と同一である． □

ラグランジュ乗数の意味　定理10.6およびラグランジュ乗数法に現れるラグランジュ乗数は，どのような意味をもつのだろうか．それを考えるために，**MP** の特殊ケースとして，次の問題を考える

$$\max f(x_1, x_2) \quad \text{sub.to} \quad g(x_1, x_2) = t.$$

ここで t はパラメータである．$t = t^*$ のときの上記の問題の解を $\boldsymbol{x}^* = (x_1^*, x_2^*)$ とすると，$\boldsymbol{x}^*$ の値は t の値に依存して決まる．この関数関係を明示して $x_1^* = x_1(t^*)$，$x_2^* = x_2(t^*)$ と表す．これらを f と g に代入して，次の1変数関数 F と G を考える．

$$F(t) = f(x_1(t), x_2(t)), \quad G(t) = g(x_1(t), x_2(t)) - t.$$

$F(t)$ は t と最大値との関係を表している．一方，最適解は制約条件を満たしていることから，$G(t)$ の値はつねに 0 である（定値関数）．

合成関数の微分の公式を適用して $F(t)$ と $G(t)$ を微分すると，

$$F'(t^*) = \frac{\partial f}{\partial x_1}(\boldsymbol{x}^*)\frac{\mathrm{d}x_1}{\mathrm{d}t}(t^*) + \frac{\partial f}{\partial x_2}(\boldsymbol{x}^*)\frac{\mathrm{d}x_2}{\mathrm{d}t}(t^*) \tag{10-11}$$

$$G'(t^*) = \frac{\partial g}{\partial x_1}(\boldsymbol{x}^*)\frac{\mathrm{d}x_1}{\mathrm{d}t}(t^*) + \frac{\partial g}{\partial x_2}(\boldsymbol{x}^*)\frac{\mathrm{d}x_2}{\mathrm{d}t}(t^*) - 1. \tag{10-12}$$

1階条件（定理10.6）より，

$$\frac{\partial f}{\partial x_1}(\boldsymbol{x}^*) = \lambda^* \frac{\partial g}{\partial x_1}(\boldsymbol{x}^*), \quad \frac{\partial f}{\partial x_2}(\boldsymbol{x}^*) = \lambda^* \frac{\partial g}{\partial x_2}(\boldsymbol{x}^*)$$

であるから，(10-11)式は

$$F'(t^*) = \lambda^* \left[\frac{\partial g}{\partial x_1}(\boldsymbol{x}^*)\frac{\mathrm{d}x_1}{\mathrm{d}t}(t^*) + \frac{\partial g}{\partial x_2}(\boldsymbol{x}^*)\frac{\mathrm{d}x_2}{\mathrm{d}t}(t^*) \right]$$

となる．一方，$G(t)$ は定値関数であることから，$G'(t) = 0$ であることに注意すると，(10-12)式より

$$\frac{\partial g}{\partial x_1}(\boldsymbol{x}^*)\frac{\mathrm{d}x_1}{\mathrm{d}t}(t^*) + \frac{\partial g}{\partial x_2}(\boldsymbol{x}^*)\frac{\mathrm{d}x_1}{\mathrm{d}t}(t^*) = 1$$

が成立する.

したがって,最大値関数 $F(t)$ の微分について,次の関係が成立する.

$$F'(t^*) = \lambda^* \left[\frac{\partial g}{\partial x_1}(\boldsymbol{x}^*) \frac{\mathrm{d}x_1}{\mathrm{d}t}(t^*) + \frac{\partial g}{\partial x_2}(\boldsymbol{x}^*) \frac{\mathrm{d}x_2}{\mathrm{d}t}(t^*) \right] = \lambda^*$$

以上より,ラグランジュ乗数とは

制約条件のパラメータ t の微小な変化が最大値 $F(t)$ に与える限界的な効果
を表していることがわかる.

効用最大化:再論 すでに見たように,**UMP1** の1階条件は (10-3),(10-4),(10-5) 式である.

(10-3) 式と (10-4) 式の比をとると

$$\frac{\dfrac{\partial u}{\partial x_1}(x_1, x_2)}{\dfrac{\partial u}{\partial x_2}(x_1, x_2)} = \frac{p_1}{p_2}$$

この式の左辺は各財の限界効用の比であるが,これは第1財の第2財に対する**限界代替率**を表している(第9章9.1節を参照せよ).一方,右辺は各財の価格の比であり,第1財の第2財に対する**相対価格**である.すなわち,1階条件より

　　効用が最大化されているとき,限界代替率と相対価格(価格比)は等しい

という経済学において非常に有名な命題が導かれる.また,効用最大化問題におけるラグランジュ乗数は,「所得 m が微小に増加したときの最大効用の増加分」すなわち**所得の限界効用**を表している.

例10.8 効用関数が $u(x_1, x_2) = x_1^2 x_2$ (ただし,$x_1 > 0$, $x_2 > 0$) であるとして,効用最大化問題

$$\max x_1^2 x_2 \quad \text{sub.to} \quad p_1 x_1 + p_2 x_2 = m$$

を考える.ただし,$x_1, x_2 \geqq 0$ であり,p_1, p_2, m はいずれも正の定数である.この問題のラグランジュ関数を次のように設定する.

$$L(x_1, x_2, \lambda) = x_1^2 x_2 - \lambda(p_1 x_1 + p_2 x_2 - m)$$

1階条件は次の3式で表される.

$$\frac{\partial L}{\partial x_1} = 2x_1 x_2 - \lambda p_1 = 0 \tag{10-13}$$

$$\frac{\partial L}{\partial x_2} = x_1^2 - \lambda p_2 = 0 \tag{10-14}$$

$$\frac{\partial L}{\partial \lambda} = -p_1 x_1 - p_2 x_2 + m = 0 \tag{10-15}$$

$x_1, x_2 \neq 0$ として，(10-13) と (10-14) の比をとって整理すると

$$\frac{2x_2}{x_1} = \frac{p_1}{p_2}$$

となる．左辺は (x_1, x_2) における限界代替率であり，右辺は相対価格である．(10-13)，(10-14)，(10-15) を連立して解くと

$$x_1 = \frac{2m}{3p_1} \tag{10-16}$$

$$x_2 = \frac{m}{3p_2} \tag{10-17}$$

$$\lambda = \frac{4m^2}{9p_1^2 p_2} \tag{10-18}$$

が得られる．(10-16) と (10-17) は最適解の**必要条件**を満たす．実際，これらは最適解である（練習問題10.3を参照）．需要関数 (10-16) および (10-17) を効用関数に代入すると，間接効用関数 $v(p_1, p_2, m)$ が得られる．

$$v(p_1, p_2, m) = \left(\frac{2m}{3p_1}\right)^2 \frac{m}{3p_2} = \frac{4m^3}{27 p_1^2 p_2}.$$

ここで

$$\frac{\partial v}{\partial m}(p_1, p_2, w) = \frac{4m^2}{9p_1^2 p_2} = \lambda$$

が成り立つ．これより，ラグランジュ乗数は所得の限界効用であることがわかる．　□

費用最小化　経済学における等式制約つき最適化問題のもう1つの例として費用最小化問題を考えよう．ある生産者の生産関数を $f(x_1, x_2)$ とする．各生産

要素の価格をそれぞれ w_1, w_2 とする．ある生産量 y を所与として，次の最小化問題を考える．

$$\min w_1 x_1 + w_2 x_2 \quad \text{sub.to} \quad f(x_1, x_2) = y. \quad \textbf{(CMP)}$$

この問題の解を (x_1^*, x_2^*) とすると，定理10.6より

$$w_1 = \lambda^* \frac{\partial f}{\partial x_1}(x_1^*, x_2^*) \tag{10-19}$$

$$w_2 = \lambda^* \frac{\partial f}{\partial x_2}(x_1^*, x_2^*) \tag{10-20}$$

$$f(x_1^*, x_2^*) = y \tag{10-21}$$

が成り立つような λ^* が存在する．(10-19) 式と (10-20) 式の比をとると，次の関係式が得られる．

$$\frac{\frac{\partial f}{\partial x_1}(x_1^*, x_2^*)}{\frac{\partial f}{\partial x_2}(x_1^*, x_2^*)} = \frac{w_1}{w_2}$$

この式の左辺は各生産要素の限界生産性の比であり，技術的限界代替率を表している（第9章9.1節例9.1を参照せよ）．一方，右辺は要素価格比である．すなわち，1階条件から

費用が最小化されているとき，技術的限界代替率と要素価格比は等しい

ということがわかる．また，**CMP** におけるラグランジュ乗数とは，「生産量 y が微小に増加したときの最小費用の増加分」すなわち**限界費用**を表している．

例10.9 ある生産者の生産関数が $f(x_1, x_2) = \sqrt{x_1} + \sqrt{x_2}$ （ただし，$x_1 > 0$, $x_2 > 0$）であるとして，費用最小化問題

$$\min w_1 x_1 + w_2 x_2 \quad \text{sub.to} \quad \sqrt{x_1} + \sqrt{x_2} = y$$

を考える．ただし，w_1, w_2, y は正の定数である．この問題のラグランジュ関数を次のように設定する．

$$L(x_1, x_2, \lambda) = -(w_1 x_1 + w_2 x_2) - \lambda(y - \sqrt{x_1} - \sqrt{x_2}).$$

1階条件は次の3式で表される．

$$\frac{\partial L}{\partial x_1} = -w_1 + \lambda \frac{1}{2\sqrt{x_1}} = 0 \tag{10-22}$$

$$\frac{\partial L}{\partial x_2} = -w_2 + \lambda \frac{1}{2\sqrt{x_2}} = 0 \tag{10-23}$$

$$\frac{\partial L}{\partial \lambda} = -y + \sqrt{x_1} + \sqrt{x_2} = 0. \tag{10-24}$$

（10-22）と（10-23）の比をとって整理すると

$$\frac{\sqrt{x_2}}{\sqrt{x_1}} = \frac{w_1}{w_2}$$

を得る．この式の左辺が技術的限界代替率であり，右辺は要素価格比である．
（10-22），（10-23），（10-24）を連立して解くと

$$x_1 = \left(\frac{w_2 y}{w_1 + w_2}\right)^2 \tag{10-25}$$

$$x_2 = \left(\frac{w_1 y}{w_1 + w_2}\right)^2 \tag{10-26}$$

$$\lambda = \frac{2 w_1 w_2 y}{w_1 + w_2} \tag{10-27}$$

が得られる．（10-25）と（10-26）は最適解の<u>必要条件</u>を満たす．実際，これらは最適解である（練習問題10.4を参照せよ）．この生産者の費用関数 $c(w_1, w_2, y)$ は，（10-25）および（10-26）を目的関数 $w_1 x_1 + w_2 x_2$ に代入することによって得られる．

$$\begin{aligned} c(w_1, w_2, y) &= w_1 \left(\frac{w_2 y}{w_1 + w_2}\right)^2 + w_2 \left(\frac{w_1 y}{w_1 + w_2}\right)^2 \\ &= \frac{w_1 w_2 y^2}{w_1 + w_2}. \end{aligned}$$

ここで

$$\frac{\partial c}{\partial y}(w_1, w_2, y) = \frac{2 w_1 w_2 y}{w_1 + w_2} = \lambda$$

が成り<u>立つ</u>．これより，ラグランジュ乗数は限界費用と一致していることがわ

かる.　　　　　　　　　　　　　　　　　　　　　　　　　　　　□

一般のケース　一般に制約条件式が複数あるような問題であっても，ラグランジュ乗数法を適用して解の候補を見つけることが可能である．最後にこれについて簡単に触れておこう．m 本の制約条件式

$$g_1(\boldsymbol{x})=0, \cdots, g_m(\boldsymbol{x})=0$$

を満たす $\boldsymbol{x}$ の中から，$f(\boldsymbol{x})$ の値を最大にすることを考える．ただし，制約条件の数 m は変数の数 n よりも少ない，すなわち $m<n$ を仮定する．もし $m>n$ ならば，変数の数よりも方程式の数のほうが多いことになり，制約条件を満たすような $(x_1, \cdots, x_n)$ がそもそも存在しないという事態が起こりうる．このような問題をあらかじめ排除しておく．

上述の一般的な問題についても，定理10.6と同様にして，以下の定理が成り立つことを示すことができる．

定理10.7　最大化問題

$$\max f(\boldsymbol{x}) \quad \text{sub.to} \quad g_1(\boldsymbol{x})=0, \cdots, g_m(\boldsymbol{x})=0 \tag{10-28}$$

を考える（ただし，$m<n$）．$\boldsymbol{x}^*$ が（10-28）の解であり，

「$\nabla g_1(\boldsymbol{x}^*), \cdots, \nabla g_m(\boldsymbol{x}^*)$ は1次独立」

であるとする．このとき

$$\nabla f(\boldsymbol{x}^*)=\lambda_1^* \nabla g_1(\boldsymbol{x}^*)+\cdots+\lambda_m^* \nabla g_m(\boldsymbol{x}^*) \tag{10-29}$$

$$\nabla g_i(\boldsymbol{x}^*)=0 \quad (i=1, \cdots, m) \tag{10-30}$$

が成り立つような $\boldsymbol{\lambda}^*=(\lambda_1^*, \cdots, \lambda_m^*)$ が存在する．

MP のときと同様に，問題（10-28）にラグランジュ乗数法を適用すると次のようになる．

　Step 1：ラグランジュ関数 L を次のように作る．

$$L(\boldsymbol{x}, \boldsymbol{\lambda})=f(\boldsymbol{x})-\sum_{j=1}^{m} \lambda_j g_j(\boldsymbol{x})$$

ここで，$\boldsymbol{\lambda}=(\lambda_1, \cdots, \lambda_m)$ は m 次元ベクトルである．

　Step 2：ラグランジュ関数について，極値のための1階条件を導出する．

$$\frac{\partial L}{\partial x_1}(\boldsymbol{x},\boldsymbol{\lambda})=0,\cdots,\frac{\partial L}{\partial x_n}(\boldsymbol{x},\boldsymbol{\lambda})=0$$

$$\frac{\partial L}{\partial \lambda_1}(\boldsymbol{x},\boldsymbol{\lambda})=0,\cdots,\frac{\partial L}{\partial \lambda_m}(\boldsymbol{x},\boldsymbol{\lambda})=0$$

これより以下の連立方程式体系が導かれる.

$$\begin{cases} \frac{\partial f}{\partial x_1}(\boldsymbol{x})=\sum_{j=1}^{m}\lambda_j\frac{\partial g_j}{\partial x_1}(\boldsymbol{x}) \\ \quad\quad\vdots \\ \frac{\partial f}{\partial x_n}(\boldsymbol{x})=\sum_{j=1}^{m}\lambda_j\frac{\partial g_j}{\partial x_n}(\boldsymbol{x}) \\ g_1(\boldsymbol{x})=0 \\ \quad\quad\vdots \\ g_m(\boldsymbol{x})=0 \end{cases} \quad (10\text{-}31)$$

Step 3：連立方程式 (10-31) の解 $(\boldsymbol{x}^*,\boldsymbol{\lambda}^*)$ を求める．$\nabla g_1(\boldsymbol{x}^*),\cdots,$ $\nabla g_m(\boldsymbol{x}^*)$ が1次独立であるなら，$\boldsymbol{x}^*$ は最適化問題の解の**必要条件** (10-29), (10-30) を満たす．

Step 3 の「$\nabla g_1(\boldsymbol{x}^*),\cdots,\nabla g_m(\boldsymbol{x}^*)$ が1次独立である」という条件は，連立方程式体系

$$g_1(\boldsymbol{x})=0$$
$$\vdots$$
$$g_m(\boldsymbol{x})=0$$

に対して陰関数定理を適用するために必要な条件である．すなわち，この条件が満たされるならば，n 個の変数 $x_1,\cdots,x_n$ のうち m 個の変数が残り $n-m$ 個の変数の関数として表すことができる．制約条件が1本の場合と同様，それらを目的関数に代入することにより，制約のない最適化問題に帰着させることができる．

不等式制約つき最適化 経済学で現れる制約条件は不等式で表現されるものが多い．例えば，消費量や要素投入量は通常非負の数であると考えられるので，$x_i \geqq 0\,(i=1,\cdots,n)$ のように不等式の制約条件として表される．あるいは，効

用最大化において，予算制約は等式ではなく，不等式

$$p_1 x_1 + p_2 x_2 \leqq m$$

で表すほうが自然である．

不等式制約つき最適化問題の典型的な例として，次の効用最大化問題を考える．

$$\max u(x_1, x_2) \quad \text{sub.to} \quad p_1 x_1 + p_2 x_2 \leqq m, \quad x_1 \geqq 0, \quad x_2 \geqq 0 \quad \textbf{(UMP2)}$$

ただし，p_1, p_2, w はいずれも正の定数である．

UMP2の解を $\boldsymbol{x}^{**} = (x_1^{**}, x_2^{**})$ とする．$x_1^{**} > 0$ かつ $x_2^{**} > 0$ であるとき，**内点解**（interior solution）という．$x_1^{**} = 0$ あるいは $x_2^{**} = 0$ であるとき，**端点解**（corner solution）という．

効用関数が単調増加関数であるなら，解 $\boldsymbol{x}^{**}$ は予算制約を等号で満たす．すなわち，$p_1 x_1^{**} + p_2 x_2^{**} = m$ が成り立つ．なぜならば，もし $p_1 x_1^{**} + p_2 x_2^{**} < m$ ならば，等号が成り立つまで財の消費量を増やすことにより，より高い効用を実現することができ，$\boldsymbol{x}^{**}$ が解であることに反するからである．よって，UMP2の予算制約は等式に置き換えても問題の本質は変わらない．つまりUMP1とUMP2との違いは非負制約 $x_1 \geqq 0, x_2 \geqq 0$ だけにある．$\boldsymbol{x}^{**}$ が内点解であれば，UMP1と同様の方法により，

$$\frac{\partial u}{\partial x_1}(x_1^{**}, x_2^{**}) = \lambda^{**} p_1$$

$$\frac{\partial u}{\partial x_2}(x_1^{**}, x_2^{**}) = \lambda^{**} p_2$$

$$p_1 x_1^{**} + p_2 x_2^{**} = m$$

が成り立つような λ^{**} が存在することを示すことができる．
すなわち

「内点解に関しては，UMP1とUMP2の1階条件は同一である．」

したがって，UMP2においても，内点解についてはラグランジュ乗数法が有効である．

しかし，端点解についてはこの限りではない．端点解も含めた不等式制約の最適化問題のより一般的な解法については，より上級の最適化法の教科書（例えば，マンガサリアン著『非線形計画法』培風館）を参照されたい．

練習問題

問題10.1

ある生産者の生産関数を $y=2\sqrt{x_1}+2\sqrt{x_2}$ とする (y は生産量, x_1, x_2 は要素投入量). 生産物の価格を $p=1$, 要素価格を $w_1=2, w_2=1$ とする. 市場は完全競争であるとする.

(1) 利潤最大化の1階の必要条件を満たす (x_1, x_2) および y を求めなさい.

(2) (2)の解について, 2階の条件を調べなさい.

問題10.2

消費財は2種類あるとする. 各財の消費量を x_1, x_2, 各財の価格を p_1, p_2 で表す. この消費者の効用関数は $u=\sqrt{x_1 x_2}=x_1^{1/2} x_2^{1/2}$, 所得を m であるとして, 次の効用最大化問題を考える.

$$\max \sqrt{x_1 x_2} \quad \text{sub.to} \quad p_1 x_1 + p_2 x_2 = m$$

(ただし x_1, x_2, p_1, p_2, m はすべて正とする)

(1) 効用最大化の1階条件 (定理10.6) を導出しなさい.

(2) 1階条件の解 x_1^*, x_2^* をそれぞれ p_1, p_2, m を用いて表しなさい.

(3) 一般に, 効用関数が $u=x_1^\alpha x_2^\beta$ のとき (ただし $\alpha, \beta > 0$), 効用最大化の1階条件の解 x_1^*, x_2^* を, それぞれ $p_1, p_2, m, \alpha, \beta$ を用いて表しなさい.

問題10.3

例10.8の効用最大化問題を考える.

(1) 予算制約から導かれる関係式 $x_2 = -\dfrac{p_1}{p_2} x_1 + \dfrac{m}{p_2}$ を効用関数に代入して得られる1変数関数 $U(x_1)$ を求めなさい.

(2) $U(x_1)$ を最大にする x_1 を求めなさい (ただし, $x_1 \geq 0$).

問題10.4

例10.9の費用最小化問題を考える.

(1) 制約条件 $y=\sqrt{x_1}+\sqrt{x_2}$ を x_2 について解きなさい ($x_2 = \cdots$ の形にしなさい).

(2) (1)で求めた式を目的関数 $w_1x_1+w_2x_2$ に代入して得られる関数を $C(x_1)$ とする。$C(x_1)$ は凸関数であることを示しなさい。

(3) $C(x_1)$ を最小にする x_1 を求めなさい（ただし，$x_1\geqq0$）。

問題10.5

消費財を2種類として，ある消費者の効用最大化問題を考える。各財の価格，および消費者の所得はすべて1として，等式の予算制約 $x_1+x_2=1$ を考える。

(1) この消費者の効用関数は $u=2x_1+x_2$ であるとして，定理10.6の1階条件を満たす x_1, x_2 は存在するか。

(2) この消費者の効用関数が $u=x_1^2x_2^2$ であるとして，定理10.6の1階条件を満たす x_1, x_2 を求めなさい。これは効用を最大にしているか。

問題10.6

2種類の生産要素（第1要素と第2要素）を用いて，ある消費財を生産する生産者を考える。この生産者の生産関数は $y=\sqrt{x_1}+\sqrt{x_2}$（y：生産量，x_1, x_2：各要素投入量）であるとする。消費財の価格を p，各要素価格をそれぞれ w_1, w_2 とする。

(1) p を正の定数，$w_1=1/4, w_2=1/6$ であるときの利潤最大化問題を考える。

$$\max p(\sqrt{x_1}+\sqrt{x_2})-\left(\frac{1}{4}x_1+\frac{1}{6}x_2\right)$$

この問題で最大利潤を達成する生産量 y を価格 p の式で表しなさい。

(2) y を正の定数，$w_1=1/4, w_2=1/6$ であるとき，次の費用最小化問題における最小値（最小費用）を y の式で表しなさい。

$$\min \frac{1}{4}x_1+\frac{1}{6}x_2 \quad \text{sub.to} \quad \sqrt{x_1}+\sqrt{x_2}=y$$

(3) (2)で求めた生産量と最小費用との関係を $C(y)$ で表す。$C(y)$ が凸関数であるかどうかを判定しなさい。

(4) p は正の定数として，次の利潤最大化問題の解 y を価格 p を用いて表しなさい。

$$\max py-C(y)$$

第11章

確率論の展開

　本章では，多変量の確率変数を取り扱う．同時確率分布から出発し，統計学の基礎となる平均．（共）分散・相関係数および確率変数の独立性について説明する．独立な確率な変数の和に関するきわめて重要な結果である大数の法則を解説する．

　最後に，経済学への応用として，ポートフォリオ理論と保険について述べる．

　前提とする知識：確率論（第6章）

11.1 期待値と分散

X を有限の値 $x_1, \cdots, x_n$ をとる確率変数とし,各値をとる確率をそれぞれ $p_1, \cdots, p_n$ とする.X の値とその確率との積和

$$p_1 x_1 + \cdots + p_n x_n$$

を確率変数 X の**期待値**(expected value)または**平均**(mean)といい,$E(X)$ または m と表す.

確率変数 X に対して,$(X-m)^2$ も確率変数である.確率変数 $(X-m)^2$ の期待値を**分散**(variance)といい,$V(X)$ と表す($\sigma^2(X), \sigma_X^2$ あるいは単に σ^2 と書くこともある).

$$V(X) = E[(X-m)^2] = p_1(x_1-m)^2 + \cdots + p_n(x_n-m)^2 \tag{11-1}$$

分散の正の平方根 $\sqrt{V(X)}$ を**標準偏差**(standard deviation)といい,$\sigma(X)$ と表す(σ_X と書くこともある).

分散の定義式 (11-1) は次のように書き換えることができる.

$$\begin{aligned}
& p_1(x_1-m)^2 + \cdots + p_n(x_n-m)^2 \\
&= (p_1 x_1^2 + \cdots + p_n x_n^2) - 2m(p_1 x_1 + \cdots + p_n x_n) + (p_1 + \cdots + p_n)m^2 \\
&= E(X^2) - 2mE(X) + m^2 \\
&= E(X^2) - m^2
\end{aligned}$$

これより,次の定理を得る.

定理11.1 確率変数 X について以下が成り立つ.
$$V(X) = E(X^2) - E(X)^2$$

平均および分散の定義より次の定理を導くことができる(練習問題11.2を参照).

定理11.2 X を確率変数とし,a, b を実数とする.このとき $aX + b$ も確率変数で,次が成り立つ.
(i) $E(aX + b) = aE(X) + b$

(ⅱ) $V(aX+b) = a^2 V(X)$

　最後に，確率論において基本的な結果として知られるチェビシェフの不等式を紹介しておく．チェビシェフの不等式は，確率変数 X の分布によらず成立するので，確率論において非常に有用である．例えば，11.3節で紹介する大数の法則を導出する過程において中心的な役割を果たす．

定理11.3（チェビシェフの不等式）　X を確率変数で，その平均を m とする．任意の正の実数 a に対して，次の不等式が成り立つ．

$$\mathrm{Prob}\{|X-m| \geq a\} \leq \frac{V(X)}{a^2}.$$

　この定理の意味するところを確認しておこう．$a = 2\sigma(X)$ とすれば

$$\mathrm{Prob}\{|X-m| \geq 2\sigma(X)\} \leq \frac{1}{4}$$

である．すなわち，確率変数 X がどのようなものであっても，X の値が平均から標準偏差の2倍以上乖離する確率は25%以下であることがわかる．一般に，X の値が平均から標準偏差の n 倍以上乖離する確率は $1/n^2$ 以下である．

　チェビシェフの不等式は次のようにして導くことができる．確率変数 X のとりうる値を $x_1, \cdots, x_n$ とし，その確率を $p_1, \cdots, p_n$ とする．いま，$i = 1, \cdots, k$ のとき $|x_i - m| \geq a$ であり，$i = k+1, \cdots, n$ のとき $|x_i - m| < a$ とする．このとき

$$\begin{aligned} V(X) &= p_1(x_1-m)^2 + \cdots + p_n(x_n-m)^2 \\ &\geq p_1(x_1-m)^2 + \cdots + p_k(x_k-m)^2 \\ &\geq p_1 a^2 + \cdots + p_k a^2 = a^2 \mathrm{Prob}\{|X-m| \geq a\} \end{aligned}$$

である．両辺を a^2 で割れば，所望の結果を得る．

11.2　多変量の確率変数

　2つの確率変数 X と Y とを考える．$X=a$ かつ $Y=b$ となる確率を
　　$\mathrm{Prob}\{X=a, Y=b\}$

と表す．X, Y のとる値とその確率との対応関係のことを**同時分布**（joint distribution）という．X のとりうる値が $x_1, \cdots, x_n$ であり，Y のとりうる値が $y_1, \cdots, y_m$ であるとき

$$p_{ij} = \text{Prob}\{X = x_i, Y = y_j\}$$

とすると，同時分布は次のような表で表すことができる．

$X \backslash Y$	y_1	$\cdots$	y_m	計
x_1	p_{11}	$\cdots$	p_{1m}	p_1
$\vdots$	$\vdots$	$\ddots$	$\vdots$	$\vdots$
x_n	p_{n1}	$\cdots$	p_{nm}	p_n
計	q_1	$\cdots$	q_m	1

ここで，各 i, j について

$$\text{Prob}\{X = x_i\} = p_{i1} + \cdots + p_{im} = p_i$$
$$\text{Prob}\{Y = y_j\} = p_{1j} + \cdots + p_{nj} = q_j$$

であるから，X と Y の分布はそれぞれ次の表のようになる．

X	x_1	$\cdots$	x_n
確率	p_1	$\cdots$	p_n

Y	y_1	$\cdots$	y_m
確率	q_1	$\cdots$	q_m

このようにして得られる X, Y の確率分布のことを**周辺分布**（marginal distribution）という．

同時分布は 2 変数の関数を用いて，次のように表すこともできる．

$$F(x, y) = \text{Prob}\{X \leq x, Y \leq y\}$$

この関数 $F(x, y)$ を**同時分布関数**（joint distribution function）という．

例11.1（資産投資(1)） 2 つの資産 x と y の来期の収益をそれぞれ X 万円，Y 万円とする．X, Y の分布は次の表で与えられている．

$X\backslash Y$	2	4	計
1	$\frac{1}{6}$	$\frac{1}{3}$	$\frac{1}{2}$
5	$\frac{1}{3}$	$\frac{1}{6}$	$\frac{1}{2}$
計	$\frac{1}{2}$	$\frac{1}{2}$	1

このとき，X, Y の周辺分布はそれぞれ次のようになる．

X	1	5
確率	$\frac{1}{2}$	$\frac{1}{2}$

Y	2	4
確率	$\frac{1}{2}$	$\frac{1}{2}$

これより

$$E(X) = \frac{1}{2} \times 1 + \frac{1}{2} \times 5 = 3$$

$$E(Y) = \frac{1}{2} \times 2 + \frac{1}{2} \times 4 = 3$$

$$V(X) = \frac{1}{2} \times (1-3)^2 + \frac{1}{2} \times (5-3)^2 = 4$$

$$V(Y) = \frac{1}{2} \times (2-3)^2 + \frac{1}{2} \times (4-3)^2 = 1.$$

確率変数 X, Y の平均をそれぞれ m_X, m_Y とする．確率変数 $(X - m_X) \times (Y - m_Y)$ の期待値を X と Y の**共分散**（covariance）といい，$\mathrm{Cov}(X, Y)$ と表す．

$$\mathrm{Cov}(X, Y) = E((X - m_X)(Y - m_Y))$$
$$= \sum_{i=1}^{n} \sum_{j=1}^{m} p_{ij}(x_i - m_X)(y_j - m_Y)$$

共分散 $\mathrm{Cov}(X, Y)$ は 2 つの確率変数 X と Y の関連性を表している．確率変数 $X - m_X$ と $Y - m_Y$ が同じ符号になる傾向にあるとき，共分散の値は正となる．逆に，反対の符号になる傾向にあるときには負の値になる．

共分散の定義から
(i) $\mathrm{Cov}(X, X) = V(X)$
(ii) $\mathrm{Cov}(X, Y) = E(XY) - E(X)E(Y)$
が成り立つことがわかる（練習問題11.5参照）．

共分散をそれぞれの標準偏差で除したものを**相関係数**（correlation coefficient）といい，$\rho(X, Y)$と表記する．

$$\rho(X, Y) = \frac{\mathrm{Cov}(X, Y)}{\sigma(X)\sigma(Y)} \quad \text{ただし，} \sigma(X), \sigma(Y) > 0.$$

共分散の値は確率変数の値の単位の取り方に依存する．相関係数は，共分散の値をXとYの標準偏差でそれぞれ除することで基準化し，XとYの関連性の程度を表したものである．相関係数の値が正のときは正の相関があるといい，その値が負のときは負の相関があるという．

例11.2（資産投資(2)） 例11.1において

$$\begin{aligned}
\mathrm{Cov}(X, Y) &= \frac{1}{6} \times (1-3) \times (2-3) + \frac{1}{3} \times (1-3) \times (4-3) \\
&\quad + \frac{1}{3} \times (5-3) \times (2-3) + \frac{1}{6} \times (5-3) \times (4-3) \\
&= -\frac{2}{3} \\
\rho(X, Y) &= \frac{-\frac{2}{3}}{\sqrt{4} \times \sqrt{1}} = -\frac{1}{3}.
\end{aligned}$$

□

XとYが確率変数であるとき，その和$X+Y$も確率変数である．$X+Y$の平均と分散を考えよう．いま2つの確率変数X, Yの分布が次の表で与えられているとする．

$X \backslash Y$	y_1	y_2	計
x_1	p_{11}	p_{12}	p_1
x_2	p_{21}	p_{22}	p_2
計	q_1	q_2	1

$X+Y$の分布は次の表で与えられる．

$X+Y$	x_1+y_1	x_1+y_2	x_2+y_1	x_2+y_2
確率	p_{11}	p_{12}	p_{21}	p_{22}

$X+Y$の平均を計算すると

$$\begin{aligned}
E(X+Y) &= p_{11}(x_1+y_1) + p_{12}(x_1+y_2) + p_{21}(x_2+y_1) + p_{22}(x_2+y_2) \\
&= (p_{11}+p_{12})x_1 + (p_{21}+p_{22})x_2 + (p_{11}+p_{21})y_1 + (p_{12}+p_{22})y_2 \\
&= p_1 x_1 + p_2 x_2 + q_1 y_1 + q_2 y_2 \\
&= E(X) + E(Y)
\end{aligned}$$

である．一般に，次のことが成り立つ．

定理11.4 確率変数の和の平均 2つの確率変数 X, Y について
$$E(X+Y) = E(X) + E(Y)$$
である．(この性質を期待値の線形性という.)

次に，X, Y が確率変数なら，X^2, XY, Y^2 も確率変数であるので，定理11.4 を用いて，$X+Y$ の分散を計算すると

$$\begin{aligned}
V(X+Y) &= E[(X+Y)^2] - \{E[(X+Y)]\}^2 \\
&= E(X^2 + 2XY + Y^2) - \{E(X) + E(Y)\}^2 \\
&= E(X^2) + 2E(XY) + E(Y^2) - E(X)^2 - 2E(X)E(Y) - E(Y)^2 \\
&= E(X^2) - E(X)^2 + E(Y^2) - E(Y)^2 + 2\{E(XY) - E(X)E(Y)\} \\
&= V(X) + V(Y) + 2\operatorname{Cov}(X, Y)
\end{aligned}$$

が成り立つことがわかる．

定理11.5 (確率変数の和の分散) 2つの確率変数 X, Y について
$$V(X+Y) = V(X) + V(Y) + 2\operatorname{Cov}(X, Y)$$
となる．

例11.3 (資産投資(3)) 例11.1において，2資産の収益の合計 $X+Y$ の分布は次の表のようになる．

$X+Y$	3	5	7	9
確率	$\frac{1}{6}$	$\frac{1}{3}$	$\frac{1}{3}$	$\frac{1}{6}$

したがって，

$$E(X+Y) = \frac{1}{6} \times 3 + \frac{1}{3} \times 5 + \frac{1}{3} \times 7 + \frac{1}{6} \times 9 = 6$$
$$V(X+Y) = \frac{1}{6} \times (3-6)^2 + \frac{1}{3} \times (5-6)^2 + \frac{1}{3} \times (7-6)^2 + \frac{1}{6} \times (9-6)^2 = \frac{11}{3}$$

である．ここで，例11.2, 11.3より

$$E(X) + E(Y) = 3 + 3 = 6$$
$$V(X) + V(Y) + 2\operatorname{Cov}(X, Y) = 1 + 4 - \frac{4}{3} = \frac{11}{3}$$

である． □

2つの確率変数 X, Y が**独立**（independent）であるとは，どのような a, b についても

$$\operatorname{Prob}\{X=a, Y=b\} = \operatorname{Prob}\{X=a\} \cdot \operatorname{Prob}\{Y=b\}$$

が成立する場合をいう．事象の独立性については第6章6.1節を参照せよ．

いま X, Y の分布が先の表で与えられているとき，X と Y が独立であればその分布は次の表のようになる．

$X \backslash Y$	y_1	y_2	計
x_1	$p_1 q_1$	$p_1 q_2$	p_1
x_2	$p_2 q_1$	$p_2 q_2$	p_2
計	q_1	q_2	1

このとき，X と Y との積 XY の期待値を計算すると

$$\begin{aligned} E(XY) &= p_1 q_1 x_1 y_1 + p_1 q_2 x_1 y_2 + p_2 q_1 x_2 y_1 + p_2 q_2 x_2 y_2 \\ &= (p_1 x_1 + p_2 x_2)(q_1 y_1 + q_2 y_2) = E(X) E(Y) \end{aligned}$$

であることが分かる．一般に次のことが成立する．

定理11.6（独立な確率変数の積の平均） 2つの確率変数 X, Y が独立であるとき，

$$E(XY) = E(X) E(Y)$$

となる．

X と Y が独立であるとき，定理11.6より，$E(XY)=E(X)E(Y)$ であることから

$$\mathrm{Cov}(X,Y)=0$$

である．これと定理11.5より，次のことが成り立つ．

定理11.7（独立な確率変数の和の分散） 2つの確率変数 X, Y が独立であるとき，

$$V(X+Y)=V(X)+V(Y)$$

が成立する．

X と Y が独立であるとき，$\sigma(X), \sigma(Y) > 0$ であれば $\rho(X,Y)=0$ である．すなわち，独立な確率変数は無相関である．

一般に，n 個の確率変数 $X_1, \cdots, X_n$ が独立であるとは，任意の $a_1, \cdots, a_n$ に対して

$$\mathrm{Prob}\{X_1=a_1, \cdots, X_n=a_n\}=\mathrm{Prob}\{X_1=a_1\}\times\cdots\times\mathrm{Prob}\{X_n=a_n\}$$

が成り立つ場合をいう．

11.3 大数の法則

歪みのないコインを投げるとき，表が出る確率は1/2すなわち50%である．このコインを何回か投げるとき，表が出る回数が多い場合もあれば，裏が出る回数が多い場合もある．すなわち，表が出る回数の比率は確率変数である．コインを投げる回数が多くなるとき，表が出る回数の比率の分布について考えてみよう．

コインを2回投げるとき，「2回とも表」あるいは「2回とも裏」が出る確率はどちらも $(1/2)\times(1/2)=1/4$ である．

「表と裏が1回ずつ」出るのは，「1回目が表で2回目が裏」および「1回目が裏で2回目が表」の2通りであるから，その確率は $(1/2)\times(1/2)\times 2=1/2$ である．

コラム 11-1　確率変数の和

2つのサイコロを投げてゾロ目（2つとも同じ目）が出る確率はいくらだろうか．目の出方は全部で $6\times 6=36$ 通りで，ゾロ目は6通りあるから，その確率は $6/36=1/6$ と答えたくなる．しかし，もし2つがいかさまサイコロで，2つとも同じ目が出るような細工がされているとしたら，ゾロ目がでる確率は1で，それ以外が出る確率は0である．

複数の確率変数を取り扱う場合には，あらかじめそれらの同時分布が与えられている，という前提がある．例えば，上述の2つのいかさまサイコロの出る目をそれぞれ X, Y とすると，その同時分布は次のようになる．

$X\backslash Y$	1	$\cdots$	6	計
1	$\frac{1}{6}$	$\cdots$	0	$\frac{1}{6}$
$\vdots$	$\vdots$	$\ddots$	$\vdots$	$\frac{1}{6}$
6	0	$\cdots$	$\frac{1}{6}$	$\frac{1}{6}$
計	$\frac{1}{6}$	$\cdots$	$\frac{1}{6}$	1

X と Y が確率変数であるとき，その和 $X+Y$ も確率変数であるが，それは次のように考える．

まず，見本空間 Ω を出る目の組合せの集合とする．
$$\Omega=\{(1,1),(1,2),\cdots,(1,6),(2,1),\cdots,\cdots,(6,6)\}.$$
和 $X+Y$ は，Ω 上で定義された確率変数で，その分布は次の表で与えられる．

Ω	(1, 1)	(1, 2)	$\cdots$	(2, 2)	(2, 3)	$\cdots$	(6, 6)
$X+Y$	2	3	$\cdots$	4	5	$\cdots$	12
確率	$\frac{1}{6}$	0	$\cdots$	$\frac{1}{6}$	0	$\cdots$	$\frac{1}{6}$

統計学において，複数の確率変数の和・差・積・商などを考えることは頻繁にあるが，その背後にはこのような前提があることに注意して欲しい．

コインを10回投げるとき，「10回とも表」あるいは「10回とも裏」となる確率は$(1/2)^{10}=1/1024$で，およそ0.1%である．一方，「10回のうち5回だけ表」が出る確率は

$$\left(\frac{1}{2}\right)^{10} \times {}_{10}C_5 = \frac{252}{1024}$$

「10回のうち4回だけ表」が出る確率は

$$\left(\frac{1}{2}\right)^{10} \times {}_{10}C_4 = \frac{210}{1024}$$

「10回のうち6回だけ表」が出る確率は

$$\left(\frac{1}{2}\right)^{10} \times {}_{10}C_6 = \frac{210}{1024}$$

であるから，「10回のうち表が5 ± 1回」が出る確率は，

$$\frac{252}{1024} + \frac{210}{1024} + \frac{210}{1024} = \frac{672}{1024} \fallingdotseq 0.656$$

である．すなわち，表が出る比率が$50\pm 10\%$となる確率はおよそ65.6%である．

コインの投げる回数が100回，1000回，…と非常に多くなるとき，表が出る回数が偏る確率は非常に小さくなり，その回数の比率がおよそ50%となる確率は100%に近くなる．

一般に，独立な試行を繰り返し行うとき，ある事象が起きる回数の比率は，その事象が起きる確率にほぼ等しくなる．これを**大数の法則**（law of large number）という．

定理11.8（大数の法則） 確率変数の列$X_1, X_2, \cdots$が次の性質を満たすものとする．
 （ⅰ）どんなnについても$X_1, \cdots, X_n$は互いに独立である．
 （ⅱ）あるmがあって$E(X_i) = m$, $i = 1, 2, \cdots$．（平均は同一）
 （ⅲ）あるvについて$V(X_i) = v$, $i = 1, 2, \cdots$．（分散は同一）
このとき，どんな小さな$\varepsilon > 0$であっても，nを大きくすれば，$(X_1 + \cdots + X_n)/n$とmとの差がε未満となる確率は1に近づく．すなわち，どんな小さな$\varepsilon > 0$であっても

$$\lim_{n\to\infty} \text{Prob}\left\{\left|\frac{X_1+\cdots+X_n}{n}-m\right|<\varepsilon\right\}=1$$

が成り立つ.

この定理の意味するところをコイン投げの例で確認しよう. 確率変数 X_i を次のように定義する.

$$X_i=\begin{cases} 1 & (i\text{ 回目に表が出たとき}) \\ 0 & (i\text{ 回目に裏が出たとき}). \end{cases}$$

このとき, $X_1+\cdots+X_n$ は n 回目までに表が出た回数であり, $(X_1+\cdots+X_n)/n$ は n 回のうち表が出た回数の比率である. コイン投げでは, $X_1, X_2, \cdots$ は明らかに独立であり

$$E(X_i)=0.5, \quad V(X_i)=0.25, \quad i=1,2,\cdots$$

であるから, 大数の法則の前提条件が満たされる. $\varepsilon=0.01$ とすると, 十分大きな n であれば, $0.49<(X_1+\cdots+X_n)/n<0.51$ となる確率はほぼ 1 である. すなわち, コインを投げる回数が十分大きいとき, 表が出る回数の比率はほぼ 0.5 となるのがほとんど確実である.

大数の法則の導出については, 練習問題 11.7 を参照せよ.

11.4 応用

ポートフォリオ理論 資産 1 と資産 2 があり, その収益をそれぞれ X_1, X_2 とする. 2 つの資産の期待収益（収益の期待値）は同じだが, その分散は資産 2 のほうが小さいものとしよう. すなわち

$$E(X_1)=E(X_2), \quad V(X_1)>V(X_2)>0.$$

さらに資産 1 と資産 2 の収益が負の相関をもつ, すなわち

$$\rho(X_1,X_2)<0$$

であるとする.

資産 1 に θ, 資産 2 に $1-\theta$ 投資するポートフォリオの期待収益は

$$E[\theta X_1+(1-\theta)X_2]=\theta E[X_1]+(1-\theta)E[X_2]=E[X_2]$$

である. 一方, その分散は

$$V[\theta X_1+(1-\theta)X_2]=V[\theta X_1]+V[(1-\theta)X_2]+2\mathrm{Cov}[\theta X_1,(1-\theta)X_2]$$
$$=\theta^2 V(X_1)+(1-\theta)^2 V(X_2)+2\theta(1-\theta)\mathrm{Cov}(X_1,X_2)$$

である.ここで,式を見やすくするために $v_1=V(X_1), v_2=V(X_2), c=\mathrm{Cov}(X_1,X_2)$ とおく.$\rho(X_1,X_2)<0$ であるから $c<0$ である.

上式を θ の2次式として見て整理すると

$$(v_1+v_2-2c)\theta^2-2(v_2-c)\theta+v_2$$
$$=(v_1+v_2-2c)\left(\theta-\frac{v_2-c}{v_1+v_2-2c}\right)^2+v_2-\frac{(v_2-c)^2}{v_1+v_2-2c}$$

となる(この式は θ について下に凸の放物線を表している).さらに,

$$0<\frac{v_2-c}{v_1+v_2-2c}<1,\quad \frac{(v_2-c)^2}{v_1+v_2-2c}>0$$

である.第1の式は放物線の軸が0と1の間にあることを表している.したがって,ポートフォリオの分散は $\theta=\dfrac{v_2-c}{v_1+v_2-2c}$ のとき最小値 $v_2-\dfrac{(v_2-c)^2}{v_1+v_2-2c}$ をとる.これは v_2 よりも小さい.

これは,負の相関をもつ資産を組み合わせることにより,単一の資産に投資するよりも収益のリスクを減らすことができることを意味している.

保険 保険(insurance)とは,偶発的に発生する事故・災害による損失に備えて,多数の人が保険料を出し合い,その事故が起きた人に保険金を給付する仕組みのことである.

加入者が n 人いる保険を考える.加入者が事故にあうか否かは独立で,事故にあう確率を p とする.この確率はすべての加入者にとって同じであるとする.保険金の給付額は a とする.X_i は確率変数で,加入者 i が事故にあうとき1,そうでないときは0の値をとるとする.X_i の分布は次の表のようになる.

X_i	1	0
確率	p	$1-p$

X_i の平均および分散は，定義から次のように計算できる．

$$E(X_i) = p \times 1 + (1-p) \times 0 = p$$
$$V(X_i) = p \times (1-p)^2 + (1-p) \times (0-p)^2 = p(1-p)$$

$X_1 + \cdots + X_n$ は事故にあう加入者の総数であり，$(X_1 + \cdots + X_n)/n$ はその比率である．

確率変数の列 $X_1, \cdots, X_n$ は定理11.7の条件（ⅰ）–（ⅲ）を満たすので，大数の法則より，どんな小さな $\varepsilon > 0$ についても

$$\lim_{n \to \infty} \mathrm{Prob}\left\{\left|\frac{X_1 + \cdots + X_n}{n} - p\right| < \varepsilon\right\} = 1$$

が成り立つ．すなわち，加入者が十分多ければ，加入者全体に対する事故にあう人の比率は，ほぼ事故確率に等しいと考えてよい．

加入者数が n のときの保険金の給付総額を Y_n とする．n 人のうち何人が事故に遭うかは確率変数なので，Y_n は確率変数である．加入者に対して事故時の保険金給付を保証するために，あらかじめ保険料を徴収しておく必要がある．保険料を x とすると，x をいくらに設定すればよいだろうか．

加入者が 2 人のとき（$n=2$），2 人とも事故にあうと $Y_2 = 2a$ であり，その確率は p^2 である．よって，保険金給付を保証するには $x=a$ と設定する必要がある．しかし，これでは保険に加入する意味がない．

加入者数が十分大きいならば，全員が事故にあう確率 p^n はほぼ 0 であるから，保険料は a よりも少額でよい．n が十分大きいならば，大数の法則より，事故にあう人数はほとんど確実に pn であるので，Y_n の値は apn と近似的に等しい．つまり保険料として加入者 1 人当たり ap だけ徴収すれば，Y_n をほぼ確実にファイナンスできる．$x=ap$ であるとき，**公正な保険料**（actuarially fair premium）という．

練習問題

問題11.1

サイコロを投げて出る目を X とする.

(1) X の平均および分散を求めよ

(2) $Y = 2X - 1$ とする. Y の標準偏差を求めよ.

問題11.2

X を有限の値をとる確率変数, a, b を実数とするとき
$$E(aX + b) = aE(X) + b, \qquad V(aX + b) = a^2 V(X)$$
が成り立つことを示しなさい.

問題11.3

あるクラスで期末試験（100点満点）を行った結果，平均点が60点で標準偏差が10点であった．この試験において得点が40～80点である学生は全体の何%であるか．チェビシェフの不等式を用いて推定しなさい.

問題11.4

2つの確率変数 X, Y の同時分布が次のように与えられている.

$X \backslash Y$	2	6
1	$\frac{1}{4}$	$\frac{1}{12}$
4	$\frac{1}{2}$	$\frac{1}{6}$

(1) X, Y の平均および分散を求めなさい.

(2) X と Y の共分散および相関係数を求めなさい.

(3) X と Y は独立か否かを判定しなさい.

問題11.5

2つの確率変数 X, Y について

$$\mathrm{Cov}(X,Y) = E(XY) - E(X)E(Y)$$

が成り立つことを示しなさい．

問題11.6

例11.1において，所持金100万円を資産 X と資産 Y とに投資することを考える．投資後のポートフォリオの収益の分散を最小にするには，各資産にどれだけ投資すればよいか．

問題11.7

（大数の法則）　確率変数の列 $X_1, X_2, \cdots$ が次の性質を満たすものとする．

（ⅰ）どんな n についても $X_1, \cdots, X_n$ は互いに独立．
（ⅱ）$E(X_i) = m, \quad i = 1, 2, \cdots$．
（ⅲ）$V(X_i) = v^2, \quad i = 1, 2, \cdots$．

ここで

$$Y_n = \frac{X_1 + \cdots + X_n}{n}$$

とおく．

(1) $E(Y_n), V(Y_n)$ を求めなさい．
(2) チェビシェフの不等式を用いて

$$\mathrm{Prob}\{|Y_n - m| \geq \varepsilon\} \leq \frac{v^2}{n\varepsilon^2}$$

が成り立つことを示しなさい．
(3) 確率変数の列 $X_1, X_2, \cdots$ に対して，大数の法則が成り立つことを示しなさい．

文献案内

本書を読み終えた読者には，いっそうの数学的知識が必要と感じる方もいるだろう．そのために，以下の文献をあげておく．

経済数学全般
岡田章（2001）『経済学・経営学のための数学』東洋経済新報社
神谷和也・浦井憲（1996）『経済学のための数学入門』東京大学出版会
小山昭雄（1994-95）『経済数学教室』全9巻，岩波書店
Simon, C. P. and L. Blume (1994) *Mathematics for Economists*, W. W. Norton & Co. Inc.
　神谷・浦井（1996）は本書と同レベルの本で，特に最適化理論の解説がわかりやすい．岡田（2001）は位相や凸解析の解説もあり，より上級を目指す読者に薦めたい．小山（1994-95）は経済学にかかわる線形代数から解析学そして動学理論や確率論までを網羅した全9巻のシリーズである．Simon and Blume（1994）も網羅的であるが解説が丁寧で読みやすい．

解析学
小平邦彦（2003）『[軽装版]解析入門Ⅰ, Ⅱ』岩波書店
小林昭七（2000）『微分積分読本　1変数』裳華房
小林昭七（2001）『続微分積分読本　多変数』裳華房
斎藤毅（2013）『微積分』東京大学出版会
杉浦光夫（1980, 85）『解析入門Ⅰ, Ⅱ』東京大学出版会
高木貞治（2010）『定本 解析概論』岩波書店
　高木（2010）は初版が1938年に遡る古典．2010年の改訂版は最新の組版技術により組まれ，読みやすくなった．解析学を学ぶ者にとって，1つの道標であり極めて良質な解説書である．杉浦（1980, 85）と小平（2003）も定評のある教科書である．小林（2000, 2001）は読みやすい好著である．斎藤（2013）もよい教科書である．

線形代数
川久保勝夫（2010）『線形代数学（新装版）』日本評論社
齋藤正彦（2014）『線型代数学』東京図書
佐武一郎（2015）『線型代数学（新装版）』裳華房
　佐武（2015）は初版が1958年で，長らく定番の教科書として親しまれてきた本の新装版である．比較的最近の本では川久保（2010）がわかりやすい．

数理計画法
マンガサリアン, O. L.（1972）『非線形計画法』（関根智明訳），培風館

田村明久・村松正和（2002）『最適化法』共立出版
Sundaram, Ramgarajan K. (1996) *A First Course in Optimization Theory*, Cambridge University Press

　マンガサリアン（1972）はページ数も少なく，一歩一歩無理なく読み進めることのできる良書である．絶版となってはいるが，図書館で利用できるのであげておいた．田村・村松（2002）は本書では取り扱わなかった線形計画法の解説もあり，最適化法の教科書として定評がある．

積分論

コルモゴロフ・フォミーン（2002）『函数解析の基礎　上下』（山崎三郎・柴岡泰光訳），岩波書店
Halmos, P. R. (1950) *Measure Theory*, Springer-Verlag
Natanson, I. P. (1961) *Theory of Functions of a Real Variable*, Vol.I, II, Frederick Unger Publishing Co.

　コルモゴロフ・フォミーン（2002）は，積分論も含む関数解析の入門書として定評がある．Halmos（1950）は抽象的に書かれているが，この分野の代表的文献であろう．一方，Natanson（1961）は懇切丁寧な本で，この本によって解析学や積分論が了解できるようになったと言われることの多い本である．

確率論・統計学

岩田暁一（1983）『経済分析のための統計的方法（第2版）』東洋経済新報社
西尾真喜子（1978）『確率論』実教出版
Billingsley, P. (2010) *Probability and Measure*, John Wiley & Sons
Chung, K. L. (1978) *A Course in Probability Theory*, Academic Press

　岩田（1983）は極めて明瞭に書かれた経済統計の本である．西尾（1978）はコンパクトに書かれた本でありながら，かなりの内容まで踏み込んでいる．Billingsley（2010）は高度で大学院生には好個な本である．Chung（1978）は比較的読みやすい本であろう．なお，Chung（1978）の第3版は
　http://www.math.uoc.gr/~nikosf/Probability2013/2.pdf
で入手することができる．

集合と論理

Halmos, P. R. (1960) *Naive Set Theory*, Springer-Verlag
ワイルダー，R. L.（1969）『数学基礎論序説』（吉田洋一訳），培風館

　Halmos（1960）は専門家になろうとしている者には必読の書であろう．ワイルダー（1969）は絶版とはなっているが，極めて読みやすい基礎論の本である．

索　引

【ア　行】

アルキメデスの原理　160, 163
アレのパラドックス　130
安定的　202
1次関数　7
1次形式　17
1次従属　108
1次同次関数　20, 190
1次独立　108
1次の確率優位　129
1次変換　136
1階差分方程式　148
1階条件　209, 221
1階の必要条件　55
陰関数定理　196
上に有界　164
m 次同次　189
m 次同次関数　19
オイラーの公式（複素数）　180
オイラーの定理（同次関数）　190
凹関数（1変数）　60
凹関数（多変数）　213
凹計画　64, 215
ALL の否定　31

【カ　行】

開区間　4
可換　96
確率　118
　　条件付き――　119
確率分布　125
確率変数　124
　　――の積の平均　240
　　――の和の分散　239
　　――の和の平均　239

確率優位（1次の）　129
傾き（1次関数の）　7
加法定理　39, 52, 91, 260
関数　2
間接効用関数　17
技術的限界代替率　193
期待効用　128
期待値（平均）（確率変数の）　126, 234
　　――の線形性　239
規模に関して収穫一定　20
規模に関して収穫逓減　20
規模に関して収穫逓増　20
規模の経済性　20
逆（命題）　57
逆関数　15
　　――の微分公式　34
逆行列　106
逆需要関数　16
供給関数　217
共分散　237
行列　94
　　――の対角化　142
行列式　98
　　行列の積の――　102
極限　27, 164
極小値　56
極大値　56
極値　56
均衡点（平衡点）　148, 150
空事象　118
空集合　112
区間　4
グラフ　4
　　――の移動　4
クラメールの公式　105
クロネッカーのデルタ　97

252 索引

結合則　96
限界収入　67
限界生産性　63
限界生産力原理　66, 216
限界代替率　193, 224
限界費用　63, 67
原始関数　72
高次導関数　40
合成関数　16
　——の微分公式　32, 189
公正な保険料　246
恒等式　4
勾配ベクトル　191
コーシーの平均値定理　172
コブ・ダグラス型関数　18
固有多項式　140
固有値　138
固有ベクトル　138
固有方程式　141
根元事象　118

【サ 行】

最小化問題　208
最小値　52
最大化問題　208
最大値　52
最適化　208
差分方程式
　1階——　148
　同次——　148, 150
　2階——　153
三角関数　10
　——の微分　38
C^r 級関数　209
C^∞ 級（滑らか）　209
事象　118
　空——　118
　全——　118
　排反——　118
　余——　118
指数関数　12

　——の微分公式　38
自然対数　37
　——の底　35
下に有界　164
実数値関数　2
写像　137
収束（数列の）　163
従属変数　2
十分条件　48
　2階の——　59
周辺分布　236
シュワルツの定理　187
準線形　83
条件付き確率　119
消費者余剰　82
数列　148, 160
生産可能性曲線（フロンティア）　43
正値定符号　145
正方行列（n 次）　94
制約付き最大化　68
制約付き最適化　208
制約のない最適化　208
積（行列の）　95
積集合　120
積の微分公式　32
積分可能　76
積分定数　72
CES 型関数　19
絶対値　46
接平面　186
説明変数　2
ゼロ（零）行列　95
0 次同次　189
ゼロ（零）ベクトル　90
線形　8
線形空間（ベクトル空間）　111
線形写像　137
全事象　118
全微分　186
相関係数　238
増減表　58

索　引　253

操作変数　208

【タ　行】

第1近似　194
対角化（行列の）　142
対角行列　97
対角要素　94
対偶　57
対称行列　97
　　——の固有値　141
対数　12
対数関数　13
　　——の微分公式　37
大数の法則　243
対数法則　12
代替の弾力性　19
多項式
　　——関数　10
　　——の微分　34
単位行列　97
単調　9
単調減少　9
単調増加　9
単調非減少　10, 164
単調非増加　10, 164
端点解　230
値域　2
チェビシェフの不等式　235
置換積分の公式　81
直交行列　143
定義域　2
定義式　4
定常解　148, 150, 202
定積分　74, 77
テイラー級数　177
テイラー展開　169, 170, 212
　　2変数関数の——　191
転置行列　97
動学方程式　198
導関数　30, 40
　　2次——　40

同次（差分方程式）　148, 150
同次関数　19
同次分布　236
　　——関数　236
等量曲線　15
特殊解　199
特性根　141
特性多項式　140
特性方程式　141
独立（確率変数）　240
　　——な確率変数の和の分散　241
　　——な確率変数の和の平均　241
独立（事象）　122
独立変数　2
凸関数（1変数）　60
凸関数（多変数）　213
凸計画　64, 215
ド・モルガンの法則　120

【ナ　行】

内積　91
内点解　230
70の法則　182
滑らか（関数）　209
2階差分方程式　153
2階条件　212
2階の十分条件　59
2階の必要条件　59
2回微分可能　40
2次関数　10
2次形式　18, 144
2次導関数　40
2変数関数のテイラー展開　191
2変数の線形微分方程式　199
ニュートン法　194
ノルム（ベクトルの）　91

【ハ　行】

排反（事象）　118
パラメータ表示（曲線の）　41
半開区間　4

半正値定符号　145
半負値定符号　145
微係数　27
被説明変数　2
非線形微分方程式の線形近似　202
必要十分条件　48
必要条件　48
　　1階の——　55
　　2階の——　59
非同次（差分方程式）　148, 150
微分（xにおける）　27
微分（(x_1, x_2)における）　184
　　——の主要部分　185
微分可能
　　xにおいて——　27
　　(x, y)において——　184
　　関数 f が——　30, 186
　　2回——　40
微分係数（微係数）　27
微分公式
　　合成関数の——　32
　　三角関数の——　38
　　指数関数の——　38
　　積の——　32
　　対数関数の——　37
　　分数関数の——　32
　　和の——　30
微分積分法の基本公式　77
微分方程式　198
　　2変数の線形——　199
費用関数　63
標準偏差　234
標本空間（見本空間）　118
負値定符号　145
不定積分　72
部分集合　112
部分積分の公式　80
分散　234
分数関数の微分公式　32
（累積）分布関数　125
平均（期待値）　126

平均値定理　167
　　コーシーの——　172
平均変化率　26
閉区間　4
平衡点（均衡点）　148
ベイズの定理　121
ベクトル　90
　　——方程式　93
偏導関数　45, 186
偏微分　45
　　——可能　45
方向ベクトル　93
法線　92
方程式　4
保険　245
補集合　120
ポートフォリオ理論　244

【マ　行】

マクロ生産関数　20
マクローリン展開　170
見本空間（標本空間）　118
無限級数　175
無差別曲線　15
目的関数　64, 208
モンティ・ホール問題　123

【ヤ　行】

ヤコビアン　196
ヤコビ行列　196
ヤングの定理　187
余因子　100
　　——行列　106
　　——展開　101
要素（集合の）　112
要素需要関数　67, 217
予算線　8
余事象　118

【ラ　行】

ラグランジュ関数　222

ラグランジュ乗数法　222
ランダウの記号　47
レオンチェフ型関数　18
連続（xにおいて）　49, 166
連続関数　166

ロピタルの定理　174

【ワ 行】

和集合　120
和の微分公式　30

【著者紹介】
入谷　純（いりたに　じゅん）
1949年和歌山県に生まれる。76年大阪大学大学院経済学研究科中退。大阪大学社会経済研究所助手、京都産業大学講師・助教授・教授、神戸大学教授、福山大学経済学部教授等を経て、2017年より大阪学院大学経済学部教授。経済学博士（大阪大学）。
主な著作に『課税の最適理論』（東洋経済新報社、1986年）、『財政学入門〈第2版〉』（日経文庫、2008年）、『ミクロ経済学講義』（共著、日本経済新聞出版社、2012年）等。

加茂知幸（かも　ともゆき）
1972年兵庫県に生まれる。2001年同志社大学大学院経済学研究科博士後期課程単位取得退学。京都産業大学経済学部専任講師・助教授・准教授を経て、現在、京都産業大学経済学部教授。
主な著作に『ゲーム理論ワークブック』（共著、有斐閣、2015年）、"Arrovian Social Choice with Psychological Thresholds,"（共著、*Journal of Mathematical Economics*, Vol. 63, 2016）。

〈サピエンティア〉
経済数学

2016年5月12日　第1刷発行
2024年3月1日　第3刷発行

著　者──入谷　純／加茂知幸
発行者──田北浩章
発行所──東洋経済新報社
　　　　　〒103-8345　東京都中央区日本橋本石町1-2-1
　　　　　電話＝東洋経済コールセンター　03(6386)1040
　　　　　https://toyokeizai.net/

装　丁………橋爪朋世
印刷・製本……丸井工文社
©2016 Iritani Jun and Kamo Tomoyuki　　Printed in Japan　　ISBN 978-4-492-31471-5

本書のコピー、スキャン、デジタル化等の無断複製は、著作権法上での例外である私的利用を除き禁じられています。本書を代行業者等の第三者に依頼してコピー、スキャンやデジタル化することは、たとえ個人や家庭内での利用であっても一切認められておりません。

落丁・乱丁本はお取替えいたします。